Otros Saberes

*Publication of this book was made possible with the generous support
of The Brown Foundation, Inc., of Houston, Texas
and the Latin American Studies Association.*

School for Advanced Research
Global Indigenous Politics Series

James F. Brooks
General Editor

Otros Saberes

Collaborative Research on Indigenous and Afro-Descendant Cultural Politics

Edited by Charles R. Hale and Lynn Stephen

SAR PRESS

School for Advanced Research Press
Santa Fe

School for Advanced Research Press
Post Office Box 2188
Santa Fe, New Mexico 87504-2188
www.sarpress.org

Managing Editor: Lisa Pacheco
Editorial Assistant: Ellen Goldberg
Designer and Production Manager: Cynthia Dyer
Manuscript Editor: Heather Dubnick
Proofreader: Diana Rico
Indexer: Roberta Astroff
Printer: Cushing Malloy, Inc.

Library of Congress Cataloging-in-Publication Data

Otros saberes : collaborative research on indigenous and Afro-descendant cultural politics / edited by
Charles R. Hale and Lynn Stephen.
    pages cm — (Global indigenous politics)
  Chiefly in Spanish; some contributions in English and Portuguese.
  Includes bibliographical references and index.
  ISBN 978-1-934691-55-7 (alk. paper) — ISBN 978-1-938645-08-2 (e-book)
  1. Indigenous peoples—Latin America—Politics and government—Research. 2. Blacks—Latin
America—Politics and government—Research. 3. Indigenous peoples—Latin America—Ethnic
identity—Research. 4. Blacks—Latin America—Ethnic identity—Research. 5. Social movements—
Latin America—Research. I. Hale, Charles R., 1957- editor of compilation. II. Stephen, Lynn, editor of
compilation.
  GN564.L29O87 2013
  305.80098—dc23
                        2012051149

Cover illustration: Participantes el grupo focal de la comunidad de Tuara (*de izquierda a derecha*):
Waldemar Cornelio, Tomás Zamora, Edwin Taylor (IEPA-URACCAN), Anista Michel, Salvador Nicho,
Narcisa Sayas, Mariano Michel y Soyla González (Mark Everingham 2007).

*The School for Advanced Research (SAR) promotes the furthering of scholarship on—and public
understanding of—human culture, behavior, and evolution. SAR Press publishes cutting-edge scholarly
and general-interest books that encourage critical thinking and present new perspectives on topics
of interest to all humans. Contributions by authors reflect their own opinions and viewpoints and
do not necessarily express the opinions of SAR Press.*

Contents

Plates

Color plates follow p. 106 / Las ilustraciónes colores siguen la página 106

1 *Introduction*

Charles R. Hale and Lynn Stephen

History of the Initiative

Latin American studies as an integral and fully recognized field of scholarly inquiry exists only for those accustomed to viewing the region from north of the US-Mexican border. Although never completely stable or uncontested, Latin American studies had its first heyday between the mid-1960s and late 1980s, at the height of the Cold War, when the region became the focus of intense geopolitical contention. This in turn lent an added urgency to the northern universities' mandate to give special priority to research, graduate student training, and undergraduate teaching on "Latin America." From a sociology of knowledge perspective, it is perhaps less important to distinguish the "progressive" or anti-establishment currents of this scholarship from those uncritically aligned with the imperial designs of the United States and its allies. Despite their profound differences in perspective and substance, those at both poles (and most shades of gray in between) shared key premises that constituted their subject of study. When serious challenges emerged in the 1990s, especially from quantitative comparativist scholars who cast doubt on the viability of Latin American studies—too particularistic, no theoretical promise, and so on—many of these area studies stalwarts set aside their differences in defense of their field.

While two decades later it is clear that Latin American studies has remained vibrant in the face of such challenges, in our view its resilience is due to innovation, rather than to a merely reactive defense of deeply

1

ingrained premises and institutional practices.[1] Roughly parallel to the dissent from comparativists working on a large scale, a completely distinct current of critique and reformulation came from the margins within US society and its academic institutions and from Latin America. While for a time, the combination of these multiple and diverse criticisms produced a general atmosphere of embattlement and concerns that the field would buckle under in the face of such widespread questioning, we now can see that such pessimism was unwarranted. Moreover, continued and renewed vibrancy has come at a time, especially since September 2001, when the geopolitical attention of the United States and its allies has turned sharply away from Latin America toward other parts of the world and when financial times for university-based scholarship have not been especially good. The principal reason for this achievement, we contend, is the strong inclination to innovate, to rethink ingrained premises and received wisdom, to move from critique to reformulation. In this case the old adage has proven to be accurate: change is a source of strength.

The Latin American Studies Association (LASA) exemplifies this self-fortifying innovation and, given its prominence, LASA also has played a key role in producing the effects that we now observe more generally in the field. Three dimensions of critique and reformulation have been especially important, all of which directly engage the premises that constituted Latin American studies as a field in the previous era. The first of these premises is the "southward gaze": the idea that Latin America has been constituted as a region, and therefore as a field of study, by scholars and practitioners situated in the North, such that research and teaching, however "progressive" or well intentioned, reinforces the power inequities associated with the broader geopolitical relations. The key innovation in this realm has been the gradual displacement of the "us"-studying-"them" framework with the principle of horizontal collaboration, whereby knowledge about Latin America is produced through power-sensitive dialogue among diversely positioned scholars, both in the North and in the South.

The second critique focuses on the elite and nation-state–centric frame of Latin American studies, which has highlighted certain topics and perspectives while rendering others largely invisible. The reformulation here (not just in Latin American studies but in the humanities and social sciences at large) has been toward increasing recognition of the multiple axes of inequity that cross cut Latin American societies and that tend to be naturalized if they are not subject to sustained analytical scrutiny.[2] Latin American studies has been revitalized, for example, by the increasing prominence of topics situated at the bottom, and at the margins of socio-economic hierarchies. In many cases—the study of indigenous and Afro-descendant peoples is one prime example—this also has involved a gradually increasing presence of intellectuals from these subaltern groups, which has added further vitality and innovation to the scholarship.

The third critique set its sights on the tenacious premises that underlie the scholarly keywords "objectivity" and, in some circles, "positivism." The idea here is that the production of scholarly knowledge depends on a sharp separation between scholar and objects of study and on the preservation of a neutral or value-free space from which research and knowledge production activities are carried forward, unperturbed by political-ideological influence and unaffected by the pervasive power inequities in the world "outside" academia. This position has been challenged simultaneously from a number of quarters, including post-structural theorists, institutional sociologists, historians of science, and in a more commonsense vein, those academics who modestly acknowledge that practitioners of various sorts—activists, nongovernmental organization (NGO) staffers, government analysts, organic intellectuals, and the like—often have deeper and more accurate knowledge about their preferred research topic than they do.

The Otros Saberes Initiative, conceived as a LASA project in 2004, embodies and contributes to each of these three critical reformulations, especially the third. The central objective of the Initiative from its inception has been twofold: to promote collaborative research between civil society– and academy-based intellectuals focused on research topics of interest to both, giving priority to topics to which the civil society organizations in question assign special importance; and to increase the presence of civil society–based intellectuals at the LASA Congress and in LASA networks, so that they may benefit from the flow of scholarly exchange in these activities, as well as enrich LASA with their presence. Lengthy discussions with Milagros Pereyra-Rojas, Sonia Alvarez, Kevin Healy, Kimberly Theidon, Deborah Barry, and David Mhyre, among many others, as well as constructive deliberations in the LASA Executive Committee (EC), yielded a proposal, which the EC then endorsed and funded with a seed grant of twenty thousand dollars. In part due to the particular interests and commitments of the founders with indigenous and Afro-descendant peoples, and in part due to these peoples' strategic importance to the critical reformulations mentioned above, we decided to make them the focus of the first phase. The proposal struck a chord with three institutions that historically have been strong supporters of LASA—Ford Foundation, Open Society Institute, and the Inter-American Foundation— all of whom expressed particular enthusiasm for the conceptual innovation that the Otros Saberes Initiative embodied. With support from each of them as well as from Harvard University,[3] by the beginning of 2006 we had raised enough to fund the full array of proposed activities for six research teams.

The Call for Proposals for the first round of the Otros Saberes Initiative tapped an abundant vein of existing work that fit the program's requirements, and inspired many others to conceive and propose new research collaborations. The LASA Secretariat received an overwhelming 175 applications, from more than a dozen countries. The six-member Selection Committee, with a composition that mirrored the collaborative character of the Initiative, met in Santa Fe, New Mexico, at the campus of the School for Advanced Research, to choose the six most exciting and deserving proposals.[4] The Initiative also provided for the recruitment of two "methodology consultants," with ample experience in collaborative research methods with indigenous and Afro-descendant peoples. We were very fortunate that Professors Keisha-Kahn Y. Perry (Brown) and Joanne Rappaport (Georgetown) accepted our offer to serve in this role. Perry and Rappaport visited each team in the site where the research was underway to learn from and to document the collaborative methods being used and to offer advice when appropriate. The results of these rewarding and challenging visits and their aftermath are presented in the co-authored chapter that follows this introduction. One of the first products of these interactions was a change in the designation of their role within the Initiative; Perry and Rappaport became *investigadoras solidarias* (researchers in solidarity) rather than "methodology consultants," at the request of the research teams and in keeping with the collaborative principle of the Initiative. These methodological issues—how to do collaborative research, what tensions or obstacles emerge in the process, and how they are confronted—alongside the series of substantive findings that each team brought to the fore, formed the agenda for the two-day workshop that followed the LASA Congress in September 2007. After that workshop, the teams returned home with the mandate to revise their reports to incorporate feedback received at the Congress and to begin work on their final reports to be posted on the LASA website and the "academic articles" that form the six central chapters of this book.

In the remainder of this introductory chapter we set out to accomplish four objectives, unified by a central argument. First, we summarize the research findings, paying attention both to the specifics of each project and to the comparative insights gained from asking parallel questions in distinct locations. Especially important in this comparative reflection is the decision, both conceptual and political, to view indigenous and Afro-descendant issues through the same analytical lens. Second, we address the methodological counterpart to the substantive findings: summarizing the contributions of this book to ongoing discussions about how to conceive and implement collaborative research methods. A more elaborated version of this discussion can be found in the next chapter, written by Perry and Rappaport. Next, we take on the thorny question of validation of the results: Do collaborative methods bring to the fore new and different ways of validating our research findings? If so, what implications follow? Fourth and finally, we review the impact of this research beyond the academy, considering contributions and influences that would not be readily recognized in the academic realm.

Our argument, in summary, is that the research funded by the first round of the Otros Saberes Initiative has made a series of critical contributions to the interdisciplinary fields of indigenous and African Diaspora studies, and to the interdisciplinary methodological discussion of collaborative research. The results of this research did achieve a direct political impact as well, helping the civil society organizations to advance specific goals, whether empowerment through cultural/identity affirmation, documentation of rights claims, or confronting internal organizational challenges. However, for the purposes of this book and of the ongoing discussion about the Otros Saberes Initiative within LASA, we have chosen to frame the principal contributions in scholarly terms: new knowledge about the character of indigenous and Afro-descendant struggles for empowerment; new theoretical insights about race, gender, identity, and political activism; and a pointed series of interventions in the discussion about the practice of collaborative research. The future of the Otros Saberes Initiative depends on the reception and appreciation of these contributions among various sectors of the Americas-wide academic community, not because the political contributions of the work are unimportant or insignificant, but because if Otros Saberes is to persist within LASA, the scholarly contributions must carry the day. In a different forum, devoted to the crucial political challenges of indigenous and Afro-descendant movements in the Americas, we hope and expect that this collaborative research can also receive careful scrutiny and critical evaluation.

Findings

The six research projects that form the core of Otros Saberes bring together a diverse group of Afro-descendant and indigenous collaborations with academics that resulted not only in rich findings from each individual project, but also in many interesting points of comparison. Here we first explain the key analytical questions and findings of each project and then discuss their comparative insights. The focus of each research project is driven by a strategic priority in the life of the community, organization, or social movement concerned.

Specific Findings

The Frente Indígena de Organizaciones Binacionales (FIOB, Binational Front of Indigenous Organizations), Colegio de la Frontera Norte (COLEF), and University of California, Los Angeles (UCLA) research team focused on the key resources that the FIOB has for developing gender and generational equity in its leadership, as well as obstacles to these efforts. The FIOB is a trans-national indigenous organization founded in 1992 that has three regional areas of focus: the state of California in the United States, the states of Alta and Baja California in northern Mexico, and Oaxaca in southern Mexico. The organization primarily includes indigenous individuals, communities, and organizations who identify ethnically as Zapotec, Triqui, Mixteco, Mixe, and P'uhrépecha, as well as some who identify now as Mexican American, Chicano, and mestizo and share a common recognition of their indigenous roots. With offices in three Mexican cities and several more in the state of California, FIOB began as an organization led primarily by Mixtec and Zapotec men but has become a much broader organization, with women now a majority in its base membership. The organization has also seen a slow diversification of its regional and transnational leadership to include women and youth. For their Otros Saberes research project, the FIOB research team carried out a series of workshops, interviews, and focus groups to understand the obstacles to better supporting and developing women and youth as a part of their leadership structure.

The research team found two types of leadership within the structure of the organization. They called the first "political leadership," which refers to the charismatic leader who is often a public spokesperson and who knows how to function not only in the movement but also more broadly, relating to political parties, elected officials, and those in other social movements and organizations. The second type is "communitarian leadership," exhibited by those who have a high level of knowledge about local issues, have strong net-works of people at the local level, and can mobilize these networks for a wide range of purposes. Although it is often assumed that these types of leadership are gendered—with men serving as political leaders and women serving as communitarian leaders—the research team found that there are women who are political leaders and some men, particularly in Juxtlahuaca, Oaxaca, who are communitarian leaders. The central challenge for the organization is to integrate these two types of leadership and train young people, women, and men in both types.

Apart from identifying different models of leadership, the research team also uncovered convincing evidence of how ethnic and gender discrimination that operates outside of the organization and in the daily lives of men and women affects the internal life of FIOB. External expectations that require women to spend a great deal of time preparing meals, taking care of children, running their households, and engaging in a wide range of "caring" work limit the time, energy, and mobility that women have to invest in the organization, particularly in a leadership capacity outside of their local communities. The fact that fewer women than men do travel to other communities and participate in non-local activities also limits their opportunities to learn how to function in wider political forums, to speak publicly outside of their community, and to feel confident in communicating with a wide range of people. One of the resources that the research team found that women had as communitarian leaders was that they tended to introduce a wider range of topics and questions into organizational discussions. This contrasted with higher-up charismatic male political leaders who often are accustomed to speaking only with other leaders and may not "hear" topics that are not introduced through the higher-level leadership.

The founding generation of FIOB's leadership is primarily men above the age of forty, some of whom are actively working to bring in youth and women to a wide range of leadership venues. The research team found that the FIOB was most successful in bringing in youth to the organization—particularly those born in the United States—through cultural activities such as soccer tournaments and through the annual folk festival of music, food, and dances known as the Guelaguetza. Regional differences, even among people from the same ethnic group, can also be important factors in the particulars of gender and generational inequality in the organization. In sum, the team found that gender roles and expectations outside of the organization had a major impact, much greater than on men, on how women could participate within the organization.

The Proceso de Comunidades Negras (the Black Communities Process, PCN) and Universidad del Valle, Cali (University of the Valley, Cali), of Colombia focused their research on the ongoing challenge of making the Afro-descendant presence in Colombia visible, counted, and influential in public policy. The PCN is a national Afro-Colombian political organization that includes 120 cultural groups, community councils, and urban and rural collectives who together seek to gain rights for black communities. When their struggle began in the mid-1990s, the PCN focused much of their effort on demarcating and titling ancestral Afro-Colombian lands. This priority was in response to a change in the Colombian Constitution and the Ley 70 that granted indigenous peoples and Afro-descendant peoples the right to establish collective ownership of traditional Pacific coastal territories. As a result of intense organizing efforts, the PCN and their allies were able to title five million hectares of land as the collective territories of black communities.

As a follow-up to their land-titling work, the PCN made a strategic decision to push the National Department of Statistics (DANE) in Colombia to greatly improve their system for categorizing and counting Afro-Colombians in the 2005 census. The Otros Saberes research team led by PCN carried out an analysis of the 2005 census count of Afro-Colombians as one of three foci of their investigation.[5]

The PCN research team found that past Colombian censuses during both the colonial and republic periods laid the foundation for the invisibility of Colombia's Afro-descendant population. The first census of 1758 in Colombia was created to diminish ethnic specificity and to begin to promote the idea of universal subjects who later became citizens. By the time that Colombia became an independent nation in 1819, blackness had been almost completely erased from official records. From 1905 to 1995, there were ten censuses conducted and only two used terms related to blacks. This had a significant effect on how people responded to the census categories of *Negro* (black) and *Afrodescendiente* (Afro-descendant) in the twentieth century and beyond.

The PCN's research on how the 2005 census was structured, which terms were included, and how it was administered revealed that although the state had made more concerted efforts to implement the self-identification principle to include more Afro-descendant categories and to include more people, there was a serious undercount that effectively eliminated from 8 to 10 percent of the Afro-Colombian population. In 2004, the PCN and other groups carried out workshops in which they solicited a wide range of terms of self-identification used by Afro-Colombians including *Trigueño, Moreno, Mulato, Zambo, Afrocolombiano, Afrodescendiente, Raizal, Palenquero, Negro, Indígena, Gitano (Rom o Li)*, and *Blanco*. Originally the DANE excluded the category of *Trigueño* on the census form, but ultimately it yielded to pressure from the PCN and others and included it in the 2005 census.

After the 2005 census was carried out, the results revealed that 10.5 percent of Colombians identified as *Negro* (or a related term), as opposed to the 1.5 percent count generated by the 1993 census. Although the figure of 10.5 percent was higher, PCN activists felt that it still represented a very significant undercount in comparison with other statistics such as the figure of 26 percent cited in the 1998 National Plan for the Development of the Afro-Colombian Population. This figure was the result of estimates made by Afro-Colombian organizations based on their knowledge of the Afro-descendant population in the municipalities where they worked, not a statistical survey. The PCN team then carried out their own research on who had actually been asked the ethnic self-identification question on the 2005 census where they could self-identity as black. The research team administered their own questionnaire to 1,429 households in 2006 in the cities with the highest levels of Afro-Colombian population—Bogota, Medellin, Cali, Cartagena, and Barranquilla. Overall they found that 42 percent of the people surveyed in these cities were not asked the ethnic self-identification question by census takers. The reasons given for non-use of this question varied: some census takers apparently decided for themselves what people's ethnicities were and simply filled in the information; in other cases, they simply refused to ask the self-identification question at all. After analyzing the results of their survey of the undercount, PCN researchers estimated that about 18 to 20 percent of the national population is Afro-Colombian. This would rank Colombia as number two after Brazil as the country with the largest Afro-descendant population in Latin America.

Both the official 2005 census and the PCN's own survey revealed that the Afro-Colombian population has become increasingly urbanized. This process has been greatly accelerated by the war in Colombia, which has as its epi-centers the Pacific Coast of Colombia and Buenaventura, two of the principal locations of Afro-Colombians. Driven out by the combined pressure of para-militaries, Fuerzas Armadas Revolucionarias de Colombia (Revolutionary Armed Forces of Colombia, FARC) guerillas, drug traffickers, and the Colombian army, many formerly rural Afro-Colombian communities have become urbanized, leaving behind their territories for others who arrive to stake claims. It is crucial for the PCN to document the increasing urban Afro-Colombian population as it fights for the rights of Afro-Colombians outside of their rural locations and raises a national awareness of the poverty, hunger, and lack of social services that afflict black people in Colombia's cities.

Puerto Rican Testimonials: An Oral History Project in the East of Puerto Rico (University of Puerto Rico-Mayagüez) and community leaders from the west-ern towns of Aguadilla and Hormigueros brought together a group of aca-demics, students, and community leaders to use oral history and testimony to document the multiple dimensions of Afro–Puerto Rican identity and to contest the Puerto Rican myth of racial democracy. The research team worked in a national context where Afro-descendant Puerto Ricans are assumed either to be a part of the past and linked to colonialism or to exist in the present in extremely stereotyped and folklorized forms that focus only on music, dance, and food. The researchers hoped to break blackness out of the representa-tional cages of colonialism and folklore to demonstrate the historical continu-ity and presence of Afro-descendants in culture, politics, and other venues of Puerto Rican life. A second goal was to show how Afro–Puerto Rican identity was developed, how different elements of it moved around the island, and how it was affected by the different locations it was and is practiced in.

By interviewing dozens of community members in two distinct locations —Aguadilla, where black identity is clearly articulated, and Hormigueros, where blackness was believed to be confined to the population that worked in a sugar refinery—researchers sought to document the diverse and conflicting experiences of Afro-descendants in Puerto Rico. Their oral histories revealed three major ruptures of the national narratives of blackness in Puerto Rico. First, they found that most of their narrators who provided testimonies assumed the role of *negro* (black) in the interviews. The way that *negro* was represented came from a wide range of non-white categories such as *prieto, negrito, de color,* and *trigueño*—similar to some of the terms found by the PCN in Colombia. Although researchers thought most interviewees would not identify as black, almost all did in some way.

Secondly, the researchers found that the method of open-ended oral histories permitted those giving testimonials to engage in a critical reinterpretation and negotiation about the meanings of being Puerto Rican. It also allowed many people to reflect on the lived experience of discrimination, marginality, self-negation, self-affirmation, and whitening that was a part of their understanding of blackness. The dialogue promoted in the interviews allowed for a critical discussion of what racial identities in Puerto Rico mean today, what they meant in the past, and how they have changed through time. A third rupture in national narratives that occurred in the project was that the oral histories revealed the complexities, conflicts, and continuous strategies that contemporary Afro–Puerto Ricans develop to confront the ideology of racial democracy within the Puerto Rican national identity. Using oral histories as a method permitted the researchers to see how these strategies work at the local level.

Mujeres de la Tercera Edad Manos Unidos en el Valle del Chota, las comunidades de Comuna Río Santiago Cayapas en Esmeraldas y el Fondo Documental Afro-Andino de la Universidad Andina Simón Bolívar (Women Elders with United Hands of the Valley of Chota, the communities of Comuna Río Santiago Cayapas in Esmeraldas, and the Afro-Andino Documentary Fund of the Andean University Simón Bolívar), came together to generate knowledge and systems of organizing knowledge that stem from what people know, learn, and teach through their daily lives. Such knowledge, they found, is bound up in understandings of territory, religion, *cosmovisión* (world-view), conceptions of nature, and social experience. By taking a holistic and horizontal approach to cultural knowledge—questioning the sharp distinction between experts and practitioners—researchers found, for example, that knowledge such as specific prayers and the invocation of saints and virgins for curing purposes which might be excluded in academically based studies of medicine are central to Afro-descendant systems of knowledge about health. Through a focus on knowledge linked through symbolism to territory, plants, and cosmovisión, this research team identified two primary areas of knowledge that are the focus of their analysis.

First, using birth as an entryway for understanding life, the research team focused part of its effort on documenting the art of midwifery. This form of knowledge is learned with practice from being a mother, an aunt, a grandmother, or a midwife and involves multiple techniques including massages, baths, prayers, and symbolic systems. The midwives locate the mother, the child, and the particular circumstances of each birth in a symbolic system, which in turn becomes the focus of their diagnostic analysis. The midwife and others assisting the birth also work to ensure that the proper conditions accompany the birth. For example, there cannot be a drinking glass turned upside down, a bucket face down, or a door or a window closed, as all must be open at the time of the birth. A particularly important part of midwifery is the art of cutting and curing the umbilical cord. The umbilical cord can be cured with a variety of elements that are related to the kind of person that the baby will become. There is transference of the traits of a particular plant to the child, instilling vigor and force and reinforcing personality traits such as courage or timidity. Most of these practices are deeply gendered. There are particular plants used for curing baby girls' umbilical cords and others for boys. The substance used for girls will promote knowledge of plants and of curing, for example.

A second focus of the research team was specific curative practices related to *mal de ojo* (evil eye), *mal aire* (bad air/spirit), and *espanto* (fright). These diseases are all cured with prayers, medicinal plants, and holy water. Medical/religious practices such as these are taught by oral transmission and observation, by watching elders, and through firsthand experiences with diseases. Researchers concluded that like birth, illnesses are points of negotiation, of learning about forces outside of and inside of the body, of understanding what the spaces of entry and exit are into and out of the human world.

Because the type of knowledge documented in this project emerges through everyday life, is bound up with elders as knowledge authorities, and is woven into the horizontal aspects of human relationships, the team relied on a methodology that could first identify some of the most important moments of connection between the human and natural world. The project team then proceeded to map out this knowledge. Using the concept of social mapping, the research team first worked with participants to draw their territories and within them to outline the different kinds of knowledge that exist, the spaces for their production, the specific material and relational elements they contain, and the persons who reproduce them. Elders, adults, and children shared experiences, and from those discussions maps were drawn. For example, maps were drawn of different kinds of medicinal plants, where they grow, their characteristics as hot and cold, and how they can be used. Medicinal recipes were also shared and remembered. After the maps were drawn, people talked about them and then walked together to the points on the map. In situ, in particular locations of rivers, gardens, houses, cemeteries, the maps were remembered, discussed, and shared. In this process, intergenerational learning took place that not only documented but transmitted knowledge. The research teams then recorded the information in pamphlets, photographs, video, and audio to share widely in the communities. By producing knowledge in a model that situates elders as knowledge experts, draws widely on many people's understanding, and then shares the knowledge in collective, intergenerational contexts, the research team believes that this process can begin to decolonize knowledge about Afro-descendant peoples and validate this knowledge within their communities.

Comunidad Indígena Miskitu de Tuara y la Universidad de las Regiones Autónomas de la Costa Caribe Nicaragüense (URACCAN) (Indigenous Miskitu Community of Tuara and the University of Autonomous Regions of the Nicaraguan Caribbean Coast) worked together to map, claim, and facilitate the restoration of the territory of the Miskitu Indian community of Tuara in the Atlantic coastal region of Nicaragua, which was first formed between 1913 and 1920. A Tuara community leader marked out and mapped Tuara territory in 1958 together with the leader of one of many boundary communities. He turned in this information and received a title from the National Agrarian Institute in 1958. This process was carried out without the approval of many other neighboring communities, which produced a complex situation in 2006 when Tuara community members decided to reclaim and remap their 1950s territory.

After the Sandinistas took power in Nicaragua in 1979, they initially demonstrated sympathy toward Miskitu and other indigenous land claims that were cancelled in the 1960s. A 1981 document from the Nicaraguan Institute for Natural Resources and the Environment (IRENA, Instituto Nicaragüense de Recursos Naturales y del Ambiente) notes that Tuara occupied 1,500 hectares, an area that overlaps with the lands of another community. In 1987, Law 28 of the Autonomy of Indigenous Peoples and Communities of the Atlantic Coast defined the rights and obligations of the regional autonomous governments of the coastal peoples who inhabit the Autonomous Region of the North Atlantic (RAAN). In 2003, the passing of the Law of the Communal Property Regimen of the Lands of Indigenous Peoples and Ethnic Communities of the Atlantic Coast of Nicaragua and of the Coco, Bocay, Indio, and Maíz Rivers (Law 445) formalized and provided political impetus for communities like Tuara to map, measure, and title their territories. In 2005, community members of Tuara together with URACCAN representatives discussed the possibility of mapping and titling Tuara lands. The community of Tuara chose community representatives and discussed the project in a meeting presided over by community authorities, religious leaders, elders, and teachers. They then carried out a series of workshops that revealed, among other things, that many people had no knowledge of the actual physical location or perimeter of Tuara territory. The combined research team of community representatives and URACCAN investigators designed a project that included exploring social and environmental relations, historical and legal history, and a cartographic and demographic analysis that would develop information and a collective conceptual basis for defining the territory traditionally occupied by Tuara.

Using a process of ethnomapping, the research team took a wide range of information from oral histories, focus groups, historical documents, and socio-economic and demographic data, and generated five kinds of maps. The first described the customs of Tuara in relation to land and its incorporation into their cosmovisión. The second is a map of specific land areas claimed. The third is a map of zones of common use for hunting, fishing, and gathering shared with other communities. The fourth map documents the overlaps of Tuara traditional territory with those of other communities. The fifth and last map locates the presence of mestizo immigrants and others without titles in the areas claimed by Tuara.

The mapping project reveals key differences in the way that Nicaragua national law conceives of territories versus how they have actually been constructed and lived in by the Miskitu of Tuara and other indigenous groups. The land titles call for the resolution of conflicts with the state, with third parties, and with neighboring communities. Traditionally, and even currently, the people of Tuara do not operate with the notion of an "exclusive" territory. Rather, there are overlapping realms of territory used for hunting, fishing, gathering, and other areas of resources shared with other communities. For Tuara community members, territory is not exclusive, but shared in different ways with adjacent communities, in ways that vary over time.

Núcleo de História Indígena e do Indigenismo de la Universidade de São Paolo (Nucleus of Indigenous History and Indigenism at the University of São Paolo, NHII–USP), Programa Wajãpi del Instituto de Pesquisa e Formação em Educação Indígena (Wajãpi program of the Institute for Research and Training in Indigenous Education, PW–IEPE), and Conselho das Aldeias Wajãpi (the Counsel of Wajãpi Communities, Apina) engaged in a project that trained a generation of young Wajãpi researchers to document the diversity of local histories and knowledges, develop Wajãpi models of knowledge production, and compare these to Western epistemologies found in diverse disciplines from anthropology to biology. Wajãpi community leaders have been motivated for some time to validate their own cultural knowledge and traditional practices as they have watched Wajãpi youth value non-indigenous practices and knowledges more than those of the Wajãpi. The project that the research team conceptualized for Otros Saberes builds on an ongoing Wajãpi movement to create their curriculum in Wajãpi schools so that each youth can know and value the diversity of what might loosely be called "Wajãpi culture" (a term defined below) and be able to know how it is linked to their territory. The Wajãpi have a legally titled territorial base of 607,000 hectares with forty-nine hamlets settled within it. Although gaining territorial recognition is important, like many indigenous groups in Brazil, the Wajãpi are still considered *tutelados*, or wards of the state. This subordinate status has continued many people's view of indigenous peoples as "needing to be cared for" and makes it difficult for young indigenous people to achieve respect and political and cultural affirmation—both from non-indigenous peoples and for themselves.

Building on a past project begun in 1998 to train indigenous teachers, this Otros Saberes research involves ten bilingual teachers, twenty teachers in training, twenty young indigenous researchers in training, and fifty other students. Some project participants, such as the indigenous bilingual teachers, are interested in comparing the knowledge of whites about Indians and the knowledge that Indians have about themselves that whites do not have. In addition to actually conducting a graphic and oral inventory of a wide range of Wajãpi knowledge and information, project participants also interrogated different forms of knowledge transmission, such as oral versus written, and explored the differences between anthropological investigations, linguistics, biology, evangelical missionary research, government officials' investigations, and Wajãpi forms of knowing.

A group of young Wajãpi researchers is developing ethnographic registers, systematizing their observations and visual and oral information gathering, and comparing, revising, and synthesizing that information. The Wajãpi see the educators from the NGOs and anthropologists as facilitators for this project.

Each member of the Wajãpi research team has chosen a particular area of knowledge to inventory. The researchers each explored specific routes to the knowledge area they seek including dreaming, being a shaman or curer (*pajé*), listening, reading, and paying attention to signs that indicate good and bad spirits. The areas of knowledge are wide ranging and include knowledge of natural reserves, ways of classifying plants and animals, knowledge about controlling pests, manioc research, research on different kinds of trees and fruits, and knowledge of which wood is durable and useful in housing construction. Other projects explore themes in social relations such as polygamous marriages, ways of responding to fathers-in-law, ways of speaking beautifully, and Wajãpi theories about the world. Many of the individual research projects have focused on curing and medicinal knowledge, such as recipes to cure snake bites, tooth pain, stomach pain, machete cuts, and spider and scorpion bites and medicine that protects people from the owners of the forest, such as the jaguar, and the owner of the water, the water boa. Other research is related to how girls turn into women, first menstruation, body painting, and signs indicating the arrival of the ancestors, such as through the ways that toucans sing and insect flight patterns.

In collecting such a wide range of information from different locations, the Wajãpi researchers came to the conclusion that there is no unified "Wajãpi culture." The very concept of "culture" is something that the researchers debated, and rather than a list of objects, histories, and institutions, they came up with a very different definition. Through their research they came to define culture as "an assemblage of skills, to do, explain, think, say, and represent." The researchers have come through the process of recording and comparing different versions of the knowledges related to their theme without trying to generalize. In the collective process of exchanging and comparing the knowledges they have collected, the researchers worked against overly synthesizing their findings to produce a definitive version of knowledge about a specific theme. Instead they sought to pull out native categories and classifications that could accommodate difference. The research practice itself is also reinscribing the importance of traditional community agents, such as men and women treated as *jovijagwera* or elders whom young people are re-learning to respect as the knowledge experts in their hamlets. Another important result of the research process has been the fortifying of intergenerational relationships as young Wajãpi researchers and their projects have created new forums for dialogue between young and old.

Comparative Findings

Viewed together, these projects offer important crosscutting findings related to four analytic themes with both theoretical and strategic implications.

Visibility. Establishing presence and visibility is basic to staking any type of claim or demanding specific rights related to land and territory occupation, legal demarcation, recognition and legitimating of language, culture, ethnicity, and other "ethnic" rights. "Being seen" or becoming "visible" was at least one of the impetuses for a majority of these projects. Often visibility was an initial goal for all of these projects in terms of national discourses of race and ethnicity that have denied Afro-descendant or indigenous identities, whitened such identities through national projects of racial blending via concepts such as *mestizaje,* or promulgated ideologies of racial democracy as in Brazil and Puerto Rico. Complicating, challenging, and pushing back on these ideologies has been one underlying purpose of many of the projects. The oral histories carried out in Aguadilla and Hormigueros resulted in making Afro–Puerto Ricans visible and also in validating the complexities and differences found among the experiences and understandings of Afro–Puerto Ricans. In Colombia, the PCN's project of interrogating the mechanics of how Afro-Colombians are counted in the national census and which terms are included in such a count resulted in a very different concrete number, which increased the statistical visibility of Afro-Colombians from 1993 to 2005 by almost 9 percent. The PCN's additional work pointing out how even the 2005 census count underestimated the Afro-Colombian population by 8 to 10 percent is an additional statistic of visibility that the PCN is using for public policy and services which consider the needs of the large number of Afro-Colombians driven from their territories by violence and living in poverty in Colombia's cities. In the case of both of these projects, the result of increased visibility for Afro-descendants also renders more complex ideas about nationalism, Colombianness, and Puerto Rican–ness.

A second form of working for strategic visibility can be seen in the FIOB project where women and young people are pushing on leaders to recognize more than one model of leadership and to "see" how the inter-linked hierarchies of gender and ethnicity in larger Mexico impact the treatment of women within the organization and can limit their potential participation. That struggle for visibility is to re-educate the entire organization about how women and youth can be invisible in the leadership structure and aims to share knowledge and create spaces of collective learning where gender and generational issues are seen, discussed, and acted upon strategically within the organization. Within the Wajãpi project, a different struggle for the strategic visibility of generational difference has been manifested through young Wajãpi investigators helping to make visible the knowledge and contributions of elders to a younger generation and in the process recentering and making visible very specific areas of Wajãpi knowledge that are only known within the indigenous world. This is a project of internal visibility—making things Wajãpi visible within Wajãpi communities.

Mapping Territoriality. Staking material claims such as land rights often involves geographic mapping and boundary marking, as demonstrated in the cases of Tuara, the PCN of Colombia, the Afro-descendant communities in Esmeraldas and La Chota, Ecuador, and the Wajãpi of Brazil. In each of these cases, the term "mapping" has a much wider significance than geographic mapping and boundary marking. The social mapping of ethnic relations, local knowledges of the environment, historical mapping of the paths of the ancestors, and the mapping of *cosmovisiones* that link natural and human relations are often important precursors to and accompaniments to geographic mapping.

Social mapping that employs locally based epistemologies and knowledges as the basis for collecting information is a shared methodology that also has produced theoretical continuities between several of the cases here.

Locally situated knowledges that are not broken apart into disciplinary divisions, such as the biology of plant life, the zoology of animal life, the anthropology of human relations, and the cosmology of religion, can be mapped as an integrated whole that forms part of the territorial spaces that people live in and, in the case of the PCN and the Tuara, seeks to reclaim and physically demarcate as well. The concept of territory as articulated by the PCN, the Nicaraguan indigenous community of Tuara, the Afro-descendant communities of Esmeraldas and La Chota, and the Wajãpi research team is a theoretical and strategic concept that avoids dichotomies between human relations and nature, between religion and environment, and between the material, spiritual, and symbolic worlds. "Mapping" a territory thus goes far beyond a one-dimensional geographical demarcation and documentation to suggest a multidimensional understanding of integrated layers of knowledge that work together within a geographic space identified collectively by a group of people as being their space for living.

Coloniality and Decolonizing Epistemologies. Colonial racial and ethnic hierarchies that get reproduced in discourses of nationalism are often imported into academic "knowledge" and models about Afro-descendant and indigenous peoples. An important part of decolonizing knowledge has to do with documenting historically and currently the variations and distinctions found among Afro-descendant and indigenous peoples through time and looking at local representations of difference in relation to national myths of racial democracy or unified national racial and ethnic identities as discussed above in relation to the project of visibility. Once local and regional histories are *gathered*, the second step in decolonizing dominant models is to ensure the dissemination of locally based knowledges back to their communities of origin, as well as to the academy and other institutions that have helped to create official policy and discourses about Afro-descendant and indigenous peoples.

All of the Otros Saberes projects have taken steps in the decolonization of knowledge through recentering indigenous and Afro-descendant systems of knowledge, epistemologies, models of leadership, and understandings of the world. The work that the Wajãpi researchers are doing, by creating inventories of Wajãpi knowledges around specific themes and the specific ways of learning and teaching (dreaming, listening, visions, watching, and so forth) and the models used to do so, does not stop with validating specifically Wajãpi ways of knowing. This project takes these findings and compares them to non-indigenous knowledge about indigenous people as well as the models used for classifying that information. It is in this comparison of different ways of organizing information that the Wajãpi are carrying the project of decolonizing knowledge to a deeper level. A critical engagement with modern disciplines and forms of knowledge production by introducing the alternative possibilities that are seen through Wajãpi knowledge systems offers a way into what some have called "border thinking" (Mignolo 2000) or transmodernity (Dussel 1995; Escobar 2004; Grosfoguel 2008). As pointed out by the Afro-descendant research team from Ecuador, part of the object of decolonizing knowledge is to "contaminate closed forms of hegemonic knowledge production so that they can be in dialogue with other knowledge forms and systems." Situated knowledges that document the specifics and variations of knowledge found at the local level, even from family to family, are important initiatives for departing from a universal, overly rational position. If it is possible to establish a dialogue between the Western academic epistemic tradition and indigenous and Afro-descendant systems of knowledge, then it needs to involve a two-way exchange and interrogation of all of the models involved—a process undertaken by the Wajãpi researchers and most likely others engaged in Otros Saberes projects.

Personal Discovery, New Identities, Leadership Development. The process of carrying out collaborative research on themes that are intimately linked to the personal histories and experiences of the researchers can result in processes of personal and social transformation and inspiration. Deeply interrogating national and regional histories and listening to a wide range of experiences and ideas about race, ethnicity, and local forms of knowledge and understanding both affirm and challenge the identities of indigenous and Afro-descendant researchers. This process can also result in the consolidation of shared political identities and the strengthening of shared political projects. In the process of collecting information generated from questions that are strategic to the future of particular communities, organizations, or movements, individual researchers often come to see themselves in a different light—perhaps reaffirming or awakening facets of their ethnic or racial identity; and they gain new personal and shared motivation to change the conditions that led to the invisibility of black and indigenous peoples. In cases where research has uncovered and highlighted differences between families, gender, and generations, such experiences can also generate new leaders or strengthen existing leaders as they learn more from their research about how larger structural conditions, histories, and complex links between racial, ethnic, gender, and generational power differences function in the world around them as well as within their organizations and communities.

Researchers participating in the Afro-descendant oral history project in Puerto Rico departed from the usual course of focusing on the "findings" and instead found themselves being transformed by the process of engaging in research. Students who did not identify as Afro-descendant found their self-identities remade and moved in new directions as they collected and processed oral histories. Rather than learning from professors, they came to see themselves as being taught by those who shared their complex memories and experiences about race, marginality, and the contradictory messages about blackness in Puerto Rico. Young Wajãpi researchers began constructing not only a general definition of culture, but also of specific past and current variations of Wajãpi culture and of themselves within it as identified with the new subject position of "researcher"—not a traditional category in their communities.

Within the FIOB research project, understandings of how gender and generational inequalities outside of the organization affected the experiences of women and youth in the organization also resulted in recognition of a range of leadership styles. Local communitarian leaders who were seldom at the top of the organization were recognized as making significant contributions in terms of the range of topics they introduced as well as for the effectiveness of their network-based power of convocation. These insights could potentially transform how leadership is understood and generate a broader understanding and appreciation of different leadership styles that could complement one another.

Contributions of Collaborative Methods

The minimal entry-level criterion for selection of the six funded Otros Saberes projects sounds deceptively simple: that the question or problem under consideration be determined *primarily* by the civil society organization. This criterion in reality becomes charged and complex for two reasons. First, in conventional research methods the definition of the research topic—and, by extension, the determination that the topic in question is worthy of study—has been the exclusive prerogative of scholars and their research communities. To displace the responsibility for this opening task from the community of scholars to an organization or movement with explicit political objectives is to devolve power and control from the academy to civil society protagonists. The second complexity follows: although this criterion does require academy-based participants in the collaborative research team to devolve a substantial quota of power and control, they do not (or at least, in our view, should not) submit completely to the research agenda that their civil society counterparts establish. Instead, this determination should emerge from a horizontal dialogue between differently positioned participants, each with something crucial to contribute, leading to substantial overlap, but rarely complete convergence, between the two. The tensions inherent to this differential positioning, and to the co-existence of two overlapping but distinct sets of research goals, should be cause not for despair or regret but rather for transparent reflection and analysis.

Once this basic principle of "dialogic" determination of the research topic is achieved, subsequent phases of the process follow directly as extensions of that same principle. Civil society– and academy-based intellectuals work together on each facet of the research, from data collection, to interpretation of the results, to elaboration of the final products, to dissemination of these results in diverse settings and venues. Collaboration in each of these phases of the research does not mean, however, that responsibilities fall symmetrically on all those involved. To offer one example from the dissemination phase: civil society intellectuals are apt to play a more central role in the presentation of research findings in the realm of politics and public policy, whereas the academy-based participants generally took the lead in drafting the chapters that appear in this book. The operative principles of collaboration are not symmetry, but rather transparency, horizontal dialogue, and differential division of labor, in recognition of the distinctive strengths and potential contributions of each. As in the initial determination of the research topic, the expectation is not that work in these subsequent phases would ever be tension-free, but rather that the tensions, once identified and engaged, would be constructive.

A central objective of the Otros Saberes Initiative was to subject this "ideal" model of collaborative research to critical scrutiny, drawing on the experiences of the six teams. As Perry and Rappaport argue at length in the following chapter, the six research experiences certainly did have their share of tensions, as the general proposition suggests would be the case. Hierarchies between academy and civil society intellectuals did not melt away with the entry-level commitment to collaboration; in each of the teams, most explicitly in the PCN (Colombia) and Manos Unidas (Ecuador) experiences, these tensions became the focus of discussion.[6] Especially when the topic involved turning the lens inward, toward the organization itself, the research process brought tensions to the fore. The case of FIOB is illustrative: a study of gender inequities and gender empowerment within the organization could be expected to generate a certain amount of debate and even dissent from those who hold disproportionate gendered power; at the same time, it speaks very well for the FIOB that it was able to endorse this critical dialogue, which surely will be ongoing. A third general source of tension came from the explicitly political goals of the topic in relation to the more broadly conceived research agenda. The best example here is the URACCAN-Tuara research project: on the one hand, the indigenous and Afro-descendant land rights law (known as Law 445) stipulates specific research procedures to be followed if the results are to be useful in the appeal for legal recognition of community lands; on the other hand, the topic has many important dimensions that reach beyond these constrained parameters (including critical reflection on the parameters themselves). Beyond the need to mediate these two distinct mandates of collaborative research, in every case the political nature of the research goals and process introduced complexities that the teams had to navigate: How do we mobilize social science research in support of indigenous and Afro-descendant empowerment while preventing political pressures—at times immediate and intense—from disfiguring or derailing the research process?

Although there is no simple or single way forward in the face of these challenges, we do contend that when researchers engage them directly and reflexively the result is a deeper and more nuanced understanding of the topic at hand. To some degree, this assertion can be substantiated by scrutiny of its corollary: research that does not reflect on its own political conditions and context is apt to lack this sophistication. In part this corollary has become conventional wisdom in anthropology in response to impetus from general challenges to ethnographic authority (Clifford 1988), feminist theory (Behar and Gordon 1995), critical race theory (Collins 2000), and various strands of post-structuralism. In part, however, the argument goes further, focusing on how conventional research *methods* have political implications that often go overlooked, even among those who pay attention to positionality, ethnographic authority, politics of knowledge, and the like. To subject the decision on the research topic to a horizontal dialogue with protagonists, for example, generates a flow of insight that would be very difficult to achieve by other means: What research problems do *they* consider to be important and why? What knowledge do they have about the topic under consideration, and what remains unknown? This methodological dimension—creating the conditions for protagonists to assert their knowledge, analysis, and political judgment at each stage of the process—in turn forms the centerpiece of the Otros Saberes innovation.

The fruits of this innovation are immediately evident at the level of descriptive understanding and strategic analysis. In the first instance, these advantages accrue from the simple principles of access and motivation. Given that Otros Saberes team members form part of the communities that are subjects of study, and given that the civil society organizations played a major role in determining the topics, access to the research subjects is generally not a problem, and motivation to participate tends to be high. While present in all six projects, these advantages were especially strong in the Afro–Puerto Rican and Afro-Ecuadorean topics. Basic questions of racial identity in the former and key elements of Afro-Ecuadorean cosmovisión in the latter could possibly have been tapped by "outside" researchers. But the confidence that the Afro–Puerto Ricans evidently felt in talking about how they were affected personally by ideologies of *blanqueamiento* (whitening), for example, was certainly enhanced by the fact that the researchers themselves were Afro–Puerto Ricans who placed themselves in the same story that they were asking others to recount. An even stronger version of this argument applies in the case of political strategies of the organizations under consideration. It is simply inconceivable that the FIOB would have agreed to an internal analysis of gender relations or that Tuara community leaders would have shared the charged and confidential details of their community land rights claims had the research team not incorporated members from those very organizations with clear lines of accountability established from the outset.

However important these more pragmatic advantages of access and motivation, they are surpassed by other advantages in the realm of theoretical innovation and epistemological challenge. Theoretical innovation emerges from collaborative research methods because of the special proximity between political struggle and data gathering, or more broadly, the production of knowledge. The PCN's struggle around issues of recognition, census categories, and racial inequality is an excellent case in point. Prevailing definitions of blackness in Colombia (like many places in Latin America) resulted in systematic underestimation of the numbers of Afro-Colombians, which in turn, undermined their claims for rights and made it difficult to demonstrate the relationship between racial hierarchy and social inequality. This political struggle placed PCN at the crux of a conceptual problem: What is the relationship between racial subject formation (whereby racial hierarchies are constituted and justified) and the collective racial self-making (whereby racially subordinated peoples name themselves, claim rights, and seek to achieve them)? Given their own political struggles against invisibility, PCN intellectuals were well-positioned to criticize facile notions of racial self-making, which ignore the pervasive influence of subject formation, and to argue that Afro-Colombians' collective assertion had to emerge from the categories that these subject formation processes put in place. The concrete achievement of this struggle—an impressive increase in the recognized numbers of Afro-Colombians—also reinforced the conceptual finding, which understands collective racial assertion as emerging from and grappling with the very hegemonic categories that it contests.

Finally, and more important still, is the close connection between collaborative research and epistemological challenge. The name of the Initiative— Otros Saberes—is a direct allusion to this contribution. The assertion is that intellectuals who are directly engaged in struggles for collective empowerment, especially when the collective in question embodies cultural difference, have the potential to produce knowledge in forms that do not fit within standard, Western knowledge categories. It is crucial here to avoid both idealization and overreach. All of the advantages mentioned in the previous two paragraphs accrue *within* a basically Western social science framework and are of great importance for precisely that reason. Moreover, for some time in indigenous studies, and more recently in Afro-descendant studies as well, there has been a tendency to press cosmovisión into service as an all-encompassing filter that converts every utterance and practice into quintessential expressions of contestation of the West through an idiom of radical cultural difference. We prefer a much more restricted and rigorous notion of epistemological challenge, grounded in two basic questions: How does direct defiance of the subject-object dichotomy change the way that we study our research topic? When indigenous and Afro-descendant researchers replace Western premises embedded in the research process with their own, what new forms of knowledge on the topic result?

All six projects, in different ways, produced results that meet the first criterion. With actors themselves serving as intellectual leaders of the research processes, the subject-object dichotomy so prominent in conventional research assumes a much less central role, even if it does not (and could not) completely fade away. This is especially the case when the topic is identity formation, such as in the PCN and Afro–Puerto Rico research projects, and the researchers themselves are involved in reflexive and transformative processes along these same lines. It would not be at all surprising to find, for example, that the predominance of self-identification as black is much greater in the Otros Saberes Initiative than other researchers have found. This, in turn, could well be attributed to the generative conditions that the research process itself produced. Full scrutiny of the second criteria is beyond the scope of this introduction because it involves complex and multifaceted processes that are still underway and therefore cannot be reported on in detail in each team's research findings. We found preliminary expressions of this epistemological contribution in each of the studies, perhaps most strikingly in that of the Wajãpi, in which collaborative research led to a vigorous critique of inherited anthropological notions of culture replaced by an understanding that is ostensibly more practical— "an assemblage of skills, to do, explain, think, say, and represent"—but could actually call into question the very roots of Western traditions of anthropological representation. This is the great promise of collaborative research across boundaries of cultural difference: to challenge the slippage between "representation" as portrayal and representation as "speaking for."

Knowledge Validation Processes in Otros Saberes

Whereas traditional academic knowledge is validated through peer reviews that consist of academically credentialed experts certifying the research results of other academically credentialed experts, the validation of the specific knowledges and models for knowing associated with the Otros Saberes research projects occurred in hybrid ways. Part of the distinctiveness of the knowledge validation processes is related to the rootedness of the knowledge forms research teams documented in daily living. Although modernist models of education rely on experts who acquire their knowledge through studying texts and engaging in scientific experimentation, knowledge produced through daily life is organized, taught, and learned through meaningful daily social relations that are basic to the human condition. Medicinal knowledge; understandings of place, territory, and the creatures (human and non-human) and plants that inhabit it; material knowledge of hunting, fishing, farming, gathering, house-building, and other essential tasks; knowledge of how to move through the stages of life from birth to death; religious and ritual understandings—all of these knowledge forms are experienced, learned, and taught by doing, listening, observation of elders, and active solicitation in inter-generational contexts. The ways in which this knowledge is generated also affects how it is validated.

In the projects described here, validation is partially achieved through vetting, discussion, and feedback from the communities and organizations involved. This form of validation may be closer to what many are familiar with in terms of political validation of knowledge rather than academic validation. While several projects acknowledge the expertise of elders as sources of information that others may not have, elders are not seen as the sole "experts" or "peer reviewers" for the information generated by the research. In the case of the Wajãpi researchers, the team of indigenous researchers exchanged, shared, and discussed their findings not only with one another but also with indigenous teachers, students, and community members. An important measure for this research team in validating their findings was to be self-critical of any results that tended to produce highly synthesized and homogenous versions of "culture" related to any specific theme. Variation of results was encouraged and validated.

Within the FIOB research project, validation of the information generated by the project was carried out by internal discussions of the research team where important differences were noted between the one male member and the three female members. Rather than agree upon one version of what they found, the team agreed to publish multiple interpretations of their findings. In addition, academic and activist researchers acknowledged that they had different political stakes and ways of identifying with the FIOB that affected the research, their approach to it, and ultimately the way it was validated. By negotiating a process whereby differential interpretations could co-exist, the researchers could be unified in their validation of what they found but have their differences represented. Through a different process than the Wajãpi researchers, the FIOB researchers found that allowing variation in the results was an important part of the validation process.

In the case of the PCN, the results of the project—like the initial objectives—were constantly related to the overall strategic and political objectives of the organization. Important parts of the validation process included discussions of the applicability of the results to the strategic political agenda of the organization—ability to affect national development and policy discussions about Afro-descendant communities in Colombia and to maintain and protect the territories of Afro-Colombian communities. In the case of the Tuara research, validation came in part through the results that the maps and information generated. That is, Tuara community members affirmed the maps generated by the project as accurate representations of their claims. This constitutes an important form of validation, even if the specific requirements for legal recognition of Tuara territory boundaries in relation to other communities make it unlikely that the land claims will ultimately be recognized in their current form. In the cases of the Afro-descendant oral history project in Puerto Rico and the birthing and medicinal knowledges documented in the Afro-descendant communities of Esmeraldas and La Chota in Ecuador, the validation processes are largely found in community discussions and forums where the research results were shared, processed, and then reproduced to be distributed to a wider circle of people. In all of the cases, the agreed upon forms of reproduction and dissemination of the knowledge generated constituted another form of validation through agreement on the content of videos, audio recordings, books, folders, public displays, or other forms of presentation.

Dissemination and Political Impact

As stated earlier in this introduction, we believe that discussions of the political impact of the Otros Saberes research projects are best held in venues other than academic publications like this one. This is *not* because we do not view these topics as important; to the contrary, they are crucial, indeed in the long run probably the most compelling rationale to support and carry out this kind of research. This is also *not* because we endorse the traditional dichotomy between scholarship and politics; to the contrary, a founding premise of the Otros Saberes Initiative is, precisely, that scholarly work is inherently political, in institutional and practical terms, and that there is an urgent need to challenge and broaden the traditional political underpinnings of Latin American studies. Rather, the reason for limiting the discussion of political impact in this volume is that an academic book does not provide the conditions for discernment of these matters. The authors of this introduction are located in academic positions, far from settings where the research took place, drawing mainly on the written documents that the research produced. Discernment of political impact would require us (or someone) to be in those places, following these complex and multifaceted political processes, and then making some kind of judgment about what difference the research made in each case. The protagonists themselves must constantly make these judgments, and in accordance with the results, they either continue to participate in collaborative research or not. Meanwhile, our principal job in this volume is to make the case and the space for this kind of research within scholarly institutions such as LASA.

This being said, it is possible to note in very general terms some of the political effects of the research and its dissemination. Each of the six projects generated research products with goals of direct political usefulness in mind; indeed these goals were front-and-center in the research from the start. These products varied widely, from educational materials (written, radio, video), to discrete tools (e.g., maps, censuses), to broader analytical insights with specific strategic usefulness. It would be difficult, and in some cases nonsensical, to try to determine the impact of these products, because in each case they form part of broader, multifaceted flows of intellectual activity and political work. Yet as the contents of these chapters attest, the presence of academy-based researchers in the teams, the institutional backing of LASA, and the opportunity for interaction and enrichment that the LASA Congress provided, all contributed to the deepening and amplification of the outcomes. These are intangibles, of course, but nonetheless very important.

Some more tangible results can also be noted. In response to findings of the Otros Saberes research, for example, the FIOB is forming leadership schools for women that will take into account regional variations in gender roles. The curriculum of the leadership schools will work from the specific context in which ethnic, gender, and generational inequalities are played out in different geographical locations where the organization functions. The schools will train women and youth in local specifics as well as in the skills defined as a part of extra-local political leadership. The change in Colombian census categories, which the PCN Otros Saberes research helped to achieve, is also an especially noteworthy example of direct political impact. It would require additional research to tease apart the impact of the research, per se, in relation to straightforward political critique and mobilization. But clearly, both the content of the research results and the legitimacy that comes from the involvement of university-based scholars clearly did make a difference.

Finally, the most important political impact of these six research projects lies—to return to the intangible—in the generation of ideas that empower.

One need only reflect, one last time, on the central topics of the six to appreciate this point: contesting the "controlling idea" of racial democracy in Puerto Rico and affirming Afro–Puerto Rican identity; challenging the invisibility of Afro-Colombians in the national census; documenting specific expressions of Afro-Ecuadoran culture and identity; establishing the basis for a Miskitu Indian community's claims to territorial rights; probing gender and generational hierarchies inside an indigenous organization; creating the base for autonomous education and intellectual empowerment within indigenous communities. These are all crucial aspirations for indigenous and Afro-descendant movements in contemporary times, and although the objective is certainly much too large to be adequately addressed through a single project, it should be a source of great satisfaction for LASA to have supported research that is grappling with such difficult and weighty topics. We trust that you will agree, after reading the chapters, that the activist-intellectual lead authors are already at the forefront of efforts to bring about collective conceptual and political empowerment. We hope that the publication of this volume will help make these efforts more widely known and contribute to their efficacy.

Challenges That Lie Ahead

The six Otros Saberes projects highlighted here represent a two-year process of: (1) collaborative agenda setting and proposal writing between indigenous and Afro-descendant activists, community members, and academic researchers; (2) months of collecting information on agreed-upon themes and topics through social mapping, focus groups, interviews, archival research, photographing, video-taping, audio-taping of events and exchanges, and open-ended discussions and observation; (3) exchange and processing of information not only within the research teams but also within wider communities and organizations; (4) creation of products such as videos, audiotapes, folders, displays, reports, books, written oral histories, and photographs; and (5) distribution of these products and other results among the participating organizations, as well as in interested communities and in wider academic, political, and policy circles. The process of producing Otros Saberes has involved specific strategic, political, and cultural efforts on the part of the organizations and communities involved as well as producing theoretical insights that transcend the specific contexts in which the information was generated.

Research projects that stem from specific political and cultural commitments tend to produce results that question academic conventions, both in content and in form. Rather than producing one unified set of findings, most projects tended to document variation in findings according to particular themes. Large areas of knowledge inquiry such as: spiritual/medicinal curing; the study of territories and their systems of knowledge; the rewriting of nationalist ideologies of homogeneity to include the specificities of indigenous cultures and forms of blackness in their variation and complexity; the study of paths to knowledge that include dreaming, shamanism, the reading of signs from animals and plants, listening, watching, and practicing versus texts; theories of different forms of political leadership; and the ways that gender and generational inequality influence social movement structures—all of these findings suggest that it is possible to work between the tension of politically motivated research and broader theoretical inquiry. The subsequent challenge comes in seeing how these two goals can be put into practice in the educational, political, and policy settings. How do we move the specifics of a wider notion of health and curing into the educational curriculum for a wide range of children? How do we establish an integrated model of territory that includes human, plant, natural, and spiritual relations in development policy at regional, national, and international levels? How do we assure that what some have called the relational ontologies of Afro-descendant and indigenous peoples, such as those illustrated here, avoid the dualisms of nature/culture, individual/community, material/spiritual and are taken seriously as part of state and transnational discussions on sustainability (Escobar 2009:5)? How do we broaden our cultural and political definitions of "expertise" to include knowledge producers who are credentialed by their communities and organizations and not only by universities? As many of the projects have suggested, to begin down the road of decolonizing knowledge we have to return to the questions of who identifies the research questions, who collects information and how, who receives it, how it is used, and who is invited to come to the table to "apply" and "implement" the knowledge gained. Both the specific kinds of information generated by the Otros Saberes projects and the epistemological models that emerged through the mechanism of collaborative research suggest that these projects have much to offer. What remains to be seen is if there is a sufficient juxtaposition of significant political forces at local, regional, national, and global levels to provide an opening for Otros Saberes to come to the table.

Notes

1. This argument is borrowed liberally from "Re-visioning Latin American Studies" by Sonia Alvarez, Arturo Arias, and Charles R. Hale (2011).

2. While the class dimension of this problem received attention early on in many realms of Latin American studies, gender came much later, whereas the realms of race, sexuality, and perhaps spatiality are still intellectual battlegrounds.

3. Harvard University's Rockefeller Center for Latin American Studies pledged $20,000 to support the post-Congress workshop, which originally was planned to be held in Boston. When

the LASA EC decided to relocate the Congress to Montreal, in response to discriminatory practices of US government visa policies, Harvard graciously agreed to honor their commitment in support of the workshop.

4. The academy–based committee members were: Alcida Rita Ramos (Universidade de Brasília, Brazil), Eduardo Restrepo (Universidad Javeriana, Colombia), Lynn Stephen (University of Oregon, United States), and Eva Thorne (Brandeis University, United States); the civil society–based members were Miriam Miranda (OFRANEH, Honduras), and Candace Craig (Jamaica). Charles Hale served as non-voting coordinator of the selection meeting.

5. The other two areas of focus were (1) to continue evaluating the specific areas of knowledge and strategies the PCN had developed for constructing and defending Afro-Colombian territories and the counterweights to these strategies such as national development projects, neoliberal markets, and drug trafficking; and (2) the specific community-based organizational processes at a collective and individual level that have been used to guarantee the permanence of territory and have aided people in overcoming the social and psychological impact of ongoing violence and conflict. These are not reported on here.

6. The contextual variable of how and to what extent the participants choose to make these tensions public is of course crucial here. As project coordinators, we made a special point of encouraging reportage on these deliberations, on the grounds that they are constructive and illuminating. We recognize, of course, that reportage of this sort can be delicate and at times it is best kept out of public realm; although we strongly encourage disclosure, we respect the organizations' discernment on the details.

2 Making a Case for Collaborative Research with Black and Indigenous Social Movements in Latin America

Keisha-Khan Y. Perry and Joanne Rappaport

We North American academics who conduct research in Latin America often overlook the long history of the production of critical thought by movements for social justice in indigenous and black communities. As we interrogate the political potential of research collaborations, we must think critically about the space of African diasporic and indigenous knowledges in Latin American studies. As Catherine Walsh (2007a:224) has argued, "The production of knowledge in Latin America has long been subject to colonial and imperial designs, to a geopolitics that universalizes European thought as scientific truths, while subalternalizing and invisibilizing other epistemes." The critical mass of black and indigenous researchers from Latin America is still small, leading academics to discount and negate the knowledges produced by black and indigenous scholars—oftentimes outside of academic institutions—as valuable contributions to critical thought and theory (Gwaltney 1981:48).

But at the same time, we need to shift our thinking away from the needs of the academy and to recognize that black and indigenous peoples are simultaneously knowledge producers and political actors. Their communities and social movements are the seminar rooms from which knowledge emerges: a kind of theory-in-action that merges political militancy and cultural renewal. To translate black feminist scholar-activist Barbara Christian's work into the Latin American context, how else have black and indigenous peoples "managed to survive with such spiritedness" the institutional assaults on their culture, bodies, and humanity (James 1999:x)? Highlighting the political work of the organizations represented in the LASA-sponsored Otros Saberes project allows us to reflect on the fact that collaborations are not only far more common than we previously imagined, but also that they take forms that range far beyond the collection of data for academic-style analysis. These experiences in Brazil, Colombia, Ecuador, Mexico, Nicaragua, and Puerto Rico are less about initiating research collaborations than they are about recognizing and interrogating well-established national and transnational networks of research-based solidarity and social action.

Why bring together black and indigenous knowledge? The current political moment in Latin America is marked by the resurgence of identity-based movements that have become major interlocutors on the national scene, spurring a process of rethinking the nature of democratic participation. As a result, indigenous and black activists have become (sometimes uncomfortable) allies, frequently employing the same political and discursive models for action. This kind of solidarity, although inspired by common conceptions of full citizenship, is also the product of state regimes that place the rights of marginalized or minority groups under a common umbrella. A consequence of this is, for example, the fact that emergent black communities in Brazil and Colombia must appropriate organizing models from the more established indigenous movement (Ng'weno 2007). The political context, then, requires that black and indigenous researcher-activists engage in a mutual process of theory building, as well as practical action.

Why bring these knowledge producers together with academics (some of whom are, themselves, black or indigenous)? To answer this question, we must extricate ourselves from the North American academic settings in which we (the authors of this commentary) work and live, and imagine what it means to be an academic in Latin America. As Colombian anthropologist Myriam Jimeno (2000, 2005) suggests, doing social science research in Latin America is, simultaneously, an exercise of citizenship. Academic collaboration with black and indigenous organizations implicitly recognizes that both activists and academics are co-citizens who not only analyze social processes, but also use their observational powers to transform them. As a result, as Jimeno (2005:46) argues, "the sectors being studied are not understood as exotic, isolated, distant, or 'cold' worlds, but as co-participants in the construction of nation and of democracy in these countries." This proximity between the researcher and the researched requires that all involved participate in "a meta-academic space of debate" and recognizes that intellectual work "has implications for the social life of people and the practical meaning of the exercise of citizenship" (2005:51). The insertion of academics into social life has resulted, historically, in a research agenda that privileges structures of domination and social transformation (2005:54; Ramos 1990) on the one hand, while on the other, it engages the academy in a collaborative dialogue with the subjects of academic research (Briones 2005; Vasco 2002).[1]

The decolonization of knowledge—understood as both a broadening of epistemological approaches and a reframing of what we as scholars know about black and indigenous social and political practices, histories, and cultural experiences—is an essential part of the political process of recognition of ethnic actors (Augusto 2007; Mohanty 2003). Political scientist Anthony Bogues (2007:209–210) makes the case for developing a "decolonizing episteme" through which we can reshape the knowledge-making process. First, epistemic decolonization would involve rethinking how closely the university works with the communities that surround it—more specifically, creating a space for the critical examination of racial, class, and gender assumptions that produce disconnections between universities' needs and communities' needs. Second, looking for and discerning decolonized knowledge requires unmasking "the power embedded in the production of knowledge" in the humanities and social sciences, areas in which "colonial regimes of power" continue to shape *where* we look for knowledge and the paradigmatic shifts that must take place as a result. Finally, it implies emphasizing interdisciplinarity in both research and curricula as well as reworking the disciplines in ways that recognize Afro-descendant and indigenous thought and practice.

How might our drive for collaborations between activist researchers and research activists speak to the broader goals and challenges of social movements and academic disciplines? Who defines theory, and how can the kinds of knowledges black and indigenous people produce leave the realm of "other" to be given historical legitimacy and mainstream status? Epistemic decolonization is based on the idea that black and indigenous actors must be able to participate in this reframing of knowledge and in deciding how disciplinary boundaries should open in order to center rather than marginalize them.

The decolonization of knowledge also requires the decolonization of methodologies, as Linda Tuhiwai Smith (1999) and others (Augusto 2007; Sandoval 2000) have affirmed in their work. Smith argues that disciplinary methods of organizing, classifying, and theorizing black and indigenous ways of knowing, such as in anthropology, have worked to marginalize and exclude not just ideas but also bodies (1999:68). She writes that "these forms of discipline affected people physically, emotionally, linguistically, and culturally.

They were designed to destroy every last remnant of alternative ways of knowing and living, to obliterate collective identities and memories and to impose a new order" (1999:69). Reclaiming a space for indigenous and black intellectuals in the academy has to do with the pragmatic problem of rethinking the questions we ask about what we know and reorganizing the mechanisms of knowing which knowledges and whose voices have been previously silenced and suppressed.

The Otros Saberes projects demonstrate the methodological contributions of black and indigenous grassroots organizations whose goals are the simultaneous pursuit of truth, knowledge, and freedom. It is not a mere coincidence that their organizations focus on the formation of politically engaged black and indigenous intellectuals—a crucial conceptual, methodological, and analytical critique of the colonization of Western knowledge. They maintain the practice of decolonizing knowledge, universalizing "other" frames of thinking, while organizing street protests, cultural performances, and writing new policies. What does this recognition of "other knowledges" then mean for the urgent purposes of social action and the construction of racially inclusive societies? Epistemic decolonization is not simply an academic exercise: it involves activism on the part of scholars and theory building on the part of activists. Activist collaboration in the context of scholarly research is certainly not new in Latin America, where a politically attuned participatory action research methodology emerged in the 1970s, focused on research projects among peasants and indigenous people (Bonilla et al. 1972; Fals Borda 1991). In its earliest incarnation, participatory action research fused research with activism by fostering community participation in the selection of research topics and the collection of data, at the same time that academic researchers participated in the building of grassroots organization by recycling key concepts emerging out of the research.[2] Although participatory action research did sometimes culminate in scholarly production (Fals Borda 1979a, 1979b, 1981, 1984, 1986), in its early years it frequently confined itself to producing materials for the consumption of social movements (Chalarka G. 1985). The continuing influence of such approaches in Latin American studies has resulted in a model of collaborative research that is more political in its intent than is its North American counterpart, more apt to focus its efforts on political organizing than academic analysis.

The Otros Saberes projects reflect this Latin American intellectual tradition. Not all of the participants in the Otros Saberes Initiative are familiar with the methodology of participatory action research, nor are they all aware of academic debates concerning the role of the citizen-researcher. Nevertheless, the projects demonstrate a strong commitment to communities, one that goes far beyond the confines of the academy. The nature of this political commitment is heterogeneous: in some cases, it is directed toward the transformation of the university, whereas in others, it is harnessed in support of grassroots organizations or the promotion of the demands of broader social movements. In all cases, it opens more questions than it answers.

Collaboration or Participation?

For Edwin Taylor, an anthropologist with URACCAN, the Universidad de las Regiones Autónomas de la Costa Caribe Nicaragüense, collaboration is "when there are two or three parties, and on the basis of a proposal, they begin a process in which all the participants operate at the same level and the principal aim is to achieve the proposed goal…according to the different roles of those who are collaborating" (interview by Joanne Rappaport, July 2007, Bilwi, Nicaragua). The Nicaraguan project was different from those undertaken by other Otros Saberes teams because it was conceived in response to an administrative need expressed by the indigenous community of Tuara to obtain the documentation required to title their lands. The academic collaborators contributed technical expertise: how to prepare a map detailing the community boundaries, how to collect demographic data for the *diagnóstico*, both procedures required by the government. Taylor and his colleagues came to the collaborative team with the parameters of the research already established by the autonomous regional government because at a minimum they were required to collect all the data outlined in an official manual. Nevertheless, as Taylor relates, the academics recognized that their expertise could not subordinate the community: "At one point, we thought that the academic had a magic wand, that we knew what we needed to do. With time, we realized it wasn't like that. Participatory research means that we all identify the problem to be solved.… Our role is to facilitate the process. The beneficiaries guided the research.… It was participatory because the beneficiaries accompanied us throughout the entire process."

Popular participation operates at various levels in this project. The academic collaborators were affiliated with URACCAN, an institution of higher learning whose principal objective was to form cadres to forge autonomy in the coastal region. Here, ethnic diversity—indigenous Miskitus, Mayagnas, and Ramas; English-speaking Creoles; Garífunas—contrasts with the cultural homogeneity of the Nicaraguan Pacific coast, which is largely mestizo. In the past, the Atlantic coast was politically and culturally subordinated to Managua, the capital. So in a sense, as members of URACCAN, the academics shared the same objective as the Miskitus of Tuara. As *costeños* (people who live on the coast), they all felt the same urgency. At the same time, there is a direct relationship between academics and community leaders, a commitment on the part of the former to share their technical expertise and the latter, their lived knowledge. Taylor is himself Miskitu, although from another community. Thus, the academic-community dialogue unfolded in the Miskitu language, with a full understanding of the centrality of the role of cosmovisión in the articulation of local needs and a common objective of restoring relationships of solidarity between Miskitu communities. These relations had been destroyed by war in the 1980s and, even earlier, by the introduction of commercial logging in the early twentieth century, which led communities to pursue their own economic interests against those of their neighbors. Yet another level of collaboration exists: the relationship between community leaders and members—particularly women—who had only scant knowledge of the contours of their territory and their history. The collaborative project facilitated an encounter between the community and its past.

Is this collaboration? Is collaboration defined by the level at which community activists enter into the research process? Does it require that social movements or communities participate in the initial articulation of the project, or is it sufficient that the university and the state prepared a project based on needs previously expressed by the community? Participatory action research, as it was conceived in the 1970s, involved communities in setting research priorities and in collecting data, but assumed the preeminence of the scientific methodology and interpretive frameworks used by academics—this is the distinction between a project that is merely participatory and the utopian dream of a collaborative research project. The Nicaraguan project appears to be more participatory than collaborative, in the sense that it subordinates community methodologies to those of the academy and of the state. But as we will explore further in our reflections on the other teams, collaborative researchers still have a long way to go before they transcend traditional hierarchies between Western methods and black and indigenous knowledge systems. Funding agencies and the state frequently end up dictating the parameters of the research, specifically, how communities participate throughout the various stages of the project and how their own knowledges are framed by Western systems of analysis. The very academic expectations that define the final product privilege Western forms of investigation and exposition.

The Political Nature of Collaborative Research

Political commitment is central to the project of the Proceso de Comunidades Negras (PCN). PCN researchers and their academic collaborators have engaged in a retrospective analysis of their organizing process through community workshops, interviews with activists, and international campaigns to make their demands and the situation of Afro-Colombians more visible; these objectives are particularly pressing, given the fact that the territorial autonomy and the physical safety of black communities are under threat in the current situation of war. Workshops, a methodology that is central to the PCN project, are not only of academic interest, but are also arenas for political discussion and training, serving as spaces for self-discovery, as scenarios for "conceptual mobilization," and as stages on which organizational decisions are made. This is clear in the minutes of the workshops, where the nature of the conflict is analyzed with an eye to understanding how Afro-Colombian territories that were won through legislative struggles are in danger of being lost to transnational corporations that occupy the lands of communities displaced by right-wing paramilitary violence. In this sense, workshops are spaces in which the objectives encompass not only strategies for documenting the political situation, but also strategies for confronting the conflict are developed.

Such a methodology breeds horizontal relations between activist and academic researchers; the latter can participate in the project only once they have demonstrated their acceptance of the PCN's organizing principles. What this means is that while PCN activists are not required to acquiesce to academic conventions, procedures, and codes of ethics, the academic researchers must accept the organization's political goals and subordinate themselves to the PCN agenda, in a move that Luis Guillermo Vasco Uribe (2002) emphasizes is central to the collaborative enterprise. At the same time, academic allegiance to the PCN's organizing principles implies that the conceptual framework of the project emerges out of the activist sector and not the academics.

Both PCN activists and their academic allies argue that other researchers have placed the organization in danger through the irresponsible publication of information. One of the workshops reflected on the differences between academic and activist research, underlining their distinct sources of theory, the differing ways that researchers are evaluated and legitimized, and their unique locations in universal or local knowledge spheres. In their article, the members of the PCN collaborative team emphasize the need to question the hegemonic model of the university and, instead, look for ways of simultaneously writing "toward the inside of the PCN" and "toward the outside."

Although we agree that there are significant methodological differences between the individualistic research procedures of many academics and the collective methods and aims of the PCN collaborative team, we also question whether it is all that useful to draw such rigid distinctions between academic and activist research because, after all, the Otros Saberes Initiative—and the four decades of participatory research in Latin America that provide its foundations—suggests that a common ground can, indeed, be constructed through dialogue and collaboration. Moreover, we recognize that in Latin America, new social movements and social scientists share, to some degree, a common discourse, language, and agenda. At the Montreal workshop that brought together the Otros Saberes teams at the Congress of the Latin American Studies Association in 2007, the Brazilian Wajãpi researchers argued that the ways in which issues were discussed were irrelevant to them: they felt that local knowledges articulating culturally distinct agendas and voiced in non-Western languages were not privileged in our discussions of collaborative methodologies. In many ways, the very discourse of the conference isolated both academic and activist researchers from the communities that are the sources of the knowledge being studied. Our homogenizing approach to collaboration refused to acknowledge the cultural specificities of collaborative work in different venues across Latin America. In other words, although the initiative opened an initial dialogue, we need to deepen our understanding of the persistent influence of the discourse and hierarchies of the university within social movements and, given such a critique, to rethink what collaboration should be.

In Ecuador, black activists such as teacher Iván Pabón expressed how the geographic as well as social distance between the university and black and indigenous communities is measurable. How many blacks study and teach at the Universidad Andina Simón Bolívar (UASB), the academic institution that hosted the LASA-sponsored Otros Saberes project in Ecuador? A lack of affiliation with an Ecuadorian university may have factored into the difficulty Pabón faced when he was initially denied the visa to participate in the 2007 LASA conference in Canada; in the end, conference organizers had to intervene. More recently, the Fondo Afro-Andino has dissolved as an organization within the UASB, the activists who implemented the LASA-sponsored and other black movement initiatives have been removed, and its archives have been moved to the university library. Though we know very little about the exact reasoning that drove these changes in social and spatial positioning of black activists and activist scholars within this context, the changes in the Fondo Afro-Andino illustrate that the project of including "other knowledges" within Latin American universities oftentimes involves the exclusion of the very scholars and communities that produce those knowledges. The subjects featured in the Fondo Afro-Andino's documents, for example, are furthered distanced from the intellectual life of the university. Collaboration should include a complete restructuring of the university to rid it of the spatial and social alienation black and indigenous scholars and social movement actors may experience in these institutions.

Collaboration as Solidarity: Unraveling the Different Levels

The researchers represented in Otros Saberes would consider themselves to be activists and scholars, an identity that marks political solidarity as the principal aim of their research efforts. Their intellectual pursuits complement their political actions. The members of the teams consider themselves to be engaged in a broad struggle for social justice that requires a deeper commitment beyond the institutional demands of academia. Thus, the focus here is on three kinds of collaborative research, which we will elaborate upon with reference to three of the teams: (1) activist research that takes place within the framework of academic institutions, but that involves sustained and intense interaction with social movements (Ecuador); (2) community-based researchers articulating culturally specific epistemologies that only initially require the presence of academic interlocutors to be successful (Brazil); and (3) collaboration between academics and activists who become researchers (by formal training in the university or in social movement classrooms), both of whom are ultimately accountable to the political organizations and communities (Mexico).

How these researchers differ, or whether they differ at all, warrants exploration here, considering the complexities of their identities, geographic locations, and institutional limitations. The absence of black and indigenous university faculty and students in Latin America would lead us to expect that these researchers do not share similar racial, ethnic, class, and national backgrounds with black and indigenous activists. However, in at least three cases (Ecuador, Nicaragua, Puerto Rico), some of the academic researchers shared these identities with their activist counterparts—which suggests that institutional positioning may be even more significant than the commonalities they share. How they balance these contradictory commitments provides invaluable insights into the complexity of collaborative research, particularly into how subjectivity impacts upon collaborative dialogue.

Black Activists Transforming Academe

Training of grassroots researchers is essential to effective collaboration between social movements and academic investigators. The former coordinator of the Fondo Documental Afro-Andino of the Universidad Andina Simón Bolívar, Ecuadorian academic Edizon León, maintains that the central problem of social science research in black communities is the lack of black academics or activists able to carry out studies of Afro-Ecuadorian culture. On the one hand, many activists do not perceive existing academic models of research as particularly useful for transforming the social conditions of their communities. On the other, pervasive racial inequalities in access to higher education discourage black students from pursuing advanced degrees and developing their own research projects and methodologies in collaboration with black communities.

When asked by Keisha-Khan Perry about his definition of collaborative research in relationship to black Ecuadorians, León responded in an electronic communication in the following manner:

> I believe that in addition to achieving a definition that breaks with eurocentric "scientific tradition" that conceives of knowledge-producing as an individual activity, we must think about the production of knowledge as a collective enterprise in which we each make a contribution, which come together to build and produce knowledge. Collaborative research means working with the community on an equal basis, which therefore means delegitimizing oneself as an academic so as to not establish hierarchies of knowledge. (Edizon León, personal communication, 2007)

Disrupting hierarchies of knowledge production and dissemination is at the center of collaborations between researchers and activists and between activists and universities such as the Universidad Andina Simón Bolívar. For León, who accompanied the founding of the Fondo Documental Afro-Andino and the growth of Afro-Andean studies, collaborative research has meant establishing permanent relationships with black communities throughout the country, in the Andean region of South America, and elsewhere in the African diaspora. As a result, blacks have transformed how the university system views their place in the nation, Afro–Latin American culture as a focus of scientific inquiry, and the inclusion of black students and faculty in the university.

During Perry's visit to Ecuador in June 2007, local women promoted a "Re encuentro de saberes Esmeraldas y Chota—Proyecto: Saberes propios, religiosidad y luchas de existencia afroecuatoriana" with the general administrative support of the Fondo Documental. An encounter between residents of the Chota Valley, located in the mountains, and coastal Esmeraldas, both research venues for the Otros Saberes project, involved an exchange of local knowledge in order to bridge the distance between disparate black communities and to forge the social, cultural, and political understanding necessary to mobilize on a national scale. Over a three-day period, they told stories, performed rituals, and narrated a common history of oppression and resistance. Elderly Chota women focused on their experiences on sugarcane plantations, and residents of Esmeraldas shared historical memories of marronage[3] and the construction of collective land rights; on a more intimate level, people shared recipes and exchanged foodstuffs, music, and riddles. Chota and Esmeraldas residents left the encounter with a sense of togetherness, and as Perry heard Esmeraldeña doña Carmen tell her neighbors after return-ing home, "Going to another black region made me realize how much more we can do as a people."

In an insightful reflection on the role of translation in ethnography, Talal Asad suggests that ethnographers have a very specific purpose in mind when they describe other cultures for academic readers. For Asad, ethnography is "addressed to a very specific audience, which is waiting to read *about* another mode of life and to manipulate the text it reads according to established rules, not to learn to live a new mode of life" (1986:159). In a sense, this is precisely what the research team from Quito did by creating a sensitive and detailed ethnographic portrayal of Afro-Ecuadorian lifeways, particularly those relat-ing to childbirth and death. The achievement of this ethnographic sensibility was obviously enhanced by collaborative dialogue.

However, the very tools that we, as academics, have at our disposal, may be at odds with the objectives of community members, such as doña Carmen. The women of Chota and Esmeraldas hoped to learn the traditions of their counterparts in order to incorporate them into their own lifeways and forge political solidarity; their aim was not to read *about* another culture, but rather to learn to experience it. The problem is that the production of ethnogra-phy—which is the tool we have to share with our counterparts—may be geared to a very limited audience that does not necessarily include these communities. Such materials are highly useful for transforming images of black and indigenous communities for a national audience and impacting the research agenda of universities, but the very nature of these expositions dis-tances their contents from the communities themselves. The struggle, then, for all collaborative researchers is to devise means of "letting go" of their material, so that local communities can appropriate it to their own ends and by their own means. This ultimately may involve promotion of a commu-nity memory of the collaborative research methodologies—through peda-gogical intervention—rather than of the empirical results of the investigation. Although pedagogy was, indeed, central to the Ecuadorian project, we turn now to its implementation in Brazil to explore in further detail the contradic-tions and ambivalences of collaboration.

Training Indigenous Researchers and Teachers

The Brazilian research team evolved out of an innovative collaboration between the Conselho das Aldeias Wajãpi (Apina) and Iepé, the Instituto de Pesquisa e Formação em Educação Indígena, composed of researchers from the Universidade de São Paulo. This partnership has involved an ongoing program of training indigenous teachers, health workers, and researchers, emphasizing the learning of Portuguese, mathematics, anthropology, linguistics, and research methodologies. Wajãpi researchers collected materials on a broad range of topics: practices of ritual seclusion; origin narratives; expressive forms, such as music, festivals, and storytelling; and traditional architecture and practices of food preparation. The main objective of the research projects echo the goals of the Fondo in Ecuador, "research in order not to lose": (1) to document the wisdom of the elders; (2) to record indigenous memory; (3) to promote Wajãpi vernacular literacy; (4) to strengthen traditional knowledge before it becomes extinct; and (5) to produce information for non-indigenous peoples that will counter ignorance and diminish racial prejudice. Learning academic techniques, Wajãpi researchers collected oral histories (using tape recorders to document hours of interviews), engaged in participant observation (practicing making traditional beverages and re-enacting festivals), and acquired the tools of cartography (mapping indigenous territories).

In an interview with Perry in Amapá, Brazil in 2007, Wajãpi activists assert that the indigenous researcher is unique in his or her methods and forms of presentation of results: "While you are working, you produce different forms of doing research, adapting to local conditions; they [the interviewees] are the ones who set the rules." Some researchers may have to rethink where they carry out their work, when travel to certain communities becomes difficult, or perhaps, they must restructure interview schedules because of sudden changes in hunting patterns. Wajãpi team members questioned the rigid timelines that academics usually face when embarking on research in indigenous communities, which does not allow them to explore culture in depth. Wajãpi researchers believe that their permanent location as participants in the everyday life of their communities allows them both the time and flexibility to acquire the type of knowledge, far beyond what non-indigenous researchers are able to accomplish. Thus, what they have achieved during the course of the LASA sponsorship barely scratches the surface: what looks to us outsiders as a profound ethnographic account is not sufficient for them, but rather is simply a step in a long-term project aimed at collecting and disseminating information on Wajãpi history, language, and culture.

In June 2007 when Perry asked members of Pairakae *aldeia*, where some of the researchers live, why this project was important to them, they responded, "We are the ones who asked for this project." A provocative discussion ensued about the difference between indigenous and non-indigenous research on Wajãpi culture. Previous experiences with various types of researchers who "do not return anything to the community" led one of the leaders to argue that researchers necessarily had to be indigenous. However, one of the Iepé organizers questioned this position and recounted that some academics maintain strong links with the Wajãpi and are long-time advocates of indigenous rights. More importantly, this organizer continued, white researchers have disseminated knowledge that contributes to dispelling racist ideas about the Wajãpi and about indigenous peoples in general. However, the indigenous researchers continued to insist there is a difference between anthropologists and them, while recognizing ongoing collaborative and advocacy work: "We are not going to expel our partners, but we want our autonomy so as to not always depend on them." One teacher and researcher stated in an interview with Perry in Amapá in June of 2007: "Research emerges as a result of the cultural demands of the community, defined by community members." The entire community is involved in deciding which research questions and methodologies are important and determines collectively how they will systematize the data for dissemination throughout Wajãpi territories.

This staunch position on the part of Wajãpi researchers reveals how collaboration between indigenous investigators and their communities leads to a restructuring of research questions and methods of scientific inquiry in indigenous communities. It also leads us to reconsider the future of collaboration if, as the Wajãpi insist, such research can only be conducted on their own terms. Is the role of the academic collaborator to train black or indigenous researchers who will subsequently transform these methodologies and replace the academics entirely? Should an ethics of collaboration include knowing when to let go? The disengagement of academics in the process of collaboration is about retaining the faith in indigenous and black communities' ability to make their own decisions about how to use the knowledge they have collected and organized. The real aim in the decolonization of knowledge project may be less about replacing the academics and more about expanding black and indigenous people's wealth of knowledge, their perception of the complexity of their everyday lives, and the language they use to control the cultural reproduction of that knowledge. The Wajãpi researchers' use of community gatherings to demonstrate the cultural practices they document, such as the making of specific drinks or different ways of hunting, means that the act of communicating became an aspect of incorporating new knowledges with what Ngugi (1986:14) calls the "the language of his experience of life." As the Wajãpi researchers expressed in our conversations, this may be a recognition of the unique role of black and indigenous communities in the articulation and reproduction of knowledge acquired during the collaborative research process.

Self-Critique: Documenting Indigenous Women's Agency

Like the PCN, the Frente Indígena de Organizaciones Binacionales (FIOB) of Mexico employs a workshop methodology as a space for collective reflection.

A June 2007 meeting in Mexico City provided space in which researchers from Oaxaca, Baja California, and Los Angeles could discuss the challenges that the organization faces in representing gender and generational equity. The activists posed questions about existing barriers to effective leadership among young people, women, and new members; the areas of decision making in which women predominate; how to identify and construct effective models of organization; and how to forge alliances with other indigenous and immigration-focused organizations in Mexico and the United States. The workshop concluded that although indigenous women occupy the grassroots of FIOB and are the central organizing force in their communities, they do not occupy leadership positions in the organization. This is not surprising. What was surprising was to hear indigenous women voice a collective gender critique, openly denouncing the patriarchal practices of male leaders and proposing gender reform. For FIOB activists and research collaborators located in the United States and Mexico, self-critique provided vital information on how to strengthen the grassroots.

FIOB has an extensive history of working with academics, especially with individuals who have long personal activist histories. The realization that gender inequity was a serious problem in the organization grew out of previous conversations between activists and academics. FIOB's Otros Saberes project stemmed from the productive dialogue between a Native American feminist historian-activist at UCLA, Maylei Blackwell, and a Los Angeles–based FIOB activist, Odilia Romero. The two wanted to know what the grassroots, primarily comprised of women, thought about FIOB. Thus, from the proposal stage, the project was conceived through a dialogue, which later developed into a political partnership, founded in their shared experiences as indigenous women. However, this kind of relationship between academic researcher and activist is not without its challenges. The Mexico City meeting was characterized by a self-critique that emerged out of the research process of interviewing grassroots women activists. Blackwell systematically presented the workshop with quotations from the team interviews, making clear and decisive recommendations for ensuring the future of the organization. This generated disagreements on the part of the male activists, who, in a heated debate, accused the bearer of the bad news—Blackwell—of misinterpreting the internal gender dynamics of FIOB. The women activists suggest that a reframing of their definition of leadership was needed so that it included women's mass participation at the grassroots. It was only after activists like Romero defended the feminist academics, claiming their own responsibility as co-researchers for the findings that had been presented, that the organization was able to begin work on proposing concrete projects for correcting gender inequities.

Although we recognize that the knowledge produced through collaborative research is useful for advancing the political projects of organizations like FIOB, it is perhaps overly romantic to envision collaboration as a process of bridge building between activists and academics. Sometimes, collaborative research creates conflicts internal to these organizations, not only between academics and activists, but also among activists themselves; frequently such discord follows the familiar fault lines of gender, generation, and geography. Nevertheless, joint interpretation—which, more than the collection of data, characterizes collaborative research—does not necessarily lead to disruptive antagonisms, but sometimes, as is the case in FIOB, to productive tensions that are brokered by the academics. In other words, in this instance Blackwell's presence deflected potentially divisive tensions away from the female activists, allowing for a more fruitful discussion. We cannot focus exclusively on the methodological contributions of academic collaborators in these endeavors. The public performance of collaboration, as well as the social dynamics that accompany collective dialogue, are equally significant. The hierarchies inherent to these organizations shape how activists will process this kind of research. In this sense, collaboration involves the negotiation and resignification of internal fault lines, which are not only the subject of investigation but also the very substance of collaborative dialogue.

The Geopolitics of Collaboration

The Afro–Puerto Rican history project, which brought together academics from the Universidad de Puerto Rico-Mayagüez with community researchers from the city of Aguadilla, was intimately collaborative in the sense that the local researchers controlled the entire process. At the same time, the project met rigorous research standards, collecting data in the form of personal narratives. Community researchers felt quite strongly that they lacked the methodological tools to document the persistence of racism on the island. As a result, they received extensive methodological instruction from oral historians, so that, as in the Brazilian case, training and education were among the academic collaborators' major roles.

But although the Wajãpi researchers ultimately hoped to distance themselves from social scientists, the Puerto Rican oral historians did not feel estranged from their academic counterparts. Jocelyn Géliga, one of the academic collaborators, emphasized that her role was not to be an ethnographer, but instead to serve as a facilitator for the work of the community team. The Aguadilla researchers enthusiastically agreed with her; they emphasized that Géliga and her co-academic, José Irizarry, were not distanced from the community because they, too, were Afro–Puerto Rican (Géliga's father was one of the narrators chosen to tell his life story). Tania Delgado, a community researcher from Aguadilla, suggested that if the academics had not been black themselves, the project might have ultimately been more academic than political. Both the academics and the community researchers had lived through similar experiences, in Puerto Rican society in general and in their families, which had pressured them to accentuate their white features and hide their black ones. In this sense, the research project was equally urgent for Géliga and Irizarry as it was for the Aguadilla community.

Ultimately, the success of the Puerto Rican project can be measured in their collective output: a series of gripping narratives organized around common themes, conceptualized and collected primarily by the community researchers. In this project, collaboration meant a passing of the baton from the academics to the local oral historians, an empowering of the latter so that they became researchers in the fullest sense of the word. However, as the Aguadillanos deepened their command of oral history methods and their appreciation of how blackness and racism were experienced in their community, their relationship with their academic counterparts was not frayed or disrupted, but transformed. Irizarry and Géliga became interlocutors with the community, all of them engaged in communal interpretation to a common political purpose.

Why was this project so successful in dismantling traditional hierarchies between the work of academics and of local activists? Once the Aguadillanos were trained in oral history methodology, they effectively became co-researchers whose interaction with the academics was transformed into a partnership. Clearly, the fact that both groups were Afro–Puerto Rican is significant, but the local researchers' level of education and standard of living also enabled their double-consciousness. Unlike the members of the other community research teams, the Aguadillanos live what is essentially a middle-class existence—even as some of them recognize the insidious influence of US colonialism that permits them these advantages. In other words, the Puerto Rican team's experience leads us to consider whether the very possibility of collaborative research depends upon the geopolitical context and the educational attainments of activists.

Conclusion

It may be simplistic to assume that collaboration will take on the same character across Latin America. Research methodologies may be more effective in one context than in another, and the purpose of collaborative work—whether it involves collection of data or communal reflection—will vary, depending upon the needs of the political organizations. The presence of a strong base of organic intellectuals may promote a closer working relationship between activists and academics, as well as foster a protagonistic attitude among community researchers, who may be better equipped to find their own voice as scholars, limiting the extent to which they are framed as ethnographic subjects by academics.

Our accompaniment as *investigadoras solidarias* (researchers in solidarity) of the Otros Saberes collaborative teams has led us to a number of conclusions, some that we correctly identified and others that diverge from our original expectations. It was clear to us from the outset, both from our personal experiences as collaborative researchers and from the successful Otros Saberes proposals, that collaborative research is by necessity political in character. When indigenous and Afro-descendant organizations engage in this type of work, they do so with a clear political purpose in mind, a set of objectives that inexorably transforms the participation of academics in the project. Political engagement—which can also be understood as a form of solidarity on the part of academics—must necessarily feed into the needs and exigencies of the organization, and thus does not necessarily lead to answering the kinds of questions laid out in the academic literature that generally guide scholarly investigation. But, as we discovered, what constitutes political engagement ranges far beyond acceptance of a political program and agreement on the part of academics to subordinate their own objectives in the face of collective intentions.

Political engagement involves expanding the political to include a broad range of cultural objectives whose consequences may be, not immediate, but deferred, as is the case in the ethnographic project from Brazil and the work of historical recovery in Ecuador and Puerto Rico. Political engagement must also be understood as moving beyond the research questions and the materials that are ultimately collected and made available to organizations: it also means learning to accept non-academic counterparts as equal in the research endeavor. In some cases, as in the Nicaraguan effort, it may involve adopting participatory as opposed to collaborative methods, when the broader context obliges that particular methodologies be applied to the objectives espoused by the activists. Thus, in order to produce a document appropriate to the land-titling process—the ultimate goal of the Miskitu activists—the nature of the research process necessitated following a strict methodology that left little room for more subtle indigenous concerns. Even when collaboration includes training activists in research techniques—such as occurred in Puerto Rico, Brazil, and Ecuador—this does not mean that they are not equal team members, because on the conceptual level the two sides of the Otros Saberes equation clearly have different methods, research questions, and personal experiences that contribute to the dialogue. Recognizing this is deeply political because it impacts not only the team itself but also the academic activities in general of university-based scholars like ourselves, who will find it difficult to return to standard academic research models. For this reason, it is no accident that so many of the teams argued for a transformation of academia.

Nevertheless, in the course of our collaboration with the initiative, we were struck by the realization that organizational rhetoric that identified a vast gulf between academic and activist research did not, in fact, play out in practice. The academics involved in Otros Saberes were politically committed and open to dialogue with their activist counterparts; they were scholars who for the most part were dissatisfied with "academics as usual," which is, precisely, why they entered into the kind of arrangement supported by the initiative. Most of the key players on the activist side had received extensive training, whether through the collaborative process itself or in universities, and, essentially, spoke the same language as did the politically engaged academics. While the *purpose* of the research might have differed across activist and academic venues, the *contents* were not really in dispute; the results could have been generated by sensitive academic researchers willing to listen carefully to the communities with whom they worked (although, perhaps, they might never have obtained the access nor the ability to discern detail, of native researchers). In contrast, what divided activists from academics was a question of *power*: Who, ultimately, would control the research process and its results? This power struggle runs through many of the team reports and is particularly apparent in the Colombian desire to contrast academic and activist research and their efforts at marginalizing external scholars, in the Mexican attempt at limiting the academic purposes to which the research could be applied, and, above all, in the Brazilian assertion that in the end, indigenous researchers should replace external ones. Quite obviously, recognition of these tensions was key to the political nature of all of these collaborations.

But to our minds, there *are* certain potential key differences between activist and academic research that were not expressed clearly in the project reports, in our post-LASA workshop, or in the observations we made during site visits. Colombian anthropologist Luis Guillermo Vasco (2002), whose historical work with the Guambiano History Committee stands as a model for collaborative research, argues that the differences between academic and indigenous approaches must be sought in the arena of concept formation, in the work of interpretation, and ultimately, in theorizing (see also Rappaport 2008). This process cannot occur in the short space of a year or eighteen months, which is all that the Otros Saberes teams had at their disposal, leaving us at a loss as to how to engage this issue in the context of the Initiative. This process of theorization will take place over the long term as the teams strive to make sense of the research process, discuss it in internal venues, and make it comprehensible to unschooled members of their organizations or communities. Only then will this research take on a distinctly activist character.

The experiences and histories of collaboration in Latin America leave us more encouraged about the political potential and urgency of merging the commitments of the social sciences and social movements. More importantly, as social movements look toward universities as forums to advance their political thought and to provide concrete acts of solidarity, we must push ourselves to address the paucity of published theoretical and intellectual work by black and indigenous scholars and activists, as well as the timidity of their voice in most parts of the continent. Otros Saberes positions black and indigenous thought at the center rather than on the margins of contemporary theories of racism and racialization, political mobilization, and broader issues of rights, community, coalitions, and social transformation. But at the same time, it raises more questions than answers about the dangers and limitations of collaborative research, suggesting that Otros Saberes is one of many first steps toward attaining this goal.

Notes

1. In this sense, in contrast with collaborative research in the United States—which for the most part oscillates between a paternalistic action anthropology (Foley 1999) and methodologies geared for the most part to academic publication (Lassiter 2005)—the task of the Latin American researcher is more complex: it implies exercising a voice and a praxis not only in the academy or in local spheres of communication, but also nationally. In other words, social research in Latin America is as much intellectual work as it is activism. It is thus not surprising that many politicians and national leaders in these countries emerge out of the social sciences.

2. Nevertheless, this model has since been appropriated and depoliticized by multilateral institutions and nongovernmental organizations (Chambers 1997; Cooke and Kothari 2001).

3. *Marronage* is the process by which enslaved Africans in the Americas escaped servitude and established free and sovereign societies. Though not always the case, most maroon communities (also known as *cimarrones*, *quilombos*, and *palenques*) were often located in geographic territories distant from colonial cities and plantations and unknown to slave owners.

3 Saberes Wajãpi

Formação de pesquisadores e valorização de registros etnográficos indígenas

Dominique Tilkin Gallois, Lúcia Szmrecsányi, Aikyry Wajãpi, Jawapuku Wajãpi e Pesquisadores da Terra Indígena Wajãpi[1]

Contexto do projeto: o impacto da discriminação

Nós Wajãpi enfrentamos muitos problemas com preconceitos. Muitos não-índios que trabalham nas nossas aldeias não entendem e não respeitam o nosso modo de vida: organização social, jeito de ocupar a terra, jeito de casar, jeito de curar as doenças, jeito de fazer resguardo, jeito de se pintar, jeito de comer, etc. Outro problema é que alguns jovens não se interessam pelos nossos conhecimentos e nossas práticas. Alguns de nossos saberes estão se perdendo. Por isso, nós, os vinte pesquisadores escolhidos pelos chefes, vamos pesquisar mais esses saberes, para trazer de volta e usar. (Pesquisadores wajãpi, novembro 2007)

Como em todos os continentes, os povos indígenas que vivem no Brasil continuam sofrendo intensa discriminação por parte dos mais diferentes setores da sociedade nacional, com impactos agravados por se encontrarem em situação de minorias, étnicas e lingüísticas. No Brasil, são cerca de 220 povos diferentes, falando mais de 180 línguas distintas. Paralelamente a essa extrema diversidade, a principal característica desses povos é sua pequena escala: metade deles tem uma população de menos de quinhentos indivíduos e apenas cinco povos contam com mais de dez mil pessoas. No total, o contingente indígena no Brasil representa menos de 1 por cento da população do país.

Além desse perfil demográfico, é preciso ainda mencionar uma característica importante acerca da situação jurídica dos índios no Brasil, que são "tutelados" pelo Estado. Embora veementemente contestada pelo movimento indígena organizado e pelas instituições que apóiam esse movimento, a tutela ainda é a figura central das representações que a população nacional constrói sobre os que são supostamente "os nossos índios." Essa categoria genérica sinaliza idéias de atraso, de simplicidade e pobreza intelectual, enraizadas não apenas no público em geral, mas nas próprias políticas públicas desenvolvidas por órgãos governamentais federais e estaduais, que encontram imensas dificuldades em assumir o respeito à diversidade cultural como um parâmetro de planejamento e ação. No Brasil, apesar de uma legislação favorável aos processos de autonomia indígena, ainda vigora um profundo desconhecimento das experiências históricas e dos movimentos contemporâneos de afirmação política e cultural desses povos.

Mas é também internamente às suas comunidades que ocorrem tensões decorrentes da discriminação a que são submetidos. Esse é o principal desafio que se coloca atualmente aos Wajãpi, povo de língua Tupi, que vivem no Estado do Amapá, região norte do Brasil e contam com uma população de 905 indivíduos. A geração mais nova dos Wajãpi vem questionando os valores e os saberes dos mais velhos, evitando inclusive exibir marcas materiais de sua *indianidade*—como, por exemplo, a pintura corporal—para não enfrentar os preconceitos arraigados na população não-indígena com a qual mantêm contato cada vez mais intenso. Como afirma Makaratu: "Atualmente os jovens gostam mais de coisas dos não-índios, esse conhecimento que nós temos eles falam que é passado. Por isso nosso conhecimento está começando a se modificar" (julho 2006)

Preocupados com essa atitude freqüente entre os adolescentes, alguns chefes de aldeias e os professores bilíngües procuram alternativas para valorizar, nas próprias aldeias, os conhecimentos que os jovens colocam em dúvida. É o que os lideres do Conselho das Aldeias Wajãpi / Apina explicaram ao Ministro da Cultura e à platéia da cerimônia de entrega do título que a UNESCO lhes conferiu, em 2003, pelo Plano de Salvaguarda de suas Expressões orais e gráficas:

> *Nós nunca vamos esquecer nossa cultura porque continuamos ensinando nossos filhos e netos na escola e no dia-a-dia. Nós temos nossa proposta curricular diferenciada, que já está sendo construída pelos próprios professores wajãpi para fortalecer a cultura wajãpi na escola. Mas também fora da escola nós ensinamos nossos conhecimentos para as crianças, através de nossa tradição oral, das caçadas e das caminhadas na mata.... Nós queremos que os não-índios conheçam nossa cultura para respeitar nossos conhecimentos e nosso modo de vida. Se*

os não-índios não respeitam nossa cultura, até os nossos próprios jovens podem começar a desvalorizar nossos conhecimentos e modos de vida. Por isso, nós queremos apoio para continuar este trabalho de formação dos Wajãpi, e também de formação dos não-índios, para entender e respeitar os povos indígenas. (Aikyry, Japaropi, Jawapuku, e Kumare, novembro 2003)

Esse movimento dos Wajãpi é relativamente recente e revela que o interesse de comunidades indígenas por ações de valorização cultural é sempre— e necessariamente—posterior à demanda de reconhecimento de seus direitos básicos, territoriais, sociais e políticos. Assim, o debate interno, em torno de seus conhecimentos e práticas culturais (Gallois 2005), constitui uma etapa no processo de múltiplas fases, voltadas sucessivamente à luta pelo reconhecimento de seus direitos territoriais (processo de demarcação da Terra Indígena, que durou vinte anos) e à exigência de melhor qualidade nas ações assistenciais de educação e saúde, que continua sendo a reivindicação prioritária deste e de todos os povos indígenas no país. É o que escrevem os pesquisadores, num dos livros de difusão de suas atividades de pesquisa:

Antes de fazer contato com a Funai e com outros não-índios, nós ficávamos livres no nosso território. Nosso território era muito maior. Não ficávamos preocupados com território, nem com formação, nem com doenças que hoje em dia pegamos na cidade, nem com invasão, nem com poluição do ambiente. Não imaginávamos que o nosso território ia ser demarcado. Hoje em dia, ficamos cada vez mais preocupados com as coisas. Agora a nossa terra é demarcada com 607.000 hectares, homologada e registrada. Temos quarenta e nove aldeias que estão espalhadas pela nossa terra, no centro e nos limites. A nossa população é de aproximadamente novecentos pessoas. Uma parte dos Wajãpi vive na Guiana Francesa, no alto rio Oiapoque. (Pesquisadores wajãpi, Jane reko mokasia, 2008)

A atual mobilização dos professores e pesquisadores indígenas, em torno de problemáticas relacionadas à "cultura" resulta inclusive da constatação do impacto negativo dessas ações assistenciais, que continuam sendo praticadas na perspectiva da "integração" e do apagamento das diferenças. Também é posterior à apropriação de novas (e exógenas) formas de organização que os Wajãpi, como todos os grupos indígenas brasileiros, passaram a incorporar no final da década de 1990. O Conselho das Aldeias / Apina foi criado em 1994 e tem se consolidado progressivamente, não apenas como instância de representação "para fora," mas como um espaço para experimentar novas formas de tomada de decisões coletivas, em torno dos problemas que afetam o "coletivo" das quarenta e nove aldeias desse grupo, que inclusive valoriza muito suas diferenças internas. Como explicam os pesquisadores:

> *Wajãpi não é tudo igual, não! Cada um tem seu jeito, porque Wajãpi mora cada um na sua aldeia. Os Wajãpi moram todos separados. Os Wajãpi moram cada um na sua região. Antigamente, a origem dos Wajãpi é assim mesmo, todos separados. Nós, Wajãpi, não moramos juntos, senão vai diminuir a caça, os peixes, o lugar para fazer roça e lugar para caçar. Por isso nós mudamos de lugar para morar onde tem mais caça e peixes e recursos naturais. Nas aldeias novas tem muita palha ou o lugar de onde tiramos palha fica mais perto de casa. E também as plantas crescem bem nas aldeias novas. (Marãte, Patire, Kari e Jawapuku, julho 2006)*

A idéia de "cultura" é mais uma entre as muitas noções exógenas—como as de "terra," de "recursos naturais," de "organização indígena," etc.—apropriada pelos Wajãpi ao longo dos últimos trinta anos e que hoje alimentam seu movimento de fortalecimento político, enquanto povo indígena diferenciado. Assim, esta experiência wajãpi confirma que a produção de "objetos culturais" é indissociável da produção de "sujeitos sociais." O atual contexto de valorização dos saberes e práticas tradicionais está configurando novos sujeitos—entre eles, os membros da diretoria do Conselho / Apina e os membros da "turma de pesquisadores wajãpi." Ao mesmo tempo, novas práticas—como a pesquisa e o registro por escrito de tradições antes transmitidas oralmente—estão fazendo ressurgir agentes comunitários tradicionais, como são os homens e as mulheres tratadas como *jovijãgwerã*, que os jovens estão novamente aprendendo a respeitar, enquanto "sábios" de suas aldeias. Toda essa rede de relações, entre este grupo indígena e seus vizinhos não-indígenas, como entre os diferentes grupos locais e gerações wajãpi, apresenta uma complexidade que não pode ser abordada a partir de uma simples oposição entre o "tradicional" e o "novo." O que é certo, no entanto, é que o programa de formação de pesquisadores wajãpi de que trata este artigo, é vivenciado como um novo elo entre jovens e velhos, entre passado e futuro.

A iniciativa do projeto "saberes wajãpi" e seus antecedentes

A decisão de apresentar uma proposta à chamada *Outras Américas / Outros Conhecimentos* foi tomada em maio de 2006, por antropólogos e lingüistas vinculados ao Núcleo de História Indígena e do Indigenismo (NHII), da Universidade de São Paulo (USP) e ao Programa Wajãpi (PW), desenvolvido pela organização não-governmental (ONG) Instituto de Pesquisa e Formação Indígena (Iepé), em comum acordo com lideranças do Conselho das Aldeias Wajãpi / Apina. Nesse período, justamente, os pesquisadores do NHII-USP e a equipe do Iepé discutiam com os Wajãpi as dificuldades encontradas para dar prosseguimento à formação dos professores e dos pesquisadores wajãpi,[2] visando a realização de um inventário das tradições orais e gráficas dessa comunidade.

Desde 2006, os Wajãpi estavam preocupados com a iminente interrupção das atividades de formação que permitiriam a realização do inventário de suas tradições, por falta de apoio e recursos. Em sucessivas reuniões com lideres de aldeias e jovens wajãpi, a coordenadora do NHII-USP, Dominique T. Gallois e a coordenadora do Programa Wajãpi–Iepé / Apina, Lúcia Szmrecsányi, haviam debatido os seguintes desafios, que justificaram o encaminhamento da proposta à chamada do LASA:

1. Como aperfeiçoar a formação de jovens pesquisadores wajãpi, para que eles possam se responsabilizar pela realização de inventários mais completos acerca de seus conhecimentos e práticas culturais e por atividades de gestão cultural?

2. Necessidade de uma sistematização dos registros já realizados (transcrição, digitalização, reprodução, etc.) e preparação de relatórios e textos para serem distribuídos a todos os Wajãpi engajados no programa (dez professores bilíngües, vinte professores em formação, vinte jovens pesquisadores em formação, cerca de cinqüenta alunos mais adiantados nas escolas das aldeias).

3. Necessidade de uma avaliação do conjunto dos registros etnográficos já produzidos e dos trabalhos em andamento sob responsabilidade dos vinte jovens pesquisadores wajãpi.

4. Estabelecer uma pauta de encontros para discutir como adequar os resultados das pesquisas para sua utilização nas vinte e oito escolas atualmente existentes na área wajãpi. Como consolidar, através de materiais didáticos e de materiais de leitura, o interesse das crianças pelos conhecimentos tradicionais?

5. Como difundir os resultados das pesquisas realizadas pelos Wajãpi, ressaltando-se sua originalidade e resguardando seus interesses e seus direitos?

A decisão de encaminhar um projeto de colaboração entre pesquisadores acadêmicos e pesquisadores da comunidade wajãpi foi, portanto, tomada não somente para dar continuidade ao programa de formação já existente, como para ampliar significativamente a discussão de questões relacionadas ao estudo das manifestações culturais dos Wajãpi e, sobretudo relacionadas às transformações das formas de transmissão de conhecimentos. Durante muito tempo, essas questões só eram conversadas de forma isolada, pelos pesquisadores do NHII-USP que visitavam as aldeias wajãpi. Mas nos últimos cinco anos, diante do interesse dos jovens wajãpi em formação (professores bilíngües, agentes indígenas de saúde, alunos mais adiantados das escolas, etc.) em entender melhor os procedimentos, conteúdos e usos das pesquisas realizadas pelos acadêmicos, culminando no seu pedido de serem também formados como "pesquisadores." Um programa específico foi então criado pelo PW/Iepé, com a colaboração do NHII-USP, iniciando em janeiro de 2005. Mas as idéias e objetivos inseridos no projeto "Saberes Wajãpi" já vinham sendo discutidos há mais tempo, quando sugeríamos aos jovens "letrados" das comunidades wajãpi maior protagonismo e responsabilidade no dialogo com pesquisadores acadêmicos. Entender os fundamentos e objetivos das pesquisas realizadas em suas aldeias seria indispensável para que possam aprender a controlar e julgar seus resultados. Desde 1998, antropólogos e educadores ligados ao NHII-USP e Iepé ofereceram cursos de formação aos professores indígenas em que se abordavam problemáticas relacionadas à produção de conhecimento. Discutia-se, por exemplo, como tratar de forma comparativa dos "conhecimentos dos brancos sobre os índios" e dos "conhecimentos dos índios que os brancos não conhecem," evidenciando assim o caráter contextual e seletivo da transmissão de saberes. Tratava-se também de promover a reflexão crítica dos professores indígenas a respeito da relação entre diversos agentes e seus respectivos interesses, resultando em conhecimentos muito variados ou mesmo contraditórios a respeito da vida ou das formas de pensamento do grupo wajãpi. Assessores de outros módulos do curso de formação—especialmente nas aulas de português e de linguística— também iniciaram a discussão de aspectos formais da transmissão de conhecimentos, distinguindo formas orais e escritas. Todas essas aproximações, no entanto, não seriam suficientes para atender a curiosidade dos professores indígenas em relação à "pesquisa antropológica" e à diferença de postura de um antropólogo em relação não apenas a um lingüista ou um biólogo, mas em relação a um missionário evangélico, um funcionário de órgão governamental, etc. Se os mais velhos nunca solicitaram uma explicação formal sobre essas diferenças—que eles compreenderam a partir de sua experiência de diálogo de cada um—coube aos jovens letrados formular sua demanda de capacitação, de forma objetiva e funcional: "Queremos aprender a ser pesquisadores, mas não sabíamos o que era pesquisa, a gente pensava que sabíamos tudo dos conhecimentos wajãpi. Depois que aprendemos a pesquisar, percebemos que a gente não sabia tudo. Daí nós ficamos preocupados com nosso conhecimento tradicional. Por isso falamos com o Iepé para formar novos pesquisadores wajãpi" (Aikyry e Jawapuku, 2007).

Outro antecedente importante na construção desse programa de formação de pesquisadores foi a Candidatura que os Wajãpi, através do Apina, submeteram à UNESCO, em 2003. O impacto positivo dessa seleção, que animou tanto os chefes mais idosos como os jovens lideres do Apina e os professores bilíngües, é que viabilizou a discussão e, sobretudo, a implantação concreta, de um Plano de Ação focado na valorização interna das formas de transmissão oral. Mas considerando a complexidade de um trabalho desse tipo e para evitar equívocos freqüentes em ações de promoção cultural—especialmente quando configuradas como ações voltadas ao "resgate" (de supostos conteúdos culturais) ou à "visibilidade" (da cultura como espetáculo)—optou-se por um programa de longo prazo, que poderia ser desenvolvido com apoio sucessivo de diversas instituições e projetos.

Planejamos com os professores indígenas o formato dessa capacitação, a partir de uma justificativa que um deles formulou como segue:

> Antigamente, nosso povo Wajãpi vivia sossegado com seus conhecimentos tradicionais nas nossas terras. Ficávamos só preocupados em fazer transmissão oral dentro das nossas comunidades. Atualmente, estamos preocupados com esses conhecimentos, pois sabemos que muitos povos indígenas perderam seus conhecimentos tradicionais. Os velhos estão preocupados, porque os conhecimentos dos não-índios estão entrando e interferindo nos nossos. A gente não sabia se vinha conhecimento dentro daquele material industrializado, como o machado, a arma de fogo, etc. Além disso, vem muito conhecimento de fora, que não dá para perceber, porque é invisível. Não dá para perceber porque era tudo fácil, fácil usar o que vinha de fora. Alguns Wajãpi pensam que o pensamento dos não indígenas é melhor dos que os Wajãpi, querem deixar de ser Wajãpi. Muitos jovens, muitos adultos, pensam assim. Eles pensam que antes do contato com a sociedade envolvente, tudo era ruim. Dizem que matar caça com a flecha era difícil, cortar a carne com dente de cotia era difícil. Matar caça com espingarda fica fácil, cortar carne com faca é mais fácil. Tudo isso muda o jeito dos Wajãpi, mas dá para recuperar. Nós, professores e pesquisadores, ficamos preocupados, como nós nos defenderemos desses conhecimentos que estão interferindo? (Aikyry 2006)

Já no diagnostico realizado pelas equipes do Iepé e do NHII-USP, há outros fatores de risco, como a tendência a folclorizar os saberes tradicionais indígenas, o esvaziamento dos seus conteúdos simbólicos, decorrente de sua excessiva exposição ou difusão a públicos externos, sem que os detentores desses saberes e usuários dessas práticas possam se contrapor às iniciativas comerciais que lhes são propostas, seja por falta de compreensão do sistema mercantil, seja por interesse imediatista em "vender" elementos de sua cultura, formatados na forma de "produtos." Um descentramento dá produção cultural, muito freqüente, quando passa a ser direcionada ao sistema de consumo mais amplo.

Mais da metade da população wajãpi nasceu num contexto em que a escrita aprendida na escola procura dar conta de saberes "dos brancos," incentivando modos de consumo "dos brancos," etc. Sem dúvida, a escola é uma das novas instituições na vida dos Wajãpi, que incentiva a apropriação de práticas cotidianas consideradas "modernas" e mais atraentes que o modo de vida dos "antigos." Mas é também nesse contexto que a arte gráfica e tradições orais passaram a serem reconhecidas como suportes exemplares para a expressão de um repertório diferenciado de saberes. Do ponto de vista dos Wajãpi do Amapá, o sistema gráfico *kusiwarã* tem valor excepcional, justamente por evidenciar um "estilo próprio" e por representar uma forma adequada de enunciar sua especificidade cultural.

Avaliou-se, nesse contexto, que a formação em pesquisa de um pequeno número de jovens adultos wajãpi seria uma alternativa adequada, para promover um "outro" encontro com os saberes tradicionais. Todos—pesquisadores acadêmicos e lideranças wajãpi—avaliaram que tal formação seria indispensável, sobretudo se consideramos que os professores e os jovens selecionados pelo conselho das aldeias como pesquisadores, ainda não são detentores nem transmissores competentes dos conhecimentos de suas respectivas comunidades. Realizar pesquisas com os adultos de sua própria aldeia e em outras aldeias seria uma oportunidade para um reencontro entre gerações, em torno de problemáticas do conhecimento.

Nesse contexto, a equipe acadêmica considerou que sua colaboração poderia ser a de promover entre os Wajãpi, através das atividades de capacitação, uma reflexão crítica sobre a produção e transmissão de conhecimentos, em sentido amplo, e com ênfase na comparação de diversas formas e contextos de transmissão.

Objetivos específicos e procedimentos metodológicos

Os objetivos e resultados da pesquisa colaborativa *Saberes Wajãpi* foram desenvolvidos conjuntamente entre pesquisadores acadêmicos do NHII-USP, educadores do Iepé, representantes do Conselho das Aldeias Wajãpi / Apina e os vinte jovens pesquisadores em formação (ver adiante). Mas, considerando as dificuldades que esses jovens ainda encontram na redação de textos longos em linguagem técnica, o presente artigo foi redigido pela equipe acadêmica, a partir de discussão dos resultados alcançados, realizada conjuntamente, quando foram selecionados textos elaborados coletivamente pelos pesquisadores wajãpi, que citamos com destaque (itálico), no corpo do artigo.

A meta global do projeto foi a de incentivar a produção de registros etnográficos pelos jovens pesquisadores wajãpi, por meio de atividades de formação, de sistematização de acervos e de difusão dos resultados das investigações feitas pelos Wajãpi.

Considerando os antecedentes da formação de pesquisadores wajãpi—iniciada em 2005—e considerando as demandas apresentadas pelos lideres do Apina e pelos próprios pesquisadores em formação, propusemos consolidar o programa em andamento, com o objetivo de valorizar o trabalho e o inventário que os jovens wajãpi estavam iniciando. Para alcançar essa meta geral, o projeto se deu como objetivos:

1. promover uma discussão ampla em torno do programa de formação de pesquisadores, para avaliar os resultados obtidos até o momento, as dificuldades e soluções encontradas e planejar sua continuidade nos próximos anos;

2. organizar os registros etnográficos produzidos pelos professores e pesquisadores wajãpi, em formatos adequados à sua distribuição nas aldeias;

3. discutir e selecionar conteúdos e formatos para a difusão externa dos conhecimentos e práticas tradicionais dos Wajãpi;

4. realizar um balanço dos registros e analisar criticamente os conteúdos desse inventário de conhecimentos e práticas culturais;

5. elaborar uma proposta concreta para a continuidade da formação dos pesquisadores wajãpi nos próximos cinco anos.[3]

Essas metas só poderiam ser alcançadas mediante estreita colaboração entre os pesquisadores indígenas e os membros da equipe acadêmica, que os Wajãpi costumam chamar de "assessores," ou seja, pessoas que assumem a posição de formadores, tanto por serem os instrutores de cursos e oficinas de capacitação, como por ajudar os professores, os pesquisadores e coordenadores do Apina a organizar pautas de debate que levem em consideração as posições dos diferentes setores representados nas aldeias. Cabe ressaltar que a vivência e a prática de um "coletivo" ainda é muito recente entre os Wajãpi, o que explica porque eles ainda vêem esses "assessores"—especialmente os educadores e indigenistas das ONGs, ou os antropólogos do NHII-USP, como facilitadores de ações em prol do fortalecimento desse coletivo.

Aplicada ao âmbito da produção de conhecimento, essa "assessoria" significou—na expectativa dos pesquisadores indígenas—auxiliar na circulação dos resultados das pesquisas entre eles e nas diferentes aldeias, promover a realização de "pesquisas coletivas," mediando a participação e contribuição de todos, inclusive gerindo debates em que opiniões contraditórias possam ser expressadas. Nesse contexto, ainda, o papel central da equipe acadêmica foi de mostrar aos pesquisadores indígenas os caminhos possíveis para a sistematização de conhecimentos dispersos, que implica em exercícios de comparação, de revisão, de síntese, muito diferentes dos modos indígenas de expressão dos saberes locais.

A colaboração dos assessores, portanto, incidiu sobre as formas de organização e representação dos saberes, e não sobre seu conteúdo, muito embora saibamos que forma e conteúdo não possam ser nunca dissociados. Mas o controle do conteúdo das pesquisas seria sempre exercido pelos Wajãpi, inclusive porque os trabalhos dos pesquisadores são sempre redigidos na língua indígena. Os poucos textos elaborados em língua portuguesa correspondem a exercícios de explicação destinados ao publico não-indígena, que também foram elaborados integralmente pelos Wajãpi.

Tendo por base esses princípios de colaboração, o desenvolvimento do projeto envolveu técnicas e métodos diversificados, que procuramos adequar aos diferentes momentos de *produção,* de *elaboração* e de *avaliação* dos resultados. A metodologia também variou conforme os participantes, ou seja, a metodologia usada pelos pesquisadores wajãpi não era homogênea e coube à equipe acadêmica evidenciar essa variação através de exercícios de comparação. Diante dessa complexidade, optamos por descrever os procedimentos utilizados neste projeto em acordo com as etapas de construção dos conhecimentos:

Produção de conhecimento (levantamentos, pesquisas e registros de saberes locais)

1. Produção de registros sob responsabilidade dos pesquisadores wajãpi:
   - seleção de temas para pesquisas individuais, elaboração de roteiros de pesquisa, seleção de pessoas a serem entrevistadas em diferentes aldeias
   - realização de registros etnográficos (inclui entrevistas, produção de ilustrações, elaboração de textos na própria língua)—sob responsabilidade de cada um dos pesquisadores wajãpi
2. Colaboração da equipe acadêmica:
   - preparação e realização de duas oficinas de formação, durante as quais pesquisadores do NHII-USP discutiram com os participantes indígenas métodos de registro, de análise e de descrição de praticas culturais e de conhecimentos veiculados oralmente

- realização de quatro etapas de acompanhamento dos pesquisadores, com visitas em suas aldeias, para ajudá-los a solucionar dificuldades encontradas na realização dos registros, organização de reuniões com a comunidade para discutir e avaliar resultados do trabalho, planejamento da continuidade dos registros, etc.
- reuniões de membros da equipe do NHII-USP, do Iepé e do Apina para planejamento e avaliação das atividades

Elaboração (organização e sistematização dos registros)

1. Elaboração de resultados sob responsabilidade dos pesquisadores wajãpi:
   - organização dos registros de pesquisa individual na forma de textos, escritos na língua wajãpi
   - realização de pesquisas coletivas (um mesmo tema para toda a turma de pesquisadores) sobre aspectos da organização social (*jane reko mokasia*) e sobre outros aspectos da história e manifestações culturais de suas comunidades; elaboração de ilustrações, de registros fotográficos e, sobretudo, de textos em língua wajãpi
   - idealização de uma exposição sobre a temática da organização social, com produção do roteiro da mostra, textos, legendas e ilustrações
2. Colaboração da equipe acadêmica neste processo de elaboração de resultados:
   - transcrição desses registros (e dos registros já acumulados nos últimos dois anos), organização do conjunto dos textos em arquivos digitais, organização de cadernos de textos e reprodução para distribuição nas aldeias
   - digitalização de imagens (desenhos, mapas) e preparação de cds para distribuição nas aldeias
   - organização de material sonoro, reprodução e digitalização de parte dos registros em áudio para produção de cds destinados às aldeias.
   - contatos com o Museu do Indio / FUNAI, para obtenção de apoio na montagem da exposição (a ser instalada em dezembro de 2007 na cidade de Macapá)

Avaliação (balanço, avaliação e planejamento para a continuidade)

1. Avaliações realizadas pelos Wajãpi:
   - participação em reuniões/oficinas na área indígena para elaboração

de instrumentos metodológicos para continuidade e ampliação do inventário de saberes

- avaliação, complementação e revisão dos documentos pelos participantes Wajãpi (pesquisadores, estudantes e lideranças de várias aldeias)
- participação de toda a equipe em reuniões/oficinas na área indígena para discussão dos materiais produzidos, dos formatos de sua sistematização e indexação, etc.

2. Procedimentos da avaliação realizada pela equipe acadêmica:

- Análise de todo o material produzido e reunido no processo, complementação e comparação com outras experiências de formação indígena, para produção de relatórios, informes e documentos de difusão, etc. (ver a bibliografia)

Desafios metodológicos, para uma política de pesquisa voltada à transformação social

Primeiro Desafio: capacitação técnica ou engajamento comunitário?

Essas ações de valorização de saberes e de práticas culturais tradicionais se apóiam, necessariamente, na escrita e em outras técnicas de registro. Engajam novos agentes de transmissão, como os indivíduos mais jovens das próprias comunidades, interessados no domínio dessas novas tecnologias. Como foi comentado acima, o trabalho abarca tanto aspectos "novos" quanto "tradicionais." E as pesquisas, como desejam os Wajãpi, não são apenas um receptáculo para saberes do passado, mas como um espaço para a interação e o diálogo entre gerações e entre índios e não-índios:

> A pesquisa é muito importante para nós. É importante porque queremos fortalecer a nossa história e a história dos nossos antigos. Também para ensinar e transmitir o conhecimento para nossos filhos e netos no futuro. A pesquisa serve para produzir materiais didáticos para a escola e livros de leitura para as aldeias. A pesquisa ajuda a organizar o conhecimento e também a comparar o jeito de viver entre os Wajãpi e outros grupos étnicos. Serve também para explicar bem para os não-índios que trabalham com os Wajãpi, para diminuir o preconceito e para defender os interesses dos Wajãpi. A pesquisa serve para ajudar na política. (Coletivo dos Pesquisadores Wajãpi, novembro 2007)

Se a capacitação é sem dúvida indispensável para que membros de uma comunidade façam registros de seu patrimônio imaterial, essa formação precisa se adequar às demandas locais, que podem estar voltadas para as mais diferentes ou surpreendentes mediações. Tal adequação depende de estratégias mais políticas do que técnicas, fazendo com que a adesão inicial possa se converter num engajamento duradouro da comunidade—ou de boa parte dos seus membros—em todas as etapas do processo de registro e de valorização.

Sobre uma população total de novecentas pessoas, cerca de noventa pessoas participaram dos trabalhos: "Os vinte pesquisadores são de dez aldeias diferentes, mas fizeram pesquisa em trinta aldeias. Mais ou menos sessenta jovijãgwerã (velhos sabidos) participam do trabalho. Tem dez professores wajãpi que ajudaram no começo da formação em pesquisa" (Coletivo dos Pesquisadores Wajãpi, novembro 2007).

A participação da comunidade não se limita, portanto, a aprender novas técnicas de documentação, tarefa essa que só pode ser assumida pelos jovens, mas não poderia ser realizada pelos mais velhos, habitualmente monolíngües. Mas o conjunto das atividades impactou a relação que, em seu conjunto, os Wajãpi mantêm com sua "cultura," por mobilizar múltiplos aspectos, desde os modos de percepção, interpretação, construção e uso. Assim, os registros etnográficos produzidos e difundidos pelos jovens não se limitaram a uma ação isolada, mas repercutiram em vários planos da vida cotidiana e das atividades de representação política dos Wajãpi. Os procedimentos adotados foram sucessivamente negociados para atender demandas renovadas que surgiram ao longo das etapas de trabalho. Vale notar, portanto, que esse projeto "saberes wajãpi," foi um momento privilegiado de um processo maior, e que esperamos poderá ser continuado. Seus rumos, no entanto, serão necessariamente atualizados, em função das tensões políticas que podem surgir, tanto no seio de uma comunidade, como nas suas relações com a sociedade mais ampla. E o que afirmam os pesquisadores, preocupados com divisões políticas internas às aldeias da Terra Wajãpi: "Os chefes apóiam, mas existem algumas pessoas da comunidade que não entendem o trabalho dos pesquisadores. Acham que as pesquisas não servem para nada porque não ganha salário" (2007).

Segundo Desafio: a documentação de tradições, um meio ou um fim?

As ações de documentação de tradições culturais ocupam um lugar predominante nos programas de salvaguarda. Mas levantam uma série de questionamentos. No caso do patrimônio imaterial, qual a função da documentação? É um fim, ou é um meio?

Como alertava Jack Goody, "toda alteração no sistema de comunicação humana tem necessariamente repercussões no conteúdo transmitido."

Mesmo antes de ser difundido, o próprio registro, a inscrição de uma tradição em uma nova mídia, fora do seu contexto de uso, trará alterações significativas. É indispensável levar em conta as repercussões de que nos fala Goody, para controlar os procedimentos de registro e documentação e avaliar seus impactos na dinâmica própria da transmissão de saberes e práticas tradicionais. Os registros e sua inserção em inventários constituem de fato "memórias adicionais," ou "artificiais," que podem auxiliar aos propósitos de fortalecimento cultural de comunidades indígenas. Mas, sozinhos, não constituem uma salvaguarda do patrimônio imaterial.

A inscrição de uma tradição—seja em forma escrita ou em formato audiovisual—representa uma nova forma de comunicação, constituindo-se em mais uma "versão" da tradição que se está registrando. O que essa nova "versão" da tradição, devidamente descrita, documentada e aparentemente "salva" num inventário, apresenta como vantagens? Quais são os benefícios para uma comunidade engajada no inventário de suas próprias tradições?

Se admitirmos que nessas experiências, se deve registrar e documentar não só os "produtos acabados," mas os jeitos de conhecer, os estilos próprios usados para explicar uma tradição, as formas de transmissão e validação desses saberes, os membros da comunidade que estiverem participando de um inventário estarão capacitados a refletir, de modo muito mais eficaz, sobre os mecanismos de produção e transformação do saber. E, por conseguinte, se sentirão habilitados a efetuar comparações, no tempo e no espaço, avaliando com maior propriedade as ameaças a que seus saberes e práticas culturais estão submetidas. Num texto coletivo produzido em 2007, os pesquisadores wajãpi resumem esse aprendizado:

> Durante as oficinas nós fazemos pesquisas coletivas, como sobre a organização social wajãpi (Jane reko mokasia). Nas oficinas fazemos atividades para aprender a sistematizar os conhecimentos, a fazer explicações detalhadas e gerais, aprendemos a fazer interpretações e reflexões e a fazer aparecer a teoria. Nas oficinas nós também aprendemos a fazer tradução. Nós aprendemos que não podemos traduzir uma palavra de uma língua por outra de outra língua, porque por trás das palavras existem idéias diferentes. Aprendemos que para traduzir a lógica wajãpi para os não-índios, precisamos fazer explicações bem detalhadas.

Conhecimentos e saberes específicos resultantes do projeto

Como parte do processo de realização do inventário do patrimônio imaterial wajãpi, os jovens pesquisadores debatem os aspectos que consideram importantes e representativos do modo de pensar, fazer e viver dos Wajãpi. Por exemplo, interessados em estabelecer alguns contrapontos com os saberes dos brancos, os pesquisadores propuseram um investimento de pesquisa nos modos de conhecer próprios aos Wajãpi, que incluem: sonhar, "ter" pajé, ouvir, ler, prestar atenção aos sinais de bom ou mau augúrio (espirros, coceiras, etc.). Em 2005, quando se realizou o primeiro encontro de pesquisadores wajãpi, com a presença de jovens e de lideranças, foi proposta uma pauta de temas prioritários para pesquisa, que incluía:

> Resguardos, rezas de cura, de agressão e de prevenção, casamentos e poligamia, jeitos de responder ao sogro, jeito de conversar bonito, conhecimentos históricos, religiões, jeito de classificar plantas e animais, jeitos de fazer manejo, festas, teorias dos Wajãpi sobre o mundo. Primeiro a gente escolhe tema de pesquisa, escolhemos assunto que é mais importante. Depois nós pensamos como fazer planejamento, depois nós explicamos o tema que nós escolhemos para os caciques e depois fazemos perguntas para eles contarem para nós, aí gravamos e anotamos. Depois nós transcrevemos, e organizamos e escrevemos textos. (Kupenã, Kuripi, Saky e Japukuriwa)

Pesquisas relacionadas aos Taivĩgwerã (antepassados)

1. Jawapuku: *Tapererã rewarã*—Pesquisa as capoeiras antigas existentes na TIW, com o objetivo de descobrir como foi a história da ocupação desses locais pelos antepassados.

2. Kariki: *Pirawiri wanã kõ*—Pesquisa a relação entre os grupos wajãpi conhecidos como Kumakary e Pirawiri wanã kõ, o encontro entre o grupo do Kumakary e Pinawiri, ocorrido no passado, e as trocas que esses grupos costumavam fazer entre si.

3. Japu: *Yvy popy*—Pesquisa as histórias dos Wajãpi sobre a "borda da terra," os limites do mundo.

4. Jatuta: *Vyva, paira rewarã*—Pesquisa sobre a origem dos diferentes tipos de arcos e flechas conhecidos pelos Wajãpi e sobre as maneiras de fazê-los.

Pesquisas relacionadas a jipoanõa (tratamentos e cuidados)

1. Saky: *Marama rerõjiga*—Pesquisa diferentes tipos de rezas para curar picadas de cobra, dor de dente, dor de barriga, corte de machado, corte de terçado, picada de aranha, escorpião, tocandeira, etc.

2. Pasiku: *Moã ka´a porã*—Pesquisa remédios do mato, quais são as plantas que servem para cada tipo de doença, como se prepara e como se usam esses remédios.

3. Sava: *Ka´a jarã pe´a*—Pesquisa rezas que servem para proteger as pessoas dos donos da floresta, como a onça, e do dono da água (a sucuriju).

Pesquisas relacionadas a jikoakua *(resguardos)*

1. Jawaruwa: *Tanõgarerã*—Pesquisa os resguardos e outras atividades envolvidas na iniciação dos rapazes praticada no passado pelos Wajãpi, assim como os objetivos dessa prática.

2. Marawa: *Jimony´arã*—Pesquisa os cuidados envolvidos na transformação das meninas em moças, especialmente os resguardos praticados durante a primeira menstruação da mulher.

3. Kuripi: *Moju rewarã*—Pesquisa os cuidados e resguardos relacionados ao dono dos rios (sucuriju).

4. Janaimã: *Janypa kusiwarã*—Pesquisa os padrões de pintura corporal.

Pesquisas relacionadas a jikuapa *(sinais)*

5. Patire: *Moroparã rewarã akaja*—Pesquisa os sinais pelos quais os antepassados sabiam que seus parentes deveriam chegar em suas aldeias, os sinais que enviavam para se comunicar com os parentes, para avisar de sua chegada (canto dos tucanos, vôo de insetos, etc.).

6. Serete: *Jimõsimoa*—Pesquisa um tipo de cura feita com vapor, juntando-se vários tipos de remédios e uma pedra quente dentro de uma panela com água fria. O mesmo processo é usado para vingar a morte de um parente provocada por outra pessoa.

Pesquisas relacionadas a temitãgwerã *(as plantas da roça)*

1. Rosenã: *Temitãgwerã rao apisa*—Pesquisa os venenos que os Wajãpi usavam antigamente para controlar as pragas nas roças, que não traziam perigo para a saúde das pessoas.

2. Japukuriwa: *Mani´y rerã kõ*—Pesquisa os diferentes nomes e tipos de mandioca e o jeito de plantar cada tipo.

3. Ana: *Pajawaru*—Pesquisa as formas de preparar (diferentes receitas) e as regras para consumir esse tipo de caxiri e comparar com outros tipos.

4. Nazaré: *Mynyju rewarã*—Pesquisa os vários tipos de algodão usados pelos Wajãpi, sua origem e seus usos.

5. Marãte: *Mijarã posã rewarã*—Pesquisa "remédios de caça": quais são os

ingredientes usados, como são aplicados os remédios, para que serve cada um, etc.

Pesquisas relacionadas a yvyrarewarã (conhecimentos sobre as árvores)

1. Kupena: *Yvyra rewarã*—Pesquisa o conhecimento dos Wajãpi sobre árvores da floresta—árvores altas e baixas, árvores mais duras, árvores com frutas comestíveis e não comestíveis, etc.
2. Kari: *Oka rewarã*—Pesquisa a construção da casa wajãpi, quais são os vários tipos de madeira utilizados.

Utilização e difusão dos resultados das pesquisas realizadas pelos jovens wajãpi

Todos os participantes do projeto—Wajãpi, assessores do Iepé e equipe acadêmica do NHII-USP—têm clareza das dificuldades de sistematizar conhecimentos tradicionais para finalidades não-tradicionais. Por isso, as oficinas, os registros produzidos por cada pesquisador são discutidos, complementados e organizados. Juntos, decidem como sistematizar os registros e como utilizá-los, dentro e fora das aldeias, pensando no que se pode ou não se pode fazer com essas informações.

> *Para que serve fazer pesquisa? A pesquisa do modo de vida dos Wajãpi serve para aconselhar os não-índios que não conhecem bem a cultura dos Wajãpi. A pesquisa serve para as futuras gerações wajãpi, para não perderem o nosso conhecimento. Porque os únicos que sabem explicar muito, contar e fazer festa são os mais velhos. A nossa pesquisa vai ajudar muito o Conselho das Aldeias Wajãpi na política. Também serve para a escola wajãpi e também para a escola não-indígena. Pesquisa serve para diminuir os preconceitos dos karai kõ (não-índios). Pesquisa serve para outras etnias que perderam sua cultura, para explicar muito sobre os Wajãpi. (Jawaruwa, Kari, Marawa e Jatuta, 2006)*

Mas esses jovens adultos sabem que não são "especialistas" nem dominam completamente os assuntos que estão pesquisando e que, por este motivo, devem manter, com os mais velhos, um diálogo aprofundado e extenso. Vejamos o que eles dizem a respeito desse aprendizado:

> *Eu pesquisei os nomes das árvores, porque eu não sabia muitas coisas antes de descobrir pela pesquisa, fazendo entrevistas, anotações. E isso eu descobri com os velhos que contaram para mim. Eu não sabia fazer*

anotação, organizar, fazer tabela, mas depois eu aprendi. A gente não aprende as coisas logo na primeira vez. O acompanhamento da minha pesquisa na aldeia me ajudou a organizar a pesquisa, me ensinou a escrever sobre a pesquisa. Eu também aprendi a fazer comparação entre o que anotei quando entrevistei diferentes jovijã kõ, nossos chefes, os mais velhos, e vou continuar até terminar.... Para contar para os meus filhos no futuro para eles aprenderem também. Quando eu for velho, aí eu vou contar para eles. Se eu não conheço, como meus filhos e netos vão conhecer as árvores? (Kupena, 2007)

Quando eu não fazia pesquisa eu não sabia o que nossos avôs tinham visto no caminho que tomaram rumo à borda da terra. Eu também não sabia as coisas diferentes que os outros chefes contaram. Agora eu consegui aprender quando fui conversar com eles. (Japu, 2007)

Antes eu não sabia muitas coisas que então eu descobri na minha pesquisa sobre remédios de caça. Eu fui entrevistar os velhos. Anotei muitas coisas no caderno e fiz tabela para organizar a minha pesquisa. Eu fui até outras aldeias para entrevistar outros jovijãgwerã kõ. (Marãte, 2007)

Meu primeiro tema de pesquisa foi sobre iniciação dos rapazes tanõgarerã. Eu terminei essa primeira pesquisa, embora falte descobrir mais coisas e entrevistar mais os velhos. Essa pesquisa foi muito importante para mim porque hoje em dia nós não fazemos esse tipo de iniciação. Agora eu escolhi outro tema: a festa de Jõwaronã, que é também muito importante pra mim. Eu não sabia de nada sobre essa festa, mas agora estou começando a aprender os cantos e consegui cantar um pouquinho. Vou conseguir aprender todos os cantos. Mas até agora eu nunca vi nem participei dessa festa. (Jawaruwa, 2007)

A minha pesquisa é sobre um tipo de kasiri, o pajawaru. Antes eu não sabia que existia esse tipo de caxiri. Eu descobri muitas coisas fazendo a pesquisa. O que se faz antes de preparar, onde se prepara esse tipo de kasiri, eu também aprendi a preparar o pajawaru. As senhoras gostaram muito de me explicar sobre pajawaru. (Ana, 2007)

Minha pesquisa é sobre o jeito de fazer sinal. Antes, eu não sabia nada sobre isso, hoje eu sei um pouco. Por isso quero continuar, para entender o conhecimento dos velhos. Eles não viver mais vinte ou trinta anos e quero aproveitar para entrevistar os chefes sábios. Essa minha pesquisa é muito importante para fortalecer a nossa cultura dos Wajãpi. (Patire, 2007)

As rezas de cura que eu pesquiso, são importantes para nós, por isso gostei muito da minha pesquisa. É bom conseguir aprender enquanto os velhos estão vivos. Ainda vou continuar pesquisando, porque ainda não terminei de conversar. Quando terminar de pesquisa esse tema eu vou achar outro tema para pesquisar de novo. No futuro eu vou fazer muitas listas sobre a minha pesquisa. (Sava, 2007)

Um resultado importante do diálogo que os pesquisadores wajãpi estabeleceram com os adultos mais velhos em função de suas pesquisas tem sido o aprimoramento de seu próprio manejo das formas de expressão tradicional. Essa aproximação contribui para superar a tensão entre as gerações e proporciona aos jovens maior consciência dos limites da transmissão de conhecimentos em forma escrita. Mais críticos, habilitam-se progressivamente a assumir o papel de mediadores, capazes de explicar para sua comunidade e para outros públicos a diferença entre modos de pensar, de se expressar e de organizar o conhecimento.

Por isso que como nós Wajãpi estamos respeitando a nossa regra. Se nós não respeita nossa regra aí vai aparecer muita doença para a gente. Também hoje em dia como nós Wajãpi não respeitamos nossa regra. Por isso estou pesquisando essa regra para fortalecer o conhecimento que passa de geração em geração. Porque também os não-índios não respeitam a nossa cultura. Para isso estou pesquisando, porque a minha pesquisa vai ser como livro. Aí nós vamos distribuir para escola wajãpi e para os karai kõ e também para técnica de enfermagem. Para depois não ter preconceito sobre nossa cultura. (Kuripi, 2006)

Os Wajãpi que participaram, em junho de 2007, de um Seminário Nacional de Pesquisadores Indígenas, organizado pelo Iepé em Macapá, colaboraram com algumas propostas relativas à difusão dos resultados de suas pesquisas.

- Os resultados das pesquisas devem ser colocados em prática;
- Existem várias maneiras de retornar os resultados das pesquisas para a comunidade (em forma de vídeos, CDs, textos e outros);
- Não basta escrever; é preciso registrar na memória para dar continuidade à prática dos conhecimentos;
- É importante levar informações aos não-índios para evitar e superar preconceitos;
- É importante promover o intercâmbio de materiais pesquisados com outros povos para conhecer, refletir e ajudar os outros grupos indígenas na resolução de problemas e reforçar a identidade cultural.

No momento, tanto os Wajãpi como os assessores do Iepé e NHII-USP continuam considerando como meta prioritária a valorização "interna" dos saberes tradicionais, por considerar que o processo de reflexão comunitária é indispensável para garantir a continuidade e o fortalecimento das iniciativas indígenas. Nesta etapa, efetivamente, é preciso consolidar a "passagem para a escrita," que se realiza essencialmente na língua wajãpi.

Mesmo assim, durante o projeto, foi realizado um esforço de transposição de saberes para um formato destinado ao publico externo, num processo interessante, que partiu da discussão de preconceitos mais freqüentes e seguiu pela construção de explicações que respondem à esses preconceitos. Concretamente, no âmbito deste projeto especifico, foram concluídos três tipos de produtos de difusão dos resultados:

1. Retorno dos textos de pesquisa para seus autores, na forma de *cadernos* (nas séries "Cadernos de Pesquisa" e "Textos de Pesquisa"), para distribuição nas aldeias. Esses textos são lidos pelos jovens e comentados aos mais velhos para avaliação e complementação. São um instrumento importante para garantir o controle da comunidade sobre o trabalho dos pesquisadores e permitir novas versões que incorporem não apenas complementações, como revisões a partir da crítica dos leitores.

2. *Dois livros de leitura,* um em língua wajãpi e outro em língua portuguesa—que poderá ser traduzido em outras línguas—sobre aspectos da organização social. Ilustrado com fotos e desenhos realizados pelos pesquisadores e professores bilíngües. Uma versão mais sintética será difundida no site do Conselho das Aldeias / Apina, a partir de meados de 2008.

3. Uma *exposição itinerante* sobre o tema *"Jane reko mokasia"* (como fortalecemos nossa organização social) que foi lançada em Macapá, em novembro de 2008. A exposição deve depois circular em outras cidades do Amapá e do Brasil. Esses produtos foram finalizados e impressos com patrocínio complementar do IPHAN / Ministério da Cultura e do Museu do Índio—Funai.

A próxima etapa, subsidiada pelos resultados deste projeto, será a inclusão dos resultados das pesquisas realizadas e sistematizadas pelos Wajãpi no âmbito das escolas. Para alcançar esta meta, um balanço comentado das pesquisas realizadas pelos Wajãpi embasará também a elaboração do "projeto político-pedagógico" para a continuidade da formação desses pesquisadores nos próximos anos. Esse documento está sendo construído e será disseminado para instituições engajadas na educação e valorização cultural indígena no Brasil e América do Sul, e especialmente para órgãos governamentais relacionados à questão indígena, ONGs e universidades envolvidas em programas de capacitação indígena.

Essa inserção em novos contextos de transmissão de saberes—que articula públicos das aldeias e públicos das cidades—representa um conjunto de dificuldades que tem estimulado os professores e os pesquisadores wajãpi a aprofundar seu domínio de saberes locais, que eles agora aprenderam a identificar como o "patrimônio cultural" dos Wajãpi.

Processo e desafios na construção de um saber "coletivo"

Existe um saber "coletivo" dos Wajãpi, uma "cultura wajãpi"? Certamente não. Mas o fato é que hoje, uma síntese com esse propósito está efetivamente sendo construída. Construção essa que apresenta inúmeros desafios comuns aos processo de patrimonialização cultural, e que comentamos a seguir.

No final dos anos 1990, uma experiência inicial realizada pelos professores wajãpi merece ser mencionada. Eles se interessaram, na época, em passar para a escrita algumas narrativas míticas, mas a experiência gerou tantas confusões, criticas e disputas de versões, que esses professores passaram a desenvolver reflexões instigantes a respeito da dificuldade de transposição e registro escrito. Desde então, tanto esses professores como os jovens que estão sendo formados como pesquisadores procuram manter em seus registros não só as marcas autorais correntes na narração oral, como discutem cuidadosamente as variações, percebidas como valor, e não como problemas. Como dizem esses professores bilíngües, "é difícil resumir a cultura wajãpi." Alguns deles, aliás, reafirmam que não existe. É o que pensam os mais velhos, que continuam contando aos jovens como os antepassados "roubaram" dos animais ou dos povos inimigos a maior parte dos elementos culturais de que fazem uso hoje. Itens culturais com algum valor sempre vieram de fora, como todos os padrões da arte gráfica *kusiwarã*. A escrita, hoje tão apreciada pelos jovens wajãpi, é um desses bens culturais que desejam se apropriar. Por isso, metodologicamente, assumimos neste projeto e na formação de jovens pesquisadores indígenas, a posição assumida anos antes pelos professores bilíngües, que afirmavam que "cultura wajãpi mesmo, não existe."

Outra novidade significativa deste processo, em relação ao contexto tradicional de transmissão, é que os registros produzidos pelos jovens wajãpi são disponibilizados não mais aos ouvintes de um circulo familiar, mas a todos os indivíduos dos diferentes grupos locais: uma revolução, com certeza, que tem impactos diversos sobre a construção de uma "cultura wajãpi." Ao propiciar a disseminação de versões distintas, possibilita-se a comparação entre elas, a troca de saberes. Essa valorização de variações internas dificulta muito o trabalho dos pesquisadores wajãpi, quando tentam sintetizar essas variantes. Em geral, estão muito conscientes de que esse tipo de "resumo" corre o risco de pasteurização de versões genéricas. Por isso, um dos procedimentos que adotamos é enfatizar que pesquisa não se limita à transcrição de narrativas, de cantos, de listas de plantas, mas inclui o registro das modalidades especificas de sua transmissão, especialmente do contexto em que são "ditos" ou praticados.

A contribuição de pesquisadores acadêmicos é essencial nesse processo para auxiliar os jovens wajãpi a adotar procedimentos reflexivos na identificação de categorias e classificações nativas. E assim incluir nos textos resultantes das pesquisas individuais desses jovens não somente "objetos" da cultura, mas os conceitos que estão por trás e especialmente todas as classificações cosmológicas subjacentes que sustentam esses saberes e expressões culturais.

Por estas razões, um dos primeiros passos na formação dos pesquisadores wajãpi foi a discussão do conceito de cultura, debatendo a origem ocidental do conceito e avaliando porque ele é inexistente no sistema explicativo e na lógica dos Wajãpi. Na tentativa de construir sua própria definição para este conceito, os pesquisadores foram percebendo a necessidade de representar seus conhecimentos para fora, como também para eles mesmos. Mas sempre levando em conta as variações locais—no âmbito de tradições familiares—e as mudanças que estão percebendo nas práticas e formas de transmissão do conhecimento. Das manifestações mais visíveis e palpáveis de sua própria cultura, os pesquisadores foram sendo levados a prestar mais atenção às idéias que estão por trás de formas específicas de agir e se comportar. Ao invés de uma lista de objetos, festas, histórias, etc., chegaram a uma definição de cultura como um conjunto de "jeitos" de fazer, de explicar, de pensar, dizer e representar. Essa discussão inicial foi fundamental para permitir que os pesquisadores se distanciassem um pouco de seu próprio sistema de crenças e valores para tentar descrevê-lo e explicá-lo.

Desde a etapa de formulação dos temas até a sistematização dos resultados das pesquisas, uma das principais orientações dadas aos pesquisadores wajãpi tem sido a de tomarem o máximo cuidado para respeitar as categorias próprias do pensamento wajãpi, evitando recortar os saberes tradicionais para encaixá-los nos moldes das disciplinas acadêmicas convencionais. Na medida em que tais categorias são expressas em conceitos de sua própria língua, sem tradução exata no português ou em outras línguas de povos de tradição cultural diferente, o procedimento recomendado aos pesquisadores tem sido o de desenvolver todas as etapas das pesquisas em sua língua materna. Posteriormente, havendo interesse dos Wajãpi em divulgar os resultados deste trabalho para um público externo, será necessário um segundo trabalho, de transposição lingüística, no qual as categorias wajãpi poderão ser apresentadas a partir da explicação das teorias que as articulam, evidenciadas durante o desenvolvimento das pesquisas.

Outro procedimento metodológico importante recomendado aos pesquisadores em formação é relacionado à variação nas manifestações dos conhecimentos tradicionais por diferentes indivíduos ou grupos e à inexistência de um padrão único e/ou "mais verdadeiro" para tais saberes. Como afirmam Janaimã e Kupena: "Cada *wanã* (grupo ou parentela local) tem seu jeito de cantar e jeito de fazer festas e tem seus conhecimentos do jeito de contar história para sua família e ensinar, tem seu jeito de fazer artesanato e de aconselhar sua comunidade. Cada *wanã* tem seus conhecimentos, suas histórias e festas. Cada wanã sabe do jeito dos seus antepassados. Cada *wanã* tem seu sotaque" (2006).

Os pesquisadores wajãpi vêm sendo orientados a registrar cuidadosamente as diferentes versões dos conhecimentos que escolheram como tema, sem tentar sintetizá-las em uma única versão "geral," supostamente válida para todos os Wajãpi. Dessa forma, seu trabalho valoriza o caráter dinâmico e múltiplo que caracteriza a transmissão oral de conhecimentos. As generalizações resultantes da comparação das diversas versões registradas durante as pesquisas são buscadas em um nível mais abstrato, através da identificação de idéias e teorias subjacentes a todas elas.

Nos cursos e oficinas, os pesquisadores são freqüentemente levados a refletir sobre as diferenças entre formas de transmissão "formais" e "informais" de conhecimentos. Com o tempo, vai ficando cada vez mais claro para eles que as pesquisas e registros não podem e não devem substituir as formas tradicionais de ensinar e aprender, assim como a escola não pode e não deve ocupar o lugar da educação não formal. Coletivamente, os pesquisadores escreveram a respeito desse processo:

> *Nós começamos só há dois anos, mas já temos alguns resultados: tem vinte pesquisas sendo feitas e muitas pesquisas coletivas. Nós já preparamos uma exposição sobre organização social, nós já preparamos livro de leitura na língua Wajãpi e outro em português, nós já participamos de seminários de pesquisadores indígenas. Os chefes e a comunidade respeitam nosso trabalho porque estamos fortalecendo nosso conhecimento. Nosso jeito de trabalhar na pesquisa é diferente de aprender em casa. Porque nós estamos fazendo registro, sistematizamos conhecimentos, e fazemos explicações gerais sobre nossos conhecimentos. Para fazer boas pesquisas temos que conversar com muitos sabidos (jovijãgwerã kõ) em diferentes aldeias. (2007)*

Se o "inventário" dos saberes imateriais wajãpi vai demorar a ser concluído, e se este processo não resultar em produtos tão acabados como se costuma exigir de programas de "salvaguarda," é certo que a reflexão de jovens e velhos wajãpi sobre todo esse percurso de sua "cultura" terá valido a pena. "Antes, a comunidade pensava que a cultura dos não-índios valia mais que a cultura dos Wajãpi. Nós pesquisadores percebemos que nossos conhecimentos são muito valiosos. Por isso, os chefes junto com os pesquisadores encontraram um jeito de explicar os conhecimentos para a comunidade. Agora os pesquisadores preparam perguntas e os chefes respondem detalhadamente. Então, assim, as crianças se interessam para aprender" (2007). Os Wajãpi desejam construir uma escola em que os "dois caminhos," dos saberes wajãpi e dos não-índios, se complementem, apostando na comparação e mesmo na confrontação de sistemas de conhecimento, e não de elementos isolados destes sistemas. E, para chegar aos sistemas que articulam os conhecimentos tradicionais transmitidos pelos mais velhos, os professores precisam se basear em pesquisas aprofundadas e sistemáticas. Os resultados da sistematização dessas pesquisas ainda devem ser consolidados, mas está claro que não se tratará simplesmente de uma compilação de saberes "dos antigos," nem sua mera transcrição, mas envolve uma reflexão atual sobre eles, para que os Wajãpi possam equacionar o que eles chamam dos "dois caminhos."

E nesse sentido que o programa de formação procura priorizar questões relacionadas à diversidade das formas de construção e de transmissão do conhecimento. Em especial, busca-se destacar as diferenças entre as "lógicas" ou teorias subjacentes às classificações e explicações do pensamento acadêmico-científico ocidental, de um lado, e aquelas que sustentam as classificações e explicações do pensamento wajãpi, de outro lado. E isso, é absolutamente novo.

Efetivamente, os pesquisadores wajãpi estão "inventando cultura," nos termos propostos por Roy Wagner (1981). Como sugere esse antropólogo, a única maneira de conseguir criar uma relação intelectual entre duas formas da humanidade é a de conhecer ambas simultaneamente. Atribui ao antropólogo esse papel de se transformar num link entre duas culturas, uma competência que lhe permite descrever e explicar "cultura." Que Wagner define como formando um signo equivalente entre o conhecedor (que vem para conhecer a si mesmo) e o conhecido (que é a comunidade de conhecedores). Só que, no caso em pauta, não se trata de antropólogos, mas de indígenas experimentando um olhar antropológico: um experimento viabilizado pelas atividades do projeto, que incentivaram a vivencia do contraste, indispensável para que a própria cultura se torne visível. Essa atividade intelectual, completamente nova, se realiza num contexto de comunicação ainda pouco estabilizado e com resultados incertos.

Os Wajãpi só têm oportunidade de falar de sua cultura em contextos como a escola, as reuniões políticas, etc. Ali, entre eles ou com outros representantes indígenas, se apropriam de discursos veiculados pelos órgãos e agentes de assistência do governo, que os incitam a se diferenciar por meio de traços considerados "específicos."

O que é certo é que, por ora, a escrita impulsiona a construção de coletivos, de "genéricos diferenciados" para difusão (entre outros). Onde "diferenciado" pressupõe um aglomerado étnico—supostamente indiferenciado internamente. Uma mudança e tanto se consideramos que, para os Wajãpi (entre si) as diferenças valorizadas são aquelas que marcam distâncias entre seus subgrupos, enfatizando variações nos acervos de conhecimentos, ou afirmando autonomia nas alianças políticas que cada subgrupo estabelecer com não-índios, etc.

Nesse contexto, são levados a selecionar informações e a produzir textos que procuram fundar uma continuidade, que permita contar a "história dos Wajãpi" ou listar categorias ambientais, que ilustrariam as características da "terra dos Wajãpi." Quanto mais desafios, mais esses jovens letrados se animam a debater os elementos que procuram unificar como "o saber dos Wajãpi." Nesse processo, estão deslocando o *locus* da diferença cultural, ou seja, distanciando-se radicalmente dos parâmetros em vigor na enunciação oral desses saberes. Essa tendência, à qual os Wajãpi não escaparam, pode ser verificada em praticamente todas as experiências de inscrição de saberes tradicionais, quando separam de um lado o saber local, ou étnico, do outro, os saberes dos outros.

No contexto das relações cotidianas—fora da escola, dos cursos e desses trabalhos de inventário—o que importa são, obviamente, as diferenças, por mais sutis que sejam. A variação dos saberes de determinadas parentelas são sempre enfatizadas pelos mais velhos, na medida em que é justamente essa variação que permite a apropriação autoral. Marcas de autoria sendo inclusive indispensáveis para que cada narrador possa se situar na enunciação desses saberes compartilhados, no âmbito do conhecimento das plantas, das técnicas de cura, dos ciclos rituais, etc. O valor da diferença sendo, justamente, a possibilidade de comunicar essa variação, que remete à origem dos saberes. São formas lingüísticas precisas e estas sim compartilhadas. No limite, poderíamos concluir que o que é compartilhado, entre os Wajãpi, é justamente—e apenas—a língua, não a "cultura."

Sem dúvida, a experiência de formação e de realização de pesquisas levou os jovens wajãpi a um reencontro com os saberes dos mais velhos e alguns deles estão realmente entusiasmados em aprender as formas de enunciação julgadas corretas, belas. Esse é, certamente, o resultado mais promissor de todo o trabalho de discussão sobre temáticas "da cultura," no âmbito do programa de formação.

Estão reabrindo alternativas para se situar no mundo, que tendia a se fechar em torno de noções confusas como a de propriedade étnica de objetos culturais. Abrindo novamente espaço à diferença, que não é nem poderá ser avaliada em termos de posse de conteúdos deles ou dos outros, mas na qualidade das formas de enunciação, na beleza das formas de cantar e de dizer, que alguns jovens wajãpi se interessam agora em aprender.

Notas

1. Além de Jawapuku Wajãpi, atual Presidente do Conselho das Aldeias Wajãpi /Apina, são membros da turma de pesquisadores wajãpi: Ana, Japu, Japukuriwa, Jawaruwa, Karike, Kupena, Kuripi, Marãte, Marawa, Nazaré, Pasiku, Patire, Rosenã, Saky, Sava e Serete. Integrava esse grupo de jovens pesquisadores, Kari, da aldeia Suinarã, que faleceu num acidente em dezembro de 2007. Luis Donisete Benzi Grupioni também colaborou com a equipe acadêmica e com a revisão deste artigo.

2. Em 1996 (quando terminou a demarcação da Terra Indígena Wajãpi) os chefes começaram a ficar preocupados com os nossos conhecimentos e práticas culturais porque os jovens estavam se interessando muito pelos conhecimentos e jeito de viver dos não-índios. Os chefes pensaram que precisava um trabalho para o fortalecimento cultural dos Wajãpi. Os chefes pediram apoio para o Iepé, e juntos tiveram a idéia de fazer formação de pesquisadores wajãpi. Em 2004, os chefes escolheram vinte jovens de onze aldeias para participarem do premiero encontro de pesquisadores wajãpi, que aconteceu em janeiro de 2005 quando fizemos também pela primeira vez pesquisas de campo. Em 2005 também teve a premiera oficina de pesquisadores e o premiero curso de formação básica (Pesquisadores wajãpi, novembro 2007).

3. Como indicamos nos informes enviados ao LASA, houve um atraso no cronograma de algumas atividades. Assim, a formulação participativa de uma nova proposta teórico-metodológica (denominada, no Brasil, "proposta político-pedagógica") para a continuidade da formação de pesquisadores indígenas não foi concluída, como se esperava. A finalização dessa proposta levará mais tempo do que previsto.

4 Género, generación y equidad

Los retos del liderazgo indígena binacional entre México y Estados Unidos en la experiencia del Frente Indígena de Organizaciones Binacionales (FIOB)

Odilia Romero-Hernández,
Centolia Maldonado Vásquez,
Rufino Domínguez-Santos,
Maylei Blackwell y Laura Velasco Ortiz[1]

Entre México y Estados Unidos: la construcción de un proyecto indígena binacional

Hace más de quinientos años, los españoles conquistaron pueblos americanos que fueron nombrados "indios" tras un equívoco de los marineros que confundieron estas tierras con la India. Después de siglos de devastación y etnocidio, en 2005 un poco más de seis millones de mexicanos hablaban un idioma indígena.[2] Ese segmento lingüístico es apenas una punta de la madeja enorme de comunidades y pueblos que actualmente se reconocen como indios o indígenas mexicanos, y quienes junto con las poblaciones mestizas, afroamericanas y de otros orígenes nacionales nutren el escenario étnico-nacional en México.

El Frente Indígena de Organizaciones Binacionales (FIOB) hunde sus raíces en la historia de las movilizaciones y resistencia de los pueblos indígenas mexicanos, a la vez que en las migraciones masivas de mexicanos a

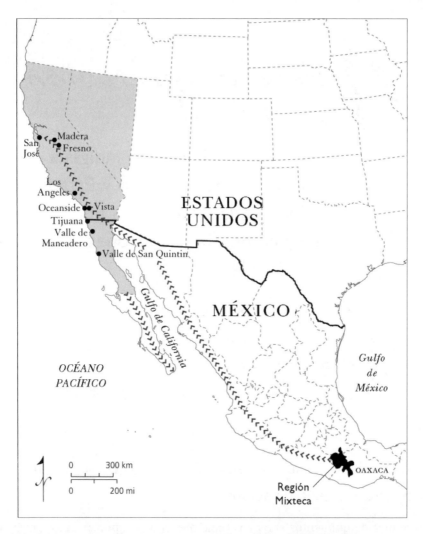

Mapa 4.1. Ruta migratoria y organizativa del Frente Indígena de Organizaciones Binacionales (Molly O'Halloran 2012).

Estados Unidos del siglo XX, en las cuales los pueblos indígenas también han participado.[3] El FIOB sintetiza la experiencia de los pueblos indígenas meso-americanos y de las poblaciones migrantes en México y en Estados Unidos.

La organización fue fundada en los años ochenta del siglo XX en California, por un conjunto de activistas surgidos en la misma ruta de la migración oaxaqueña a Estados Unidos y quienes estaban ligados a comités comunitarios de sus pueblos de origen en las regiones Mixteca y Zapoteca del estado de Oaxaca (mapa 4.1).[4]

Los activistas y líderes de esos comités comunitarios activos en tierras de migración fueron creando alianzas que, sin la ausencia de conflictos, construyeron una organización cada vez más diversa en términos étnicos y sociales, tratando de responder a necesidades asociadas tanto a sus lugares de origen como a los nuevos lugares de inmigración.[5] El doble marco estatal mexicano y estadounidense define el contexto político transnacional del FIOB.

El FIOB fue fundado en 1992 en la ciudad de Los Ángeles en el marco del movimiento quinientos años de resistencia indígena ante la invasión española. En el curso de los años la organización fue ampliando su membresía con individuos, comunidades y organizaciones de origen zapotecas, triquis, p'uhrépecha, mixes, méxico-estadounidenses, chicanos y mestizos. En la actualidad tiene tres delegaciones regionales en California, Baja California y Oaxaca.

La estructura y funcionamiento multi-espacial del FIOB responde a la dispersión de su base social y a los cambios generacionales asociados a la migración internacional. Los núcleos residentes en las localidades de origen y destino han experimentado muchos cambios de orden familiar y comunitario como consecuencia de la migración, pero también debido a las políticas estatales hacia los pueblos indígenas. Nuevas generaciones se integran al flujo migratorio con visiones distintas acerca de sus necesidades como personas y pueblos de origen indígena, asentados en un nuevo país.

Esos cambios también se observan en el seno de la organización e implican retos internos para dar cabida a esas nuevas generaciones con puntos de vista distintos sobre su etnicidad, su condición de género, su relación con el origen y sus prácticas políticas.

Los dirigentes de la organización han desarrollado una reflexión constante en torno a cómo lograr relaciones más equitativas en su interior y la renovación de liderazgos (Maldonado y Artía 2004). El FIOB es una organización que ha sido semillero de líderes para otras organizaciones y los líderes fundadores han cumplido con trayectorias de servicio muy largas. Ante esta situación, la regeneración de liderazgos se vuelve un tema central para la continuidad de la organización y una oportunidad para la renovación constante de su proyecto político y cultural.

En este escenario ante la convocatoria de LASA 2006, la dirigencia del FIOB se planteó llevar a cabo una investigación colaborativa en torno al tema de equidad de género, generación y etnicidad en el seno de la organización. Para lo cual invitó a dos investigadoras con quienes previamente ya había tenido experiencia de colaboración, con la finalidad de combinar habilidades y perspectivas distintas sobre un tema de relevancia para la organización. Una vez constituido el equipo de investigación por tres integrantes de la dirigencia de la organización (dos mujeres y un hombre) y dos investigadoras (una en

México y otra en Estados Unidos), se definió como objetivo de la investigación: documentar y analizar los retos principales para desarrollar un liderazgo binacional indígena equitativo en términos de género, generación y etnicidad.

Se realizaron tres talleres focales: en Tijuana, Baja California, el 25 al 26 de noviembre de 2006; en Los Ángeles, California, el 20 al 21 de enero de 2007; en Huajuapan de León, Oaxaca, el 31 de marzo y el 1 de abril de 2007. Y finalmente se realizó una reunión binacional en Ciudad de México, los días 1, 2 y 3 de junio de 2007, donde se propuso generar una estrategia organizativa para responder a los resultados de la investigación.

En este capítulo presentamos la metodología y los resultados de la investigación en torno a la pregunta central: ¿Cuáles son los retos que enfrenta una organización transnacional como el FIOB para desarrollar una representación y participación más equitativa en términos de género, generación y etnicidad? Además de estas preguntas generales se plantearon otras como: ¿Qué pasos se deben de tomar para identificar y construir sobre las buenas prácticas que existen dentro de la organización el desarrollo de capacidades de liderazgo del FIOB? ¿Cómo identificar las barreras y prácticas negativas dentro de nuestra organización que impiden el desarrollo pleno de sus miembros y cómo articular una estrategia que supere esos obstáculos? ¿Cuál es el campo del movimiento social que constituye el contexto de acción del FIOB a nivel transnacional? Cada una de estas preguntas derivó otras más específicas que sirvieron de guía a la investigación.

Metodología y colaboración activistas-académicas: buscando las líneas de inequidad en la organización

Un aspecto importante de subrayar es que la investigación fue promovida por la organización, marcando la dinámica operativa del equipo. Las académicas participamos en el diseño de la investigación, pero no cuestionamos los objetivos planteados por la organización, sino que nos sumamos para pensar cómo se podían unir nuestros intereses de investigación con los de la organización y cómo llevarla a cabo metodológicamente.

La amplia experiencia de la organización con el trabajo grupal facilitó el diseño metodológico basado en la técnica de grupo focal, a través de una serie de talleres de discusión. En cierta medida estos talleres se acercan a otras experiencias metodológicas reconocidas como intervención sociológica (Touraine 1981), en la medida que el FIOB forma parte de un movimiento social que se inscribe en la contienda por lograr mayor justicia social e inclusión ciudadana, la cual pasa por la autorreflexión de sus propias prácticas organizativas y la reconstitución de su identidad.

Nuestro modelo colaborativo se basó en la larga experiencia de colaboración del FIOB con la academia, y en particular en la relación de confianza entre activistas y académicas en torno al tema de equidad y género.

El proyecto de Otros Saberes representa un intento por descolonizar los procesos de producción de saberes, en la medida que las teorías y los resultados fueron producidos bajo la perspectiva de la utilidad que podían tener para el movimiento social que protagonizan los actores sociales indígenas del FIOB. Las académicas compartimos la visión de que este tipo de investigación es una forma de empoderar a los movimientos sociales y responde a un posicionamiento y compromiso con una investigación que, entre otros objetivos, pretende cuestionar las relaciones de poder en la definición y representación de culturas y políticas indígenas (Fox 2006; Hale 2006; Speed 2006).

Como se describió antes, dada la estructura binacional del FIOB, ligada a la migración, se realizó un taller en cada uno de los lugares donde existe una coordinación regional: California, Baja California y Oaxaca. En forma complementaria se realizaron entrevistas en profundidad y se aplicó una cédula en forma de encuesta a los asistentes en cada uno de los talleres. La agenda de los talleres se elaboró en sesiones de trabajo de todo el equipo, con base en las preguntas generales de investigación antes señaladas.

Este trabajo reporta resultados preeliminares de la investigación, los cuales han sido discutidos en forma conjunta por el equipo de investigación, y en torno a los cuales no existe pleno acuerdo, sino interpretaciones a veces discordantes. Los puntos de vista distintos tanto en el terreno operativo como en el terreno conceptual e interpretativo ha sido una constante de la investigación, que sin dejar de causar tensiones, no paralizaron el trabajo de colaboración.

Los marcos de interpretación de los investigadores

Tres de las integrantes del equipo somos mujeres y el cuarto es hombre. A lo largo de la investigación se dio una especie de entendimiento implícito entre las mujeres sobre las líneas de subordinación y diferencia de género que atraviesan el FIOB, el cual no siempre fue compartido por el integrante masculino del equipo. Estas diferencias de género parecían constituir marcos de interpretación muy distintos sobre lo que sucedía en la organización y sobre los resultados de la investigación en los que el desacuerdo fue atravesado por la diferencia de género. Estas diferencias también parecían cruzarse con las posiciones de autoridad que los activistas ocupaban al interior de la organización y la importancia del concepto de "servicio" asociado al liderazgo. Por ejemplo, algunas discusiones sobre el poco avance que se mostraba en términos de la participación de las mujeres en posiciones de toma de decisiones.

Las activistas mujeres del equipo señalaban que esto se debía a que había una tendencia a incluir a las mujeres "solo en papel," es decir en nombramientos y formalización en documentos, más que en la práctica organizativa, en tanto la visión masculina enfatizaba más el avance que esto significaba para la organización visto en una perspectiva histórica, ya que cuando el FIOB fue fundado solo había hombres. A partir de 1994 comenzaron a incorporarse mujeres en todos los niveles y por primera vez una mujer ocupó un puesto en el Consejo Central Binacional. Este proceso de incorporación de las mujeres inició en California, particularmente en el Valle de San Joaquín, y de ahí se extendió a Oaxaca.

Esta disputa entre la dirigencia sobre cómo lograr la inclusión de las mujeres en el FIOB, y el grado de avance, dejaba ver un acuerdo generalizado de la importancia de la participación de las mujeres. Pero aún persistía el reto de cómo implementar las distintas visiones sobre la inclusión de las mujeres, como lo señaló Odilia Romero-Hernández. Tanto activistas mujeres como activistas hombres privilegiaban las consecuencias políticas del dato para la organización, y generaban interpretaciones distintas. Se registró un desacuerdo acerca de que varios hallazgos expuestos fueran realmente resultado de los talleres; lo cual en cierta forma era cierto, porque algunos de las ilustraciones o argumentos provenían de la experiencia directa de las activistas, en una especie de autoindagación. Por ejemplo, la sensación de que a las mujeres líderes se les exige más que a los hombres, en términos de eficiencia y responsabilidad, fue cuestionado por el integrante masculino como un dato que no surgió de los talleres, por lo que se criticaba su validez como resultado. En estas discusiones, las académicas guardaban silencio asumiendo su papel de *outsiders* (las de afuera), y más bien se preguntaban como recuperar esos puntos de vista distintos sobre un mismo hecho que enriqueciera la investigación y abrir camino a la comprensión mutua. El papel de externas a la organización no fue superado por las investigadoras, siempre había duda si relatar los hallazgos de los talleres o de las entrevistas que cuestionaban la autoridad masculina no sería leído como una crítica antes que como un resultado de la investigación.

Para las académicas entender en forma tan contundente que los datos e interpretaciones tienen consecuencias políticas fue un aprendizaje muy importante. Pero a la vez, las activistas expresaban ideas muy cercanas al punto de vista de las académicas, al decir "nos puede gustar o no pero esos son los resultados que arroja la investigación." Estas discusiones se dieron sobre el texto escrito, y dieron motivo a intercambios electrónicos, donde no hubo posibilidad de negociar los puntos de vista, sino que más bien quedó claro que había puntos de vista distintos sobre la explicación dada a un hallazgo determinado.

Las diferentes posturas sobre los datos y las interpretaciones parecen asociarse a otra diferencia interna del equipo: las posiciones como activistas o académicas. Aunque todo el equipo posee un objetivo y un horizonte político compartido, lo cierto es que su implicación vital respecto al rumbo y al destino de la organización es distinta. Para los activistas el rumbo de sus vidas está estrechamente ligado al de la organización. Esto es lo que podemos llamar una implicación de identidad plena; para las académicas la implicación es distinta, aún cuando se comulgue intensamente con el proyecto organizativo.

Los resultados de la investigación: saberes concretos y para quién son útiles

Participación y reemplazo de liderazgos

La convocatoria y realización de los talleres fueron actividades que requirieron un trabajo organizativo intenso a nivel binacional y regional. En la invitación a los talleres se trató de respetar el criterio de representación por género, edad y diversidad étnica, así como considerar la participación de miembros de base y dirigentes. De alguna forma, los talleres pusieron a prueba la capacidad de convocatoria de la organización, así como su capacidad de coordinación y operación. Tal vez en una primera mirada, reunir a sesenta y tres activistas en los diferentes talleres, resulte un dato sin sentido. Pero si recordamos al lector que el FIOB es una organización cuya membresía está dispersa entre México y Estados Unidos se podrá considerar el esfuerzo de coordinación y de trabajo organizativo que significó reunir a este número de participantes. En cada región, la organización de los talleres enfrentó retos distintos y arrojó resultados diferenciados en términos de participación. Cómo lo muestra el cuadro 4.1, del total de sesenta y dos asistentes, dieciocho asistieron en el taller de Tijuana, Baja California, veintitrés en el de Los Ángeles, California, y veintiuno en Huajuapan de León, Oaxaca. Los talleres realizados en estos dos últimos lugares fueron los más concurridos, no obstante que los asistentes tuvieron que trasladarse por carretera durante horas desde las localidades donde residen. En el mismo cuadro se observa que el 50 por ciento de los asistentes fueron hombres y el 50 por ciento mujeres, así como la diversidad de idiomas que nutrieron los talleres en cada uno de los lugares, particularmente en los lugares de destino migratorio. En el taller de Los Ángeles se registró el número más alto de hablantes de lengua indígena de todos los talleres. Las lenguas más comunes fueron el mixteco, el zapoteco y el triqui, las cuales pertenecen al mismo grupo etnolingüístico que tiene su origen geográfico en el estado de Oaxaca en México y el p'uhrépecha del estado de Michoacán. El dominio del español es generalizado, aunque no

Cuadro 4.1. Sexo e idiomas de los asistentes según lugar de los talleres FIOB 2006–2007

Lugar del taller	Sexo		Total	Idiomas
	Masculino	Femenino		
Tijuana, B.C.	7	11	18	mixteco, triqui, p´urépecha, mixe y español
Los Ángeles, CA	9	14	23	mixtecos, zapoteco, triqui, español e inglés
Huajuapan de León, Oax.	15	6	21	mixteco y español
Total y porcentaje	50%	50%	62	mixteco, p´urépecha, mixe, zapoteco, triqui, español e inglés

siempre en forma plena, y el inglés es más común entre los activistas jóvenes que residen en California.

Los talleres también brindaron conocimiento sobre los perfiles sociales de los activistas y personas ligados a la organización.[6] El cuadro 4.2 contiene el perfil sociodemográfico de los participantes que llenaron las cédulas de registro de información. Es importante hacer notar que en este grupo tenemos un porcentaje más alto de hombre que de mujeres.

El 59,5 por ciento fueron hombres y el 40,5 por ciento mujeres. El promedio de edad de los asistentes fue de treinta y dos años, siendo el más joven de trece años y el más adulto de cincuenta y uno. Sus edades son muy variables pero se pueden observar grupos generacionales; más de la tercera parte (35 por ciento) no tienen más de treinta años.

La presencia de los jóvenes también se nota en las escolaridades diferenciadas de los asistentes, poco más de una tercera parte solo tiene estudios de primaria (32,4 por ciento), pero casi la misma proporción ya tiene estudios profesionales, es decir se encuentran en la universidad (29,7 por ciento). Lo cual nos señala que la organización posee capital social suficiente para implementar diferentes programas de capacitación. A ese capital se agrega que más de la mitad de los asistentes son bilingües lengua indígena y español (56,8 por ciento), y que casi una tercera parte hablan inglés o tienen un conocimiento que les permite comunicarse en este idioma (27 por ciento).

Además de la información sobre los perfiles sociodemográficos de los activistas, los talleres brindaron información sobre aspectos ligados a la organización. El cuadro 4.3 muestra que casi una cuarta parte de los activistas que respondieron la cédula se incorporó en la década de los noventa y las restantes tres cuartas partes lo hizo después del año 2000, lo cual nos dice que existe un grupo importante de miembros con dos décadas de participación

Cuadro 4.2. Perfil sociodemográfico de participantes en los talleres focales FIOB 2006–2007

Variable	%	Variable	%
Sexo		**Escolaridad**	
Hombres	59,5	Sin escolaridad	8,1
Mujeres	40,5	Primaria	32,4
		Secundaria	19
Edad		Preparatoria	5,4
Promedio en años	32,2	Profesional	29,7
Grupos edad			
Carrera técnica	5,4		
13 a 20	18,9		
21 a 30	16,2		
31 a 40	46	**Habla lengua indígena**	
41 y más	18,9	Si	56,8
		No	43,2
Estado civil		**Habla o entiende inglés**	
soltero	37,8	Si	27
Unido (casado y unión libre)	62,2	No	73

en la organización y a su vez un grupo significativo de ellos que se incorporaron en la última década. Este hecho señala un importante proceso de renovación de activistas en la última década y un reto importante en la formación de liderazgos. Sobre todo si se observa que para casi dos terceras partes de los activistas (64,9 por ciento), el FIOB constituye su primera experiencia de participación social y política.

El cuadro 4.3 señala que casi la mitad de los activistas que respondieron la cédula son miembros de base, es decir no ocupan un puesto de dirección en la organización. Este grupo de participantes de base enriqueció los puntos vista de los dirigentes particularmente en los temas de generación, ya que tanto en Oaxaca como en Los Ángeles, estos nuevos integrantes eran jóvenes.

Algunas de las características de los participantes son un resultado de la selección;[7] sin embargo, también expresan la diversidad étnica, generacional y la participación de las mujeres y hombres en la organización, lo cual señala que existe un grupo potencial de activistas con posibilidades de asumir el reemplazo de liderazgos que la organización se plantea a corto plazo. Se puede recuperar la experiencia de Oaxaca como una forma de ilustrar los retos específicos que enfrenta la organización respecto a la relación base dirigente.

Cuadro 4.3. Participación de los asistentes a los talleres FIOB 2006–2007

Variable	%
Década de Incorporación al FIOB	
1990–1999	21,62
2000–2007	78,38
Con experiencia de participación anterior al FIOB	
Sí	35,14
No	64,86
Ocupa puesto dirección en FIOB	
Sí	51,35
No	48,65

El taller del estado de Oaxaca, después de ser pospuesto por las movilizaciones de la Asamblea Popular de los Pueblos de Oaxaca (APPO) y el envío de la policía federal en 2006, finalmente se realizó en los primeros meses de 2007 con una falta de participación de algunos dirigentes a nivel estatal y binacional. Esta ausencia fue problemática, dada la importancia de los talleres para reflexionar sobre el reemplazo de liderazgos. Sin embargo esa misma ausencia favoreció la participación de los y las líderes comunitarios, quienes pudieron expresar sus puntos de vista sobre lo que estaba pasando con el trabajo organizativo de base. Al parecer, los líderes con mayor autoridad en la organización, quienes poseen una visión política más amplia que la local, inhiben la participación de los miembros de comités comunitarios y no muestran mucho interés en escuchar a los miembros de base. En opinión de algunos participantes, los dirigentes binacionales y estatales están acostumbrados a discutir sin las voces de las bases, desarrollando una dirigencia que presta más oídos a la crítica de los propios activistas. Por lo menos en Oaxaca, no es claro que la dirigencia considere la crítica de la base como una vía de renovación y de toma de decisiones colectivas.

Conectando las líneas de inequidad externas con las internas en la organización: género y generación

El proyecto no planteó concentrarse solo en la equidad de género, pero a lo largo de la investigación fue notorio que este tema es el que plantea mayor controversia y atención por parte de los activistas en la organización, por lo que en este documento se dedica mayor atención al tema de equidad de género, en relación con el de generación y etnicidad.

En cierta forma, todos los integrantes del equipo de investigación comulgamos con la idea, que funcionó como hipótesis, de que había una inequidad de género en la organización, que evita que las mujeres ejerzan una mayor autoridad y representación. No obstante, las voces que se expresaron en los talleres y las entrevistas son tan diversas que cualquier interpretación se tambaleaba ante un ejemplo que la contradecía. Al introducir el tema de la equidad de género, generación y etnicidad, discutimos si no era necesario primero definir que entendían los participantes de cada taller sobre el término equidad.

En las tres regiones, los asistentes coincidieron que equidad significa igualdad en derechos y obligaciones. Específicamente en el terreno de la equidad relacionada con el género, en Oaxaca hubo una discusión más polémica, considerándose que no puede haber igualdad sino hay las mismas oportunidades de educación, empleo y salud para las mujeres como para los hombres en la sociedad. Es decir que la equidad de género en la organización está ligada a las oportunidades que tienen las mujeres fuera de la organización.

¿Las mujeres participan poco?

En muchas ocasiones se escuchó entre los activistas de la organización "las mujeres participan poco," pero estas palabras parecían aludir más bien a las condiciones y al tipo de participación de las mujeres. En seguida trataremos de rastrear a que se refiere este sobreentendido en la organización.

En el diseño de la investigación convenimos en abordar el tema de la inequidad a través de los obstáculos que las mujeres tienen para participar en la organización, así como para ocupar puestos de autoridad y representación. Al analizar en los talleres los obstáculos que encuentran las mujeres para la participación en la organización, inevitablemente los participantes aludían a la condición de las mujeres y los hombres fuera de la organización, particularmente en el ámbito doméstico. Entre los diferentes aspectos que se mencionaban estuvieron: las cargas domésticas—especialmente el cuidado de los hijos—, la autoridad masculina al interior de los hogares, y aunque con menos frecuencia también se mencionó lo que podemos llamar la ideología de género, es decir las formas en que se espera que una mujer se comporte; y que en este caso aludía a un ideal de mujer que "no anda en la calle" sino que está en su casa. En los tres talleres regionales hubo coincidencias acerca de que el principal obstáculo para la participación de las mujeres y sus posibilidades de ser líderes emana de sus cargas domésticas que se traducen en una ausencia de tiempo, energía y libertad de movimiento a diferencia de los hombres. En Oaxaca se especificó un obstáculo más que opera a nivel comunitario al señalar: "…Existe diferencia de liderazgo entre hombres y mujeres…porque hay mas restricciones por los usos y costumbres de nuestros pueblos, porque no es bien visto que las mujeres vayan a las comunidades a hacer trabajo organizativo...."[8] Este factor se analizó como una limitante para el liderazgo regional, al implicar ir más allá del ámbito local de la comunidad donde las mujeres pueden participar con buenos ojos en los comités, actividades diversas e incluso ocupar cargos en representación de sus cónyuges.

A pesar de todas estas reflexiones, cada vez que se revisaba el componente principal de los comités de base o comunitarios en cada uno de los lugares, surgía con contundencia que las mujeres tenían una amplia participación.

Por ejemplo, en Los Ángeles las mujeres eran un componente clave en la organización de las festividades asociadas a los lugares de origen, o bien en las marchas en apoyo a la reforma migratoria en Estados Unidos. Este hecho fue todavía más claro en Oaxaca, donde los comités que sostienen los proyectos comunitarios, como las cajas de ahorro, son mayoritariamente mujeres. Incluso esta participación femenina se ha incrementado a la luz de la ausencia de los cónyuges o parejas quienes migran hacia el norte o Estados Unidos, lo cual ha incrementado las cargas de trabajo para las mujeres en la vida comunitaria.

¿Las mujeres pueden ser líderes? Desnaturalizando inequidades y construyendo liderazgos integrales

Al avanzar en estas discusiones, cada vez quedaba más claro que sí había participación de mujeres en la organización, pero que esta participación se acotaba a las actividades cotidianas comunitarias o de núcleos de residentes en lugares de migración de orden local; esto se daba a nivel de base donde incluso la adscripción organizativa binacional se diluye para dar paso a la adscripción a comités locales.

Esa situación fue aún más evidente al revisar la presencia de las mujeres en puestos de representación regional, estatal o binacional. De tal forma, que surgió con más claridad que cuando se habla de poca participación femenina en la organización se alude a la participación en puestos de autoridad y representación. Al revisar este tema en los talleres quedó asentado que la participación de las mujeres en puestos de toma de decisiones aún es notablemente menor que la de los hombres.

Al tratar de explicar esta situación, ya no solo se recurrió a las cargas externas de la vida doméstica, de las mujeres, sino más bien la discusión se dio en torno a los mecanismos que operan al interior de la organización y que evitan que las mujeres ocupen esos puestos. En Tijuana surgió la observación sobre que actualmente la mitad de los integrantes del consejo binacional son mujeres; sin embargo las propias mujeres consideran que no existe un liderazgo femenino fuerte. Los participantes dijeron que las mujeres todavía necesitan más capacitación para leer y hablar mejor. Encontraron que "... Aunque tenemos tres mujeres y tres hombres en el consejo binacional, no tenemos liderazgo fuerte de las mujeres o en la cuestión de género...."[9]

Esta polémica también se dio entre el ala activista del equipo de investigación, ya adelantada en una de las secciones anterior, sobre la iniciativa de incorporar a mujeres en puestos de autoridad o representación. En opinión de las mujeres activistas esta iniciativa ha sido más exitosa como discurso que como práctica al interior de la organización, ya que son muy pocas las mujeres que ocupan un puesto de dirección. En opinión del hombre del equipo, quien ocupa el puesto de responsabilidad más alto en la jerarquía organizativa, tales explicaciones no reconocen el avance de contar con mujeres en puestos de autoridad y de representación, como sería el caso de las propias activistas que participan en esta investigación, quienes ocupan puestos de autoridad y responsabilidad muy altos, y quienes tienen un reconocimiento externo muy amplio.

En este punto, las mujeres consideraban que la visibilidad de estos escasos liderazgos femeninos había dado pie a un discurso de equidad de género en la organización que no correspondía con la participación de las mujeres en otros puestos de dirección. En su opinión, se ha seguido una estrategia de nombrar mujeres en puestos de dirección sin que esto derive en una participación efectiva y una transformación de las dinámicas organizativas. En otra línea, la opinión masculina era que la explicación real a ese hecho era que existían pocos liderazgos femeninos. De nuevo la idea de la ausencia de iniciativa para ser líder—como iniciativa propia—se enfrentó con la idea de las restricciones de distinto orden que enfrentan las mujeres para participar Romero-Hernández señaló las limitaciones que las mujeres enfrentan al vivir en California tales como no tener la habilidad de conducir un auto, la falta de documentos migratorios, el control de los esposos celosos, y la carga doméstica (atención de hijos y esposo). De nuevo el centro de la polémica era que los pocos liderazgos femeninos se explican por falta de iniciativa de las mujeres o por restricciones de orden estructural en el ámbito de la familia y la comunidad, o bien por su condición de inmigrantes en un país extranjero.

Esta discusión no surgió tanto en los talleres como en el momento de redactar este documento, cuando las ideas estaban plasmadas en papel y era posible observarlas y valorar la representación que surgía de la propia organización. En este punto se hizo presente el tema del liderazgo y la posibilidad de que las mujeres fueran líderes, que a diferencia de ser participante, requiere de otros recursos, compromisos y responsabilidades con la organización. En los talleres se dibujó una idea de liderazgos natos y creados, a la vez que de un tipo de liderazgo indígena caracterizado por la vocación de servicio a la comunidad. Esto lo puede ilustrar la reflexión de Centolia Maldonado en torno a si realmente no existen liderazgos femeninos. En su opinión y experiencia, existen muchos liderazgos femeninos natos con poca formación, y el reto de la organización es crear las estrategias necesarias para dotar a esas lideresas *natas* de los conocimientos y herramientas necesarias para que se conviertan en líderes capacitadas. Sin embargo, la reflexión de Maldonado conectaba esta empresa con un obstáculo de índole externo, que a la vez se convierte en uno de carácter interno. ¿Cómo pueden las mujeres asumir más responsabilidades fuera del hogar si no hay quien las supla con los hijos y con las cargas domésticas? Además, hay la presión social que recibe una mujer líder cuando tiene que alejarse de su familia. Maldonado lo resume en esta frase: "Si una mujer deja a los hijos por varios días es una mala madre e irresponsable; si el papá sale por varios días es un hombre que trabaja demasiado."

De alguna forma esta discusión tenía como fondo una especie de contienda por cómo representar la organización, porque una interpretación u otra señalaban un perfil opresivo o bien contestatario.

La condición de minoría del hombre nos hizo estar alertas de no crear un discurso dominante, dado que entre las cuatro mujeres existía una gran solidaridad de género y una coincidencia de puntos de vista sobre la inequidad de género en la sociedad. Tal vez, esta sinergia entre las mujeres también a veces nos limitaba a valorar otras perspectivas, que surgieron en la discusión con nuestro colega masculino.

Un pasaje puede ilustrar la idea anterior. En el taller de California, donde suponíamos que existe un discurso más asentado sobre equidad de género,[10] encontramos poca reflexión colectiva y polémica en torno a este tema. Nos apresuramos a interpretar que esto reflejaba la inequidad presente en la organización en California y encontramos ejemplos y anécdotas muy contundentes. Cómo el hecho de que en el taller de Los Ángeles durante las presentaciones, uno de los participantes presentó a su pareja sin dejar que ella hablara de sí misma.

Una de las dinámicas del taller fue la definición de ser líder a través del juego de la pelota; en esta dinámica la pelota cayó en manos de la mujer acompañante y el hombre tomó de sus manos la pelota explicando porque hablaría él:

> …*Porque ella no habla muy bien español, ella me ha dado permiso de cómo aprender…. Ser líder…se me hace un poco difícil decir que es. [Él intenta en mixteco y dice]…Rufino ayúdame a traducir…[habla en mixteco…Rufino traduce]: un líder necesita tener voluntad para ayudar a los demás con sus necesidades, sin esa voluntad no se puede decir*

que es líder...habrá mucha gente que hable bien de esa persona, pero también habrá gente que hable mal...por lo que se requiere estar preparado [con su propia voluntad].... [11]

Ese evento fue interpretado por alguna de nosotras como un signo de subordinación de la mujer. Sin embargo, el colega masculino del equipo nos hacía ver que el hombre presentó a la mujer porque ella no hablaba español y que él apenas lo hablaba, además de que ella no participa en la organización. El hecho de que la mujer no se expresara con su propia voz fue signo para nosotras de inequidad frente al hombre. Nuestra pregunta fue la siguiente: ¿Por qué es necesario que un hombre hable por una mujer cuando se está en un espacio donde hay otros que hablan lengua indígena? Por un lado parecía evidente que este hecho era una expresión de la discriminación estructural asociada a la condición de los indígenas monolingües en México.[12] Por otro lado, también parecía "normal" que en tal circunstancia en un medio indígena, el hombre hable por la mujer, por lo que parecía conjugarse la condición estructural de subordinación de la mujer, donde el hombre tiene preeminencia en el espacio público (una reunión organizativa), ya que la mujer sí habla en su propio idioma en el grupo pequeño de discusión.

Sin embargo, también es importante reconocer que en estas relaciones de discriminación se han tejido relaciones amorosas, de amistad y de compañerismo. El hecho de que el hombre hablara por la mujer—aún con dificultades, ya que él tampoco habla fluidamente el español—podría ser un signo de solidaridad en un marco de subordinación étnica; ante la imposibilidad de su compañera para expresarse en el idioma del grupo, el hombre estaba tratando de evitarle una pena. Esta "pena" de hablar el idioma *propio* solo es comprensible en el marco de la discriminación étnica en México.

El cuestionamiento de nuestro colega masculino nos hizo recuperar la arista del traslape de la inequidad de género y etnia. Es una tarea todavía pendiente desnaturalizar estas relaciones de subordinación que han producido relaciones afectivas en marcos discriminatorios y que se reproducen en el espacio organizativo.

Hasta aquí algunos puntos de reflexión. Lo señalado por Maldonado y el último pasaje aluden al hecho de que las mujeres no acceden a puestos de toma de decisión de mayor jerarquía por que están atadas a las responsabilidades domésticas y por el control social que emana del valor de la autoridad masculina; pero a la vez señalan factores diferenciales como formación escolarizada y dominio del idioma oficial, por ejemplo. En las estadísticas nacionales la población hablante de lengua indígena presenta niveles de escolaridad más bajos que la no hablante, y a la vez las mujeres hablantes de lengua indígena están por debajo de la escolaridad masculina y son más monolingües que los hombres (Instituto Nacional de Estadística y Geografía [INEGI], 2005). De tal forma que en la organización se filtra la inequidad étnica-género que existe en la sociedad. Ante esto, se puede decir que la voz femenina en la organización es más crítica de esta situación, tratando de desnaturalizar un orden social que se ha instalado como lo debido para todos. Este razonamiento crítico funciona como un mecanismo de revitalización del colectivo—que pone en crisis los supuestos dados de la organización—y permite plantear problemas y acciones a nivel organizativo para revertir tal situación de inequidad de género. Que esto suceda en diálogo—y a veces confrontación—con los hombres en un espacio de solidaridad más amplio, como lo es una organización, instaura el problema como un tema no solo de las mujeres sino también de los hombres.

Ahora bien lo anterior no quiere decir que simultáneamente a este orden dominante no existan modalidades de liderazgos femeninos en la organización diferenciadas de acuerdo al contexto de cada región. En Tijuana, las mujeres expresaron una voz disidente con confianza y defendieron puntos de vista sobre el avance del trabajo en la región. Por ejemplo, ante la interpelación del coordinador general de que había poca presencia de la organización en la región, una de las mujeres expresó, "…quizá desde fuera se espera un rendimiento muy alto…pero como activistas de Tijuana hay un compromiso acorde con nuestras posibilidades de tiempo…es como en la escuela una espera que los alumnos tengan diez de calificación y el alumno solo logra ocho con un gran esfuerzo…nosotras tenemos que reconocer que eso es lo que pueda dar el alumno y para él es un gran logro…." Se puede decir que la oradora trataba de establecer una referencia de valoración de sus logros en forma autónoma de la opinión del líder hombre.

En Oaxaca la mayoría de las mujeres están en los proyectos comunitarios; sin embargo ya hay algunas mujeres profesionistas y líderes en diferentes posiciones, no solamente frente a proyectos productivos. A este respecto, en Oaxaca se registraron dos visiones del proyecto y liderazgo organizativo que parecían cruzar la diferenciación de género. Aunque no se expresó en forma explícita, fue posible seguir, en la revisión de las discusiones plenarias, una tensión entre lo que se podría llamar la línea política y la línea desarrollista. En la primera está la corriente de opinión de los dirigentes a nivel estatal de la organización en Oaxaca que considera que el FIOB debe ser una organización eminentemente política que contribuya al cambio social y político a nivel del estado y el país, por lo que se debe priorizar un tipo de política y ciertos espacios. En la segunda corriente de opinión está la dirigencia regional de Juxtlahuaca, para quienes el FIOB debe ser una organización que responda a las necesidades de desarrollo de las comunidades y de las personas, por lo que debe priorizar los proyectos productivos y de inversión en infraestructura y servicios y velar por mejorar las condiciones de vida de las comunidades a nivel local.

En un primer acercamiento esta polémica parece asociar la línea política con una visión masculina y la línea desarrollista con una visión femenina, donde están más involucradas las mujeres. Sin embargo, en las entrevistas en profundidad se pudo constatar que aunque en esta segunda línea están involucradas un número mayor de mujeres, también hay hombres, dirigentes medios, quienes están muy interesados en promover esta línea de trabajo al interior de la comunidad. Así como también hay mujeres que están muy involucradas en la visión política y que consideran que esa vía es estratégica para la organización. A la vez, hay activistas que consideran que estas dos perspectivas organizativas son viables de convivir al interior de la organización y que cada una de ellas tiene sentido y su lugar en la organización.

Se dieron momentos en que el énfasis en la situación de inequidad de las mujeres frente a los hombres al interior de la organización fue leído como una crítica a la dirigencia. Sin embargo, fue posible plantear el tema más allá, al profundizar en el análisis de los resultados de los talleres y conectar la situación de las mujeres dentro de la organización con la inequidad de género, de etnicidad y de clase con las condiciones de vida que imperan en las comunidades y sociedades estatales que dan origen al FIOB, además de recuperar la responsabilidad colectiva por introducir temas de discusión y nuevas prácticas en torno a este tema.

Dados los resultados de los talleres, parece un reto generar estrategias que no ubiquen solo el tema de género en la toma de decisiones y puestos de representación de las mujeres, sino en hacer de los obstáculos que emanan de la vida privada de las mujeres como las cargas domésticas y las relaciones de poder en el hogar un tema de preocupación en la organización, de tal forma que se consideren liderazgos más integrales tanto para hombres como para mujeres. Ello podría ir lentamente cambiando la idea de que "las mujeres sólo están en la casa," "que no tienen iniciativa" o "que están atrasadas," desnaturalizando características que son producto de la inequidad estructural.

Ampliar el tema de equidad más allá de la presencia de mujeres activas y en puestos de representación hacia el trabajo doméstico, la maternidad, las relaciones amorosas, la realización profesional de las mujeres ayudará evitar que se "masculinicen" los liderazgos de la organización y se deshumanicen, de lo cual tanto hombres como mujeres serán beneficiarios. En el taller de Los Ángeles, Saúl Sarabia[13] mencionó que lograr liderazgos sustentables era una meta de muchas organizaciones, no solo indígenas, ya que era importante evitar solo vivir para la organización. Esto fue coincidente con la evaluación de costos que hicieron los asistentes a los talleres, en la que subrayaron los sacrificios que hacen en distintos terrenos para poder participar en la organización. Tanto hombres como mujeres relataron costos muy grandes en su vida familiar y amorosa, en su economía y en su salud física y emocional. Esto parecía agravarse para las mujeres líderes, quienes tienen cargas de trabajo muy fuertes en sus hogares, tanto en lugares de destino como en los lugares de origen, y quienes viven con un sentimiento constante de no responder a las expectativas de eficiencia masculina, que generalmente supone una ausencia de vida familiar y personal.

Otra estrategia posible es valorar la riqueza en las distintas formas de participación de las mujeres, así como reconocer la importancia de que existan distintos liderazgos, ya sea uno más político y otro más comunitario. Estos dos tipos de liderazgo tienen diferentes fuentes de poder y son funcionales para la organización. La mayor valoración de uno sobre otro puede estar reproduciendo la visión masculina y colonizadora de lo político, donde los hombres están en lo público y las mujeres trabajan en la casa o por extensión en las comunidades. La valoración de ambas formas de liderazgo y sus espacios puede facilitar su articulación, permitiendo la movilidad entre uno y otro, sin reproducir la división de trabajo de género. También es importante considerar la importancia que tiene para una persona que vive subordinación incorporarse a una organización donde el tema de inequidad de género es un eje central. En entrevistas en profundidad algunas activistas compartieron que su motivación para entrar en la organización es ser parte de un colectivo donde se aprende a salvar obstáculos asociados a la subordinación. Por ejemplo, Matilde Zurita, de Santa María Asunción en Oaxaca, quien participa en el proyecto "Cajas de Ahorro," respondió a la pregunta "¿Por qué participa en el FIOB?" de la siguiente manera:

> …Porque me invitaron y me gustó cuando platicamos con algunas mujeres. Era un encuentro de mujeres que platicábamos…íbamos conociendo…[tomando] ánimo y ya ese miedo se nos iba quitando. Como platicábamos…puro relajo y platicábamos bien y entonces es cuando una mujer agarra valor para decir, "yo, me puedo defender también." Pero, cuando uno no platica con nadie como que uno no vale nada también. Porque una se siente sola, con el quehacer de la casa nada más. Y yo pienso que desde entonces fue que aprendimos muchas cosas…."[14]

Esos descubrimientos nos ayudan a ver nuestras fuerzas no reconocidas y nuestras potenciales en un aprendizaje colectivo, facilitada por la organización.

La experiencia de esta investigación y las discusiones entre el equipo de investigación sobre el tema de género en la organización, parecen señalar—al menos para este caso—que la forma de pensar el tema entre hombres y mujeres es muy distinto. Por lo que el hecho de que mujeres ocupen puestos de representación y autoridad con el poder de decisión sí puede contribuir a una visión más heterogénea, en términos de género, de las necesidades de la organización, al introducir temas que de otra forma quedarían obscurecidos.

Los jóvenes del FIOB y los nuevos liderazgos

El tema de la generación nos plantea el tema de los y las jóvenes, y por lo tanto del reemplazo de liderazgos. Los tres contextos organizativos fueron muy diferentes; en Oaxaca participaron varios(as) jóvenes en el taller, particularmente mujeres jóvenes y adolescentes, lo cual puede estar asociado a la migración de los hombres. Estas jóvenes están participando en proyectos productivos a través de sus madres, hermanas o tías, o como jefas de hogar. O sea que los proyectos productivos son una vía para incorporar a los y las jóvenes a la organización. En ellos, los y las jóvenes—sobre todo las mujeres—están encontrando una ocupación que complementa sus estudios de secundaria y les abre una vía de capacitación informal a través de los talleres que ofrece el FIOB. Según las entrevistas, las actividades organizativas que promueve la organización se insertan en la vida comunitaria con mucha naturalidad, por lo que los miembros de las familias participan con fluidez. Los proyectos productivos y las cajas de ahorro están dirigidas y constituidas principalmente por mujeres cónyuges o jefas de familia que generalmente se auxilian de sus hijas adolescentes para llevar la administración de los proyectos o a quienes piden apoyo para asistir a los talleres de capacitación.

Algunas jóvenes que asistieron al taller en Oaxaca estaban representando a sus madres como miembros de la organización. Notamos que esto incomodó a algunos hombres líderes hombres, refiriendo que estas "jóvenes sólo venían por los proyectos y que no tenían conciencia política." En las entrevistas pudimos observar que en efecto estas jóvenes participan en los proyectos productivos como una actividad familiar, pero que viven con entusiasmo las actividades de la organización, particularmente la realización de talleres. Ellas pertenecen a familias con varios de sus integrantes, generalmente padres y hermanos mayores, en Estados Unidos. Según relataron, sus hermanas al casarse se habían ido hacia el norte con sus esposos. Estos contextos familiares nos permiten valorar la importancia de estos proyectos productivos y de las actividades que se realizan en la comunidad para estas jóvenes, que muy pronto terminarán la secundaria y no tendrán más opción "que tal vez casarse y migrar, como lo han hecho sus hermanas." En la perspectiva de algunas líderes regionales de Juxtlahuaca, estas jóvenes se están formando como una generación nueva de mujeres líderes que saben leer y escribir, que crecieron en familias divididas por la migración en pueblos con pocos hombres y sin opciones de empleo. Son las hijas más pequeñas de la familia, por lo que hay una especie de vacío generacional entre su madre y ellas. Algunas entrevistas transcurrieron con una madre de más de cincuenta años con una hija de catorce años, ambas participando en los comités de proyectos productivos de las comunidades.

En Tijuana, no asistieron a los talleres jóvenes; según la reflexión sobre este tema lo que sucedió es que no fueron invitados a los talleres, pero sí hay jóvenes en la organización, lo cual es ya significativo de la importancia que se le otorga a su participación.

En Los Ángeles, California, hubo una participación muy activa de parte de los y las jóvenes, quienes tienen una presencia sobresaliente en los eventos culturales del FIOB. Muchos de ellos son estudiantes universitarios con liderazgo en sus comunidades estudiantiles en torno a temas culturales (asociados con sus lugares de origen) y como inmigrantes. Muchos son los hijos o sobrinos de miembros de la organización. La participación el FIOB se asocia con su condición de inmigrantes e indígenas en California y su proceso de incorporación a la sociedad local y nacional estadounidense. Algunos testimonios vertidos en los talleres nos dan indicio de este proceso y el papel de la organización:

> …Yo llegué a Estados Unidos cuando estaba tratando de encontrar mi propia identidad. Los estudiantes que viven en Oaxaca no entienden su cultura; [solo] entienden su cultura cuando salen…mi abuelito me regañaba pero yo pensaba que él era abuelo, y pensaba "qué sabe él de la vida"….Cuando yo llegué en el 2000 a Fresno vi el anuncio de la Guelaguetza,[15] la cual yo conocía solo por discos de mi abuelo…y entonces conocí a Leoncio…él me motivó y me ayudó…y me interesó incorporarme al FIOB por su trabajo con la cultura…. (Jorge[16])

> …yo viví trece años en el Distrito Federal, pero siempre obtenía rechazo de parte de mi familia, y tenía resentimiento. La familia en el pueblo me rechazaban, porque decían que yo no era oaxaqueña sino chilanga[17]…y cuando llegué a Estados Unidos yo no sabía nada de Oaxaca…. Entonces me enteré de un evento de Guelaguetza. Y fue cuando conocimos el frente [FIOB]…conocí sus bailables folklóricos. Lo tuve que dejar porque tenía que prepararme más [ir a la escuela], tenía que competir con los nacidos en Estados Unidos…por ahora ya estoy en la universidad…y ahora ya regresé al FIOB. (María[18])

Este diálogo entre estos dos jóvenes nacidos en México y ahora residentes en Estados Unidos es una pequeña muestra de las preocupaciones que atraen a los jóvenes a la organización. A diferencia de Oaxaca, la sobrevivencia económica y el empleo, las fuentes de ingreso, no son el centro de sus reflexiones, sino la identidad, y la cultura y la necesidad de estudiar en un contexto de diversidad migratoria, incluso para los procedentes de México.

En cada lugar, las formas de ser jóvenes son distintas, y sus intereses dependen de sus contextos regionales, por lo que su incorporación y formación requiere estrategias distintas. Sin embargo, para todos la organización juega un papel de soporte social y cultural en una etapa de su ciclo de vida estratégica, canalizando su potencial de liderazgo.

Conclusiones: resultados de la investigación y agenda organizativa

A continuación presentamos las líneas estratégicas que la organización FIOB desarrolló sobre equidad de género y generación a partir de los resultados y líneas de análisis de la investigación. Los resultados de investigación de los tres talleres fueron presentados en la Reunión Binacional realizada del 1 al 3 de junio de 2007 en el Distrito Federal. A partir de los resultados se incluyó un plan de acción sobre equidad de género en el marco del plan binacional.

Durante esta reunión se trabajó en equipos regionales con un plan local para concluir con un plan binacional. La importancia de la realidad local para definir condiciones diferenciadas de género fue una conclusión de los talleres regionales. Por ejemplo, los resultados de los talleres revelan que la idea de que en California existe una mayor conciencia sobre la inequidad de género (como el mito que en el norte la mujer manda) ni es la realidad ni es una actitud compartida entre la diversidad de los miembros. Hay un discurso sobre género en California, pero la identificación de los obstáculos a la participación de mujeres y el desarrollo de un liderazgo con equidad fueron discutidos con mucha mayor profundidad en Oaxaca y Baja California. Por ejemplo, en California, aunque hay algunas líderes femeninas, se expresaron actitudes de desvalorización del trabajo doméstico, al señalar que las mujeres tienen mas tiempo de ser líderes porque no trabajan. A diferencia, en México, la doble jornada de las mujeres fue debidamente reconocida. En Baja California y en Oaxaca, hay acciones o programas específicos donde participan mujeres, y ello contribuye a una mayor reflexión sobre las relaciones de género. En California, un reto es cómo pensar más allá del discurso y cambiar las ideas sobre la participación de mujeres, impulsando un cambio desde la base.

Dadas las realidades distintas, se planeó una estrategia local con coordinación binacional, alrededor de las siguientes actividades:

- Talleres sobre derecho de la mujer
- Encuentro de jóvenes
- Fortalecimiento de culturas indígenas
- Taller sobre autoestima de las mujeres
- Talleres sobre los documentos básicos del FIOB

- Encuentro binacional de mujeres de FIOB

Además, tuvimos la oportunidad de profundizar en las implicaciones de los resultados de la investigación en una mesa de trabajo durante la Asamblea General Binacional realizada los días 30 de mayo y 1 de junio de 2008. En la mesa de trabajo, "Desarrollando el liderazgo binacional indígena: género, generación y etnicidad" en Juxtlahuaca, asistieron entre treinta y cuarenta mujeres y hombres. Nuestra meta fue compartir los resultados de la investigación; sin embargo las discusiones fueron más allá enfocándose en tema de inequidades de poder en términos de género, generación y etnicidad en un contexto más amplio sobre liderazgo, rendición de cuentas, y transparencia a nivel regional y binacional. Al principio estábamos preocupados de que el diálogo fuera monopolizado por los hombres; sin embargo la participación activa de mujeres y jóvenes hizo un diálogo muy ameno y con voces diversas. En general, la base criticó el estilo de liderazgo, antes que el género, resaltando el abuso de poder y la mala distribución de recursos.

El reconocimiento de los liderazgos femeninos no encuentra dificultades entre las bases, sino más bien entre los propios líderes de nivel medio y superior, incluso entre las propias mujeres líderes, quienes no siempre muestran solidaridad entre las mujeres líderes. Hay una percepción de que las mujeres no están ejerciendo un estilo de liderazgo distinto que los hombres. La crítica no fue sobre el género de los líderes sino sobre sus acciones o en algunos casos la ausencia de acción. Las líderes femeninas comentaron su dilema ante la exigencia de mostrar firmeza y a la vez ser interpretada como una actitud masculina (como un "chingón"). Para ganar el respeto, las mujeres se masculinizan (ser asertiva, directa y firme), pero a la vez son criticadas por alejarse de los roles o formas tradicionalmente femeninas.

Durante la asamblea binacional, el 31 de mayo, tuvimos una reunión de las mujeres indígenas donde hablamos sobre los temas que surgieron del estudio y encontramos que para desarrollar el liderazgo entre las mujeres indígenas que ya existe dentro del FIOB se requiere capacitación. Una de las mujeres líderes enfatizó que no es una guerra de sexos pero es necesario considerar que "las mujeres indígenas tienen menos acceso a la educación formal." Otra de las mujeres líderes de Oaxaca mencionó que "no se busca victimizar a la mujer sino valorar la fuerza y empoderarla dándole las herramientas para ocupar otros cargos dentro FIOB." En esa reunión fue generado el plan de Escuelas de Liderazgo para Mujeres Indígenas en nivel local con coordinación binacional, que se muestra en el cuadro 4.4.

El FIOB tiene un plan binacional de tres años que se implementará en las regiones donde tiene mayor presencia: California, Baja California y Oaxaca. Dentro de ese plan hay tres áreas estratégicas: Plan de Liderazgo con Visión

Cuadro 4.4. Escuelas de liderazgo para mujeres indígenas

Lugar	Acción
Oaxaca	Talleres en derechos humanos, autoestima.
	Entrenamientos sobre comunicación en espacios políticos para mujeres indígenas.
Baja California	Escuela de liderazgo con mujeres jornaleras y vendedoras ambulantes en Tijuana y Ensenada.
California	Compartir currícula del proyecto de Mujeres Indígenas en Liderazgo (MIEL) para comunidades indígenas y desarrollo de liderazgos femeninos.

y Capacidad Binacional, Programa sobre Derechos Laborales y Reforma Migratoria, y Programa de Equidad de Género. En esta última área se intenta abordar con profundidad el rol de la mujer antes de la colonia española, la división de trabajo entre hombres y mujeres de acuerdo a la sociedad dominante y la subordinación de la mujer, y a la vez hablar sobre los mitos del feminismo y los movimientos indígenas. Dentro de la agenda también está discutir la internalización del rol femenino dentro del FIOB y la sociedad en general. Estas acciones serán implementadas por la coordinación binacional y estatal del FIOB en cada región. De igual manera los coordinadores estarán a cargo de buscar el financiamiento para poder implementar estos proyectos en sus regiones con el apoyo de la coordinación general.

El primer paso para llevar a cabo este plan de acción fue la reunión que tuvo lugar en la ciudad de México los días 5, 6 y 7 de diciembre de 2008 con el apoyo de la Fundación Rosa Luxemburgo. En esta ocasión se discutió específicamente sobre equidad de género, con un enfoque de educación popular para que sea un diálogo interactivo entre los participantes. En este taller también se distribuyeron los resultados de LASA y Otros Saberes y el plan de acción así como un video que se produjo para Otros Saberes. Finalmente, se hizo un resumen del proyecto y sus resultados que se publicó en la Revista *el Tequio*, la voz binacional del FIOB.[19]

Para concluir, discutimos otras áreas de impacto del proyecto Otros Saberes en el seno de la organización y en la relación de colaboración entre academia y activistas.

Al interior de la organización se fortaleció la participación de jóvenes y se constituyó una corriente de mujeres y hombres para criticar las visiones de género desde el interior de la organización con proyectos y programas de intervención. Reflexionamos también que hay todavía mucha resistencia implícita y explícitamente de parte los hombres líderes.

Un impacto importante es la generación de un espacio de reflexión sobre la propia organización y la equidad de género. El FIOB siempre está respondiendo a necesidades urgentes sin tener tiempo suficiente para analizar las raíces de las inequidades o generar alternativas para no seguir reproduciendo las desigualdades de poder dentro de una organización que lucha por la justicia social. Hay un seguimiento de los programas con reflexión crítica sobre el género en la organización. En cada región y en nivel binacional se generó la necesidad de promover capacitación sobre el ejercicio de liderazgos.

El proyecto Otros Saberes también fue una oportunidad de consolidar la experiencia de colaboración entre académicos en México y Estados Unidos en una relación más horizontal y descubriendo lo positivo de trabajar en equipo de investigación. También, el proceso abrió espacios de discusión y reflexión entre líderes sobre el tema de género y generación y un proceso de crear cambios.[20] Finalmente, se abrió un espacio de participación de las bases sobre la dirección de la organización.

Para terminar, una de las observaciones más relevantes que surgió de la investigación con impacto en las estrategias de desarrollar de liderazgo del FIOB fue la necesidad de entender los dos tipos de liderazgo que dominan en la organización: el liderazgo comunitario (de base) y el liderazgo político (cúspide). Ambos tienen funciones importantes para la organización, por lo que es necesario valorarlos y fomentarlos adecuadamente.

Este sistema de liderazgo doble fue particularmente visible en Oaxaca por la riqueza de participación de mujeres en comités comunitarios, que han incrementado el liderazgo de las mujeres a nivel local. Un reto que enfrenta el desarrollo de liderazgo equitativo es evitar atribuir el liderazgo político a los hombres y el liderazgo comunitario a las mujeres, replicando papeles tradicionales de género: hombres en lo público y mujeres en la casa o, por extensión, en las comunidades. Es un reto criticar esta forma división de trabajo de género, donde las mujeres organizan y los hombres representan en foro políticos.

Los resultados mostraron que aunque existe un discurso que asocia a los hombres con el liderazgo de cúspide y a las mujeres con el liderazgo de base, en la práctica existen mujeres con capacidad y deseos de ejercer un liderazgo de cúspide (político) y hombres con capacidad y deseos de ejercer un liderazgo de base (comunitario), aún en lugares calificados como tradicionales, como es el caso de Juxtlahuaca. Reconocer y valorar ambos tipos de liderazgo y sus fuentes de poder, independientemente del género, evitará caer en estereotipos y ver la posibilidad de que los dos géneros trabajen en espacios compartidos. Esta valoración también evidenciará como obstáculo la actitud paternalista que comúnmente asumen los líderes de cúspide con los líderes que están frente a proyectos comunitarios y que frecuentemente son mujeres, reforzando la jerarquía de género.

La valoración de las distintas formas de liderazgo contribuirá a que las mujeres y los hombres que se incorporan a la organización no se sientan presionadas a ejercer un cierto tipo de liderazgo. La condición de participación como integrantes de las bases comunitarias u organizativas también debe ser valorada en la organización, ya que existen un gran número de integrantes de la organización cuya motivación principal es solo ser miembros de la organización y aprender de otros y otras. Según las trayectorias organizativas una de las estrategias importantes es cultivar el desarrollo de liderazgo basado en la rica experiencia diaria dentro y fuera del FIOB de las mujeres y los y las jóvenes. Se busca valorar las diferentes formas de liderazgo; esto incluye la apreciación del liderazgo menos visible como el trabajo que practican las mujeres y los hombres sin encasillarlos en uno u otro tipo de liderazgo.

Notas

1. Centolia Maldonado Vásquez ya no trabaja con el FIOB. Trabaja con la Frente Indígena de Mujeres en la Lucha por la Equidad (FIMLE). Rufino Domínguez Santos sigue afiliado con el FIOB, y en diciembre de 2010 asumió el cargo de Coordinador de la Comisión de Atención al Migrante en el gobierno estatal de Oaxaca.

2. En 2010, las cinco lenguas indígenas más habladas en México eran: nahuátl 1.544,968, maya 786,113, lenguas mixtecas 476,472, tzeltal 445,856 y lenguas zapotecas 450,419 (Instituto Nacional de Estadística y Geografía [INEGI] 2010).

3. Entre 1970 y 2003 la población de origen mexicano residente en ese país aumentó de 5,4 millones a 26,7 millones. De los cuales 9,9 millones son nacidos en México y los otros 16.8 millones son hijos de inmigrantes de segunda y tercera generación (Zúñiga et al. 2005:32–33).

4. En 2005, Oaxaca era el estado con el porcentaje más alto de población indígena migrante de todo el país. En ese mismo año, el estado tenía poco más de un millón de hablantes de lenguas indígenas, ocupando el primer lugar a nivel nacional (Instituto Nacional de Estadística y Geografía [INEGI] 2005).

5. Para un acercamiento a la historia del FIOB, ver Domínguez 2004.

6. Los datos de los cuadros 4.2 y 4.3 están basados en treinta y siete cédulas de información que fueron levantadas en los tres talleres, por lo que representan una muestra de más del 50 por ciento del total de asistentes a los talleres.

7. Se buscó tener una participación equilibrada de hombres y mujeres, con diversidad lingüística.

8. Mujer participante en el taller de Huajuapan de León, Oaxaca, el 30 de abril y el 1 de mayo de 2007.

9. Taller focal los días 25 y 26 de noviembre de 2006, Tijuana, Baja California.

10. La literatura sobre migración femenina discute estos cambios en las relaciones de género, señalando cierto relajamiento de los controles de la autoridad masculina en los nuevos lugares de llegada o el acceso a nuevos recursos que no existían en los lugares de origen.

11. Taller focal en Los Ángeles, California, los días 1 y 2 de abril de 2007.

12. En 2005, el 12,3 por ciento de hablantes de lengua indígena mexicanos eran monolingües (Instituto Nacional de Estadística y Geografía [INEGI] 2005).

13. Moderador del taller de Los Ángeles, California, el 20 al 21 de enero de 2007.

14. Entrevista con Matilde Margarita Zurita Vásquez, realizada por Maylei Blackwell, el 29 de marzo 2007, Santa María Asunción, Oaxaca, México.

15. Guelaguetza es una tradición milenaria de intercambio mutuo, convivencia entre los pueblos oaxaqueños, para darle gracias a Dios, principalmente en los valles centrales de Oaxaca y con más arraigo en los pueblos zapotecos. Sin embargo, en los lugares de migración como el Distrito Federal y California se ha apropiada y reapropiada por otros pueblos, como los mixtecos que son eventos auténticamente comunitarios.

16. Participante en el taller de Los Ángeles, California, el 20 al 21 de enero de 2007.

17. Se dice de una persona nacida y crecida en el Distrito Federal, que es la capital de México. Fuera del Distrito Federal, generalmente tiene una connotación negativa.

18. Participante en el taller de Los Ángeles, California, el 20 al 21 de enero de 2007.

19. El video, "Desarrollando el liderazgo indígena binacional: Género, generación y etnicidad dentro del FIOB" se encuentra en http://fiob.org/2008/06/desarrollando-liderazgo-indigena -binacional/.

20. También en los documentos básicos que votaron en la última asamblea binacional incluye el *Artículo 37* que dice: "Los estudiantes, académicos o investigadores que quieren investigar el trabajo de la organización, firmarán un contrato de compromiso previo al momento de serles concedidas entrevistas o de hacerles entrega de documentos de la organización. El contrato deberá ser firmado por los interesados y por el dirigente autorizado."

5 Comunidad indígena Miskitu de Tuara en el proceso autonómico de la costa Caribe de Nicaragua[1]

Mark Everingham, Edwin Taylor y Marcos Williamson

Introducción

Las demandas históricas de los pueblos indígenas y los grupos étnicos de la costa Caribe nicaragüense sobre sus derechos en recursos naturales y tierras comunales adquirieron nuevo rumbo en materia legal con la aprobación de la Ley 28 o Estatutos de la Autonomía de los Pueblos Indígenas y Comunidades de la Costa Atlántica de Nicaragua en 1987. Esta ley define los derechos y deberes de los gobiernos regionales autónomos de los costeños que habitan la Región Autónoma Atlántica Norte (RAAN) con sede en la ciudad de Bilwi, y de la Región Autónoma Atlántica Sur (RAAS), con sede en la ciudad de Bluefields. Las comunidades indígenas Miskitu de la RAAN siguen administrando sus recursos naturales según su tradición ancestral basada en el aprovechamiento de los recursos para subsistir. Tuara es una comunidad ubicada en la RAAN, y tiene características semejantes a las demás comunidades indígenas y étnicas de la costa Caribe de Nicaragua y Honduras.

Se estima que de la población total del pueblo Miskitu de 260 mil habitantes, al menos dos terceras partes están asentadas en territorio nicaragüense. Las principales actividades económicas de las comunidades Miskitu se basan en la pesca artesanal; en la captura de tortugas, escamas y langosta; en la agricultura de subsistencia (yuca, bananos, arroz, frijoles, musáceas y tubérculos); y en la caza. Por tradición cultural, el Miskitu no tiene el concepto de la acumulación de bienes. Una frase que se escucha en pláticas durante las faenas de pesca o la limpia de parcelas es *yauhka ai trabilka selp brisa*, que significa *mañana tiene su propio problema*. Esto se traduce en la idea que los problemas se deben resolver hoy, con lo que se recoja hoy, de manera que no es necesario acumular recursos que vayan en detrimento de la naturaleza. Aunque esta expresión está al margen de las actividades de algunas familias indígenas en algunas comunidades, que sí practican actividades de acumulación, cosa que los miembros de más edad rechazan. Los 485 habitantes de Tuara son predominantemente de la etnia Miskitu, de los cuales 233 son varones y 252 son mujeres, y constituyen 99 familias. Se observa que los elementos esenciales de la cultura como lengua, alimentación, organización y formas sociales, y prácticas de apoyo mutuo, aún persisten entre las familias de Tuara y son parte integral de su convivencia. Algunos elementos culturales han sido sustituidos por otros como la vestimenta, la cual se ha perdido por completo. Otro aspecto es la alimentación: "La llegada del aceite a las cocinas indígenas fue un cambio sustancial, antes todo era sancochado o asado; ahora todo es frito."[2] El espacio físico de la comunidad se concibe como una sola unidad. Las casas de habitación están hechas de madera construidas sobre pilares, con cuartos para dormir y con las cocinas en edificaciones separadas. Las viviendas se edifican cerca unas de otras, y en proximidad al templo de la iglesia morava, y tienen entradas principales orientadas hacia el sol. En lugar de subdivisiones internas o distritos, la comunidad está organizada por sector según los grupos de familias prominentes distribuidas entre *Lalma* de la familia Zamora, *Lilah* de la familia Nicho, y *Munah* de las familias Michel y Cristofer. Tuara se identifica como una comunidad unida, con una fuerte organización tradicional, fraternos con los vecinos y los visitantes, y como cristianos de la iglesia morava (ilustración 5.1).

La promulgación de la Ley 445 o Ley de Régimen de Propiedad Comunal de las Tierras de los Pueblos Indígenas y Comunidades Étnicas de la Costa Atlántica de Nicaragua y de los ríos Coco, Bocay Indio y Maíz en el año 2003 formalizó y aceleró el proceso de la demarcación y la titulación territorial en varias comunidades Miskitu de la RAAN (República de Nicaragua 2003). El proyecto de la demarcación y titulación de la propiedad nació de una visita a la comunidad de Tuara en marzo de 2005, cuando los participantes del equipo de investigación de la Universidad de las Regiones Autónomas de la Costa Caribe Nicaragüense (URACCAN) discutieron la posibilidad de trabajar con la comunidad en el proceso vigente de la demarcación y titulación de propiedad de los territorios indígenas. Más tarde, los colaboradores de este equipo de investigación participaron en el Simposio Internacional de Justicia Social "¿De quién es la tierra? Las mil caras de los derechos indígenas y el reclamo de tierras" llevado a cabo en Green Bay y en la nación indígena Oneida en Wisconsin en noviembre de 2005. La URACCAN también impulsa el fortalecimiento de la autonomía mediante la capacitación de los recursos humanos dotando a los costeños de los conocimientos necesarios para conservar y aprovechar de forma sostenida los recursos naturales. Como institución académica URACCAN persigue la visión intercultural de los pueblos indígenas y las comunidades étnicas para fortalecer la autonomía a través de procesos de la autogestión, la unidad multiétnica y la formación integral de mujeres y hombres costeños. Los propósitos esenciales de URACCAN de diseminación del conocimiento para mejorar la calidad de vida de los pueblos indígenas se vincularon de manera directa con los postulados de la convocatoria "Other Americas / Otros Saberes" de la Asociación de Estudios Latinoamericanos (LASA) en los Estados Unidos en 2006 para el estudio de las cuestiones étnicas en Latinoamérica.

El ejemplo de la comunidad de Tuara destaca el respeto a las tradiciones organizativas y las prácticas productivas comunales que facilitan la participación de la comunidad entera en su propio desarrollo económico y social, y muestran la dinámica de las relaciones entre el gobierno comunal y los gobiernos municipal y regional a partir de la implementación de la Ley 445. El estudio de los aspectos socio-ambientales, la investigación histórico-jurídica, y el diagnóstico cartográfico y demográfico que examina el equipo de investigación tuvieron como objetivo reunir información que contribuyera a la definición del espacio territorial ocupado tradicionalmente por la comunidad. Las actividades de investigación incluyeron entrevistas individuales y grupales, seguimiento de un grupo focal, historia oral de vida y observación participante, interacción con líderes políticos, comunales y, sobre todo, gente común del pueblo: hombres, mujeres, ancianos y niños. La finalidad es lograr un acercamiento a su entendimiento práctico del significado de la Ley 445, y de la Ley 28 de autonomía para los habitantes de Tuara y sus reclamos históricos de territorio y recursos propios.

El proceso de autonomía en la RAAN continúa fortaleciéndose como forma de autodeterminación de los pueblos indígenas, y se diferencia de la forma clásica en la que el estado tiene control político y físico sobre los territorios indígenas. La autonomía en la RAAN se basa en *la autodeterminación interna*; es decir, que cada comunidad indígena mantiene su capacidad de gobernarse sin asumir el carácter legal ni las responsabilidades políticas del estado nacional. La autodeterminación interna permite la toma de decisiones dentro del contexto de gobernabilidad comunal y requiere que el estado dominante no intervenga en las instituciones políticas tradicionales de la comunidad indígena (Hannum 1996). El régimen jurídico de la Ley 28 expresa una aspiración de poder de decisión y de autodeterminación de los pueblos originarios de la costa Caribe nicaragüense sobre sus recursos naturales y sus tierras. La autonomía que ha estado creciendo no solo en Nicaragua sino en otros países latinoamericanos donde existen grupos movilizados de pueblos indígenas es distinta de la forma clásica de soberanía de un país independiente reconocido por la Organización de las Naciones Unidas (ONU) (Anaya y Grossman 2002). La ONU reconoció en 2007 el deseo de los pueblos indígenas de redefinir espacios territoriales y de crear instituciones orgánicas según sus propias tradiciones y creencias:

> Artículo 3: Los pueblos indígenas tienen derecho a la libre determinación. En virtud de ese derecho determinan libremente su condición política y persiguen libremente su desarrollo económico, social y cultural.

> Artículo 4: Los pueblos indígenas, en ejercicio de su derecho a la libre determinación, tienen derecho a la autonomía o al autogobierno en las cuestiones relacionadas con sus asuntos internos y locales, así como a disponer de medios para financiar sus funciones autónomas. (Organización de las Naciones Unidas [ONU] 2007)

La autodeterminación Miskitu en perspectiva histórica

El periodo entre 1860 y 1894 mostró la unidad Miskitu y las posibilidades del autogobierno indígena, que desafortunadamente no persistió. Después de la anexión de la Reserva Miskito en 1894, la autonomía se fragmentó y se dieron graves divisiones internas que persistieron hasta las primeras décadas del siglo XX. La discordia entre los Miskitu aumentó la competencia entre las comunidades por la tierra y recursos, y a la vez facilitó el avance del poder capitalista extranjero y de los intereses de los misioneros moravos.

Gran Bretaña ejerció su autoridad real en la región convirtiéndola en protectorado colonial desde 1740 hasta que Pedro Zeledón, ministro de Relaciones Exteriores de Nicaragua, y Charles Lennox Wyke, enviado especial de su majestad para Centroamérica, negociaron el Tratado de Managua el 28 de enero de 1860. Sin embargo, las interpretaciones del tratado no eliminaron el control británico de la Mosquitia sino que crearon la Reserva Miskito con un autogobierno indígena limitado (DeKalb 1893). Los reyes Miskitu vivieron en Cabo Gracias a Dios y en Sandy Bay durante los siglos XVII y XVIII, pero la realeza cambió su residencia a Bluefields una vez que se estableció la Reserva. En base a la ley común inglesa los líderes Miskitu promulgaron la *Autoridad Municipal para el gobierno de la Reserva Miskito* en

1861. Representantes indígenas y de las comunidades anglohablantes Creole de Bluefields, Laguna de las Perlas y Rama Cay predominaron en la redacción de una constitución municipal. Las antiguas comunidades Miskitu del Cabo de Gracias a Dios y de Sandy Bay, así como las comunidades de Dakura, Pahara y Awastara, aunque estaban fuera de la Reserva, tuvieron representantes que participaron en la convención constitucional (Rossbach, Von Oertzen y Wünderich 1990).

En este momento el título de Rey Miskitu cambió al de Jefe Hereditario. Durante las tres décadas siguientes, divisiones internas entre los Sambo del río Wangki, ahora llamado río Coco, y los Tawira de las regiones de la sabana costera del norte de Bilwi, emergieron a partir de diversos patrones de migración y asentamiento, luchas de poder entre agentes coloniales y nacionales, y la presencia del evangelismo cristiano (Offen 2002). Las amenazas inglesas al estado nicaragüense y la manipulación de la resistencia Miskitu a la incorporación de la república enfrentaron una estrategia forzosa de las modernizadoras corrientes políticas liberales que tomaron el poder con José Santos Zelaya en 1893. En noviembre de 1894 se convocaron más de 100 líderes indígenas y étnicos en Bluefields para la Convención Miskito con el fin de lograr la soberanía absoluta sobre la costa caribeña. Los jefes Miskitu y los delegados de las comunidades Tawira de Bilwi, Krukira, Sisin, Tuapi y Yulu que estaban dentro de los límites de la Reserva, así como los asentamientos costeros de Awastara, Dakura y Sandy Bay que estaban fuera de la Reserva, participaron en las deliberaciones (Fielding 1978).

El 23 de noviembre de 1894, el gobierno de Zelaya nombró al Wangki Sambo Andrew Hendy como Jefe Hereditario Miskitu, y subsecuentemente anexó la Reserva y la región norte a la frontera de Honduras. Las comunidades Tawira y los colonos ingleses rechazaron estas acciones. Una carta fechada el 21 de noviembre de 1894 de un oficial del Consejo General Miskitu a un agrimensor británico que trabajaba para el gobierno municipal decía: "Los indígenas han reportado que fueron forzados a esta acción y que están dispuestos a repudiarla" (Rossbach, Von Oertzen y Wünderich 1990: 396, 417–424). Mientras tanto, la iglesia morava extendía su base administrativa en Bluefields hacia el norte para fundar estaciones misioneras claves en Yulu (1885), Tuapi (1886), Dakura (1893) y Sandy Bay (1896). Las comunidades Miskitu de Sisin y Pahara aparecen como sub-misiones en el Atlas de las Misiones creado en 1895 por la iglesia morava en Herrnhut, Alemania, que gobernó a los misioneros en Nicaragua hasta 1914. A principios de 1890 docenas de misioneros extranjeros de ascendencia alemana vivían en la costa Caribe, y principalmente hablaban inglés y Miskitu (Hutton 1923).

Los reclamos de territorios ancestrales y comunales Miskitu continuaron siendo de primordial importancia aún después de que Inglaterra reconoció la soberanía de Nicaragua sobre el antiguo protectorado del Tratado Harrison-Altamirano de 1905. El tratado garantizaba un periodo de dos años para que las comunidades indígenas legalizaran las propiedades adquiridas anteriores a diciembre de 1894. El gobierno de Nicaragua creó la Comisión Tituladora de Tierras de la Mosquitia en febrero de 1906 para atender reclamos indígenas y, en febrero de 1908, el gobierno reconoció el derecho de las comunidades indígenas de elegir a sus representantes para actuar en legalidad ante las autoridades del estado (República de Nicaragua 1908). En octubre de 1915 un representante Miskitu de Karata, una comunidad indígena que hoy incluye la Antigua villa de Bilwi y gran parte de la municipalidad de Puerto Cabezas, y representantes Miskitu de Krukira, Twappi, Bilway, Kamla, Bum, Quaguil, Sissin, Aya-pine, Saunni-Layra y Licu de la jurisdicción del río Wawa, pidieron 10 mil hectáreas de tierra a la Comisión Tituladora de Tierras de la Mosquitia. Este último grupo de comunidades formó la organización Diez Comunidades (Vargas 1995). El diplomático británico H. O. Chalkley, que se unió a la Comisión en 1914, favorecía la garantía de títulos comunales en lugar de individuales ya que era más sencillo manejar reclamos de extensiones grandes de terreno para evitar costosas y numerosas agrimensuras para pequeñas comunidades. Entre 1915 y 1920 agencias nacionales evaluaron cuarenta y cinco pueblos Miskitu y Sumu-Mayagna dentro la antigua Reserva y aprobaron treinta títulos de propiedad colectivos, incluyendo Diez Comunidades. El gobierno de Nicaragua nunca respetó estos títulos y usó el proceso para obtener control de la extracción de recursos naturales en la costa caribeña (Hale 1994; Hurtado 1993; Pineda 2006).

El proceso del reclamo de tierras añadió complejidad al gobierno indígena comunal existente cuando un decreto legislativo en marzo de 1919 creó el puesto de síndico, un representante legal con el poder de manejar la tierra, los recursos y los asuntos financieros ante el gobierno (República de Nicaragua 1919). Este nuevo puesto provocó aún más resistencia entre muchos sectores indígenas que vieron esta medida como otra evidencia de la intervención del estado nicaragüense en la estructura comunal. Sin embargo, la función del síndico se integró gradualmente al gobierno Miskitu, un status poderoso que facilitó la oportunidad de manipulación externa y corrupción.

Aunque la Comisión Tituladora aprobó el título de las Diez Comunidades a 10 mil hectáreas de terreno agrícola y 10 mil hectáreas de pastizales, el gobierno de Nicaragua concedió en 1921 una gran parte de estos terrenos a la Bragman's Bluff Lumber Company, anteriormente conocida como la Bilwi Timber and Banana Company. Bragman's formaba parte de un conglomerado empresarial administrado por los hermanos Vaccaro de Nueva Orleans, Luisiana, quienes también iniciaron la Standard Fruit Company. Los síndicos de Tuapi, Krukira y Sisin apelaron al vice cónsul británico en Bluefields en

Ilustración 5.1. Iglesia morava en Tuara, vista exterior (Mark Everingham 2006).

Ilustración 5.2. Tomás Zamora, hijo mayor de Nicolás Zamora (Mark Everingham 2007).

Ilustración 5.3. Iglesia morava en Tuara, vista interior (Mark Everingham 2006).

Ilustración 5.4. Iglesia morava en Tuara, vista interior (Mark Everingham 2006).

Ilustración 5.5. Waldemar Cornelio, hermano mayor de Rojas Cornelio (Mark Everingham 2007).

Ilustración 5.6. Tumba de Rojas Cornelio en Tuara y el nieto de Rojas Cornelio (Mark Everingham 2007).

Ilustración 5.7. Sitio histórico: Sisinata, hogar de Lolita Sayas de los años 1940 hasta los años 1960 (Mark Everingham 2007).

Ilustración 5.8. Las autoridades de Sisin alegan evidencia de definición de zonas limítrofes entre Sisin y Tuara en el marco del Tratado Harrison-Altamirano de 1905. Dicha evidencia es desconocida por las autoridades de Tuara quienes alegan que el mojón fue implantado por autoridades de Sisin sin el consentimiento de autoridades de Tuara (Mark Everingham 2007).

Ilustración 5.9. Asamblea Comunal de la comunidad de Tuara (Mark Everingham 2006).

Ilustración 5.10. Asamblea Comunal de la comunidad de Tuara (Mark Everingham 2008).

Ilustración 5.11. Taller de capacitación, Universidad de las Regiones Autónomas de la Costa Caribe Nicaragüense (URACCAN) Bilwi, Nicaragua (Mark Everingham 2006).

Ilustración 5.12. Salvador Nicho Cristofer, Sindico de Tuara, y su familia (Mark Everingham 2006).

Ilustración 5.13. Participantes en el grupo focal de la comunidad de Tuara (*de izquierda a derecha*): Waldemar Cornelio, Tomás Zamora, Edwin Taylor (IEPA-URACCAN), Anista Michel, Salvador Nicho, Narcisa Sayas, Mariano Michel y Soyla González (Mark Everingham 2007).

Ilustración 5.14. Niños de la comunidad de Tuara (Mark Everingham 2006).

agosto de 1923 para ampararse contra la concesión del gobierno nicaragüense de más de 30 mil hectáreas concedidas a Bragman's en violación al tratado Harrison-Altamirano. Más tarde, en 1926 la Liga Patriótica Indígena Miskitu con representantes de Tuapi, Sisin, Sandy Bay, Yulu, Karata y Bilwi, hizo una petición al Departamento de Estado de Estados Unidos para que estableciera un acuerdo en su demanda contra el gobierno nicaragüense, y que se describe así: "Treinta y dos años de la experiencia más humillante que jamás haya enfrentado una nación ha sido nuestro destino desde la incorporación [en 1894] de nuestra raza y territorio en los términos de la Convención Miskito por la República de Nicaragua" (Rossbach, Von Oertzen y Wünderich 1990: 438, 454–455).

La fundación de Tuara: entre los Miskitu Tawira y las Diez Comunidades

¿Cuándo y por qué la comunidad de Tuara desea demarcar y titular la tierra comunal? Según la historia oral, la comunidad de Tuara se fundó entre 1915 y 1920 por familias procedentes de la comunidad de Pahara. Una vez que localizaron áreas aptas para la agricultura se asentaron. Las familias ubicaron un sector para la construcción de sus casas localizado en las coordenadas 14°19'20" N y 83°26'05", y lo bautizaron con el nombre de Tuara en honor a un pequeño insecto que abundaba en el lugar. Pahara es una comunidad Miskitu ubicada a 20 kilómetros al noreste de la comunidad de Tuara. Según la versión oral de los ancianos de Pahara, los habitantes de Pahara se dedican a la pesca como su principal actividad económica. Tuara se formó debido a la presión por la tierra, es decir, en el territorio de Pahara ya no había suficientes áreas para establecer parcelas agrícolas y algunas familias salieron en busca de tierra. En 1925, Rufus Frederick Bishop, un misionero estadounidense que estudió en el seminario teológico de Bethlehem, Pensilvania, en 1912, se estableció en Sandy Bay. Su nombramiento fue una respuesta a las crecientes poblaciones de Dakura, la comunidad hija Pahara, en la Laguna de Pahara, y la comunidad nieta, Tuara, localizada hacia el interior de la sabana en una tierra fértil para la agricultura.

Los orígenes de Tuara se remontan al periodo en el que el estado nicaragüense y la iglesia morava luchaban por deshacerse del control político de la autoridad colonial británica en la costa caribeña. De ahí se abrió un rápido crecimiento en la extracción de los recursos naturales a cargo de compañías asentadas en Estados Unidos. Las actividades de Bragman's Bluff Lumber Company ejercían influencia sobre las comunidades Miskitu las cuales interactuaban con los misioneros y con intereses económicos extranjeros. La falta de unión Miskitu en las comunidades Tawira coincidió con la prosperidad de Bilwi y Tuapi como centros religiosos y comerciales a finales de 1920. Habitantes de comunidades rurales alguna vez desoladas en el distrito de Sandy Bay en la costa norte y en el distrito de Yulu al noroeste iniciaron contacto con representantes de compañías extranjeras y con misioneros moravos. Los recuentos misioneros de 1924 a 1937 constituyen un récord muy útil, aun con sus distorsiones por los prejuicios de las creencias cristianas, del cambio cultural y político del territorio Miskitu.

Alfred Danneberger, el misionero moravo en Yulu, que también estaba a cargo de Sisin, llegó al lugar durante el auge de la producción exportadora de Bragman's. Muchos aspectos del estilo de vida Miskitu empezaron a depender del empleo, servicios e infraestructura de la compañía (Molieri 1975; Molieri 1986). Danneberger notó en 1930 que Sisin, miembro original de las Diez Comunidades, permitió a la compañía ejercer indebida influencia sobre las prioridades de la comunidad. El acuerdo siguiente se negoció por medio del síndico de Sisin: "El estado espiritual de la congregación de Sissin deja mucho que desear. El dinero recibido de la American Lumber Company por la renta de terrenos ha sido la causa de mucha insatisfacción y desasosiego y, a su vez, ha fomentado la codicia de más de lo que ellos [de Sisin] tienen derecho a pedir" (Moravian Church 1930a:2).

Hechos catastróficos tanto climáticos como económicos desestabilizaron la inversión extranjera, la evangelización Morava y el bienestar Miskitu. Las compañías fruteras y madereras tuvieron dificultades para operar al inicio de la Gran Depresión de 1929, cerrando sus instalaciones en 1931, lo que causó desempleo y escasez de alimentos en el área de Puerto Cabezas. Una severa crisis económica coincidió con la aún más grande presión de atender a congregaciones en efervescencia. Esta situación requirió que el asistente de Bishop en Dakura, Abishai Padilla, viajara para atender y dar clases a los niños de Pahara. La promesa de apoyo educativo y espiritual atrajo a Tuara. "También ellos han cortado una plantación para él [Abishai Padilla]. Así que algo debe salir de eso" (Moravian Church 1930b:1). Bishop hizo sentir su presencia en Tuara, pero para finales de 1934 todavía no había decidido si la incorporaba al distrito de Sandy Bay/Dakura:

> Dos veces durante el año fui a Twara y en ambas ocasiones casé a varias parejas.... Y en octubre ofrecimos el culto para una boda y seleccionamos un sitio para edificar una iglesia pequeña. El 4 de enero de 1935 estuvimos también en Twara para dos bodas más. De manera que podemos decir que tenemos otro lugar de culto en el distrito de Dakura. Es cierto que Twara está cerca de Sisin y el evangelista puede ofrecer el culto ahí. Pero en cuanto al misionero, Sandy Bay es lo más conveniente. (Moravian Church 1934:3)

El 25 de octubre de 1935 un huracán demandó con urgencia la respuesta morava a la desesperada situación. El daño sicológico y físico predominó en el reporte de Bishop de 1935 sobre Sandy Bay:

> *Asuntos espirituales, morales y económicos necesitan atención. Tuara es hija de la comunidad de Pahara, asimismo, Pahara es hija de la comunidad de Dakura. Muchas de las familias que habitan Tuara son de Pahara. La mitad de las familias de Pahara viven ahora en Tuara. Tuara es similar a otros lugares donde no hay alguien que sepa leer y escribir. Había un joven de la congregación de Tuara que no asistió a la escuela, pero aprendió a leer por su cuenta.… Había avanzado muy bien y nos conocimos; era Nicolás Zamora, asistente del pastor, quien también ofrecía el culto en Tuara. (Moravian Church 1935:5)*

Aunque no terminó sus estudios del seminario teológico de la iglesia morava en Bilwaskarma, río Coco, Nicaragua, Nicolás Zamora fue nombrado pastor de Tuara por Bishop en 1938. Además de que era líder espiritual de la comunidad, Zamora se dedicaba al mejoramiento del bienestar social de Tuara y apoyaba los esfuerzos de demarcar el territorio comunal a partir de principios de los años 1950s (ilustración 5.2).[3]

Bishop supervisó el bienestar de Tuara aún cuando se localizaba a gran distancia de su casa, en Ninayari, sitio de la primera iglesia morava entre una docena de pequeñas comunidades en Sandy Bay. Los ancianos de Tuara tienen recuerdos gratos de las visitas de Bishop que siempre emocionaban a la comunidad, especialmente a los niños que tenían la oportunidad de estudiar inglés:

> *Twara tuvo una dedicatoria de su iglesia el 11 de diciembre [1936]. Habían empezado a poner el techo de la nueva pequeña iglesia cuando el huracán lo voló. Empezaron a reconstruir pero, por la escasez de comida, no fue fácil, aunque tuvieron un poco de ayuda para lo del huracán. La iglesia se completó en noviembre, y se fijó el 11 de diciembre para la dedicación. Para la ocasión tuvimos una Lovefeast, dos bodas y una comunión. Todo este trabajo tomó más de tres días, pero fue un tiempo de bendiciones para Twara. (Moravian Church 1935:5)*

La iglesia morava ejercía más poder que el estado nicaragüense en las comunidades indígenas hasta que la dinastía somocista monopolizó la producción económica en el Departamento de Zelaya Norte a partir de 1963 (ilustraciones 5.3 y 5.4). El líder de Tuara Señor Rojas Cornelio intentó que su comunidad formara parte de Diez Comunidades pero no tuvo éxito. Waldemar Cornelio, hermano mayor de Rojas, sostiene que la búsqueda del título independiente de Tuara vino por la inspiración de Dios. Su hermano Rojas tuvo la visión de entender la importancia de la titulación territorial de la comunidad.[4] Según la versión histórica de los ancianos de la comunidad de Pahara, a los inicios de los años 1950, los líderes comunales Rojas Cornelio de Tuara y Saiman de Pahara iniciaron pláticas para delimitar los linderos entre sí, y en común acuerdo definieron los linderos estableciendo los siguientes mojones: Timhtara, Kibui ta, Karas ankan, Tumtum y Lahlakapisa, Bip taman y Kibiu Ta. Las autoridades de Tuara trazaron sus linderos tomando en cuenta las áreas que ocupaban para sus actividades de sobrevivencia tales como establecimiento de las parcelas agrícolas, áreas para pesca, caza y sus sitios sagrados.[5] Con esta información Rojas Cornelio viajó a Bluefields donde se encontraba la Oficina del Registro de la Propiedad. Para el mes de octubre del año 1958 el Instituto Agrario Nacional (IAN) le entregó un título supletorio (ilustraciones 5.5 y 5.6).

Ante la situación del aislamiento político y la presión económica de los intereses estatales y multinacionales, los líderes Tuara delimitaron sus linderos sin el consentimiento de las autoridades de Diez Comunidades ni de la comunidad de Sisin, otra comunidad colindante. El regreso de las compañías madereras de capital norteamericano para extraer madera coincidió con las nuevas concesiones avaladas por el gobierno nacional y el recibo de pago por el valor de la madera cortada a las autoridades de Diez Comunidades y Karata. Después de 1945, la explotación de árboles de pino y caoba renació por la inversión de la Nicaragua Long Leaf Pine Lumber Company (NIPCO) con su base en Puerto Cabezas. La NIPCO instaló en 1953 un aserradero en el interior de la zona forestal. Diez Comunidades vendían de madera de pino y caoba a la NIPCO en el periodo entre 1945 y 1963 cuando la NIPCO cerró sus operaciones. NIPCO representaba el 54 por ciento de la exportación de madera en Nicaragua. Tuara pidió ser miembro de Diez Comunidades; sin embargo la petición se le negó debido a que Tuara no contaba con caoba sino con pinos jóvenes.[6]

Otro miembro de la comunidad, doña Lolita Sayas, respalda el reclamo de Tuara a la tierra disputada entre Tuara y Sisin. En 1941, a la edad de trece años, Sayas empezó a vivir con Rodcoyo Apiñas, de Sisin. La pareja se asentó en un área de bosque cerca del punto de referencia llamado Sisinata, construyó una casa y sembró árboles frutales. Sayas siempre visitaba a su madre en Tuara durante los veinte y tres años que vivió con Apiñas. Apiñas no reclamaba la zona por la comunidad de Sisin, cosa que concuerda con el reclamo de Tuara que estipula que la zona de Sisinata siempre ha pertenecido a Tuara. Después de que se separó de Apiñas en 1964, Lolita regresó a vivir en Tuara y trabajó como cocinera en los campamentos de los trabajadores de la empresa maderera. La NIPCO colocó una estación de depósito de combustible cerca de Tuara para surtir a las camionetas de la empresa maderera que viajaban entre los municipios de Waspan y Puerto Cabezas. El uso potencial y real de la zona para sembrar pino con fines de lucro es el origen del desacuerdo entre Tuara y Sisin. A principios de los años ochenta, la comunidad de Sisin instaló un mojón de hierro y cemento cerca de donde estaba la casa de Sayas y Apiñas. El mojón muestra una referencia escrita al Tratado de Harrison-Altamirano de 1905 (ilustraciones 5.7 y 5.8).[7]

Tuara atraviesa por dictadura y revolución

El estado somocista revivió y expandió el Proyecto Forestal del Noreste después de haber sido abandonado por la NIPCO en 1963 cuando la economía nicaragüense sufrió un severo decline económico (Molieri 1975:42–44). El Instituto de Fomento Nacional (INFONAC) reconoció el derecho a la propiedad comunal otorgado a las comunidades indígenas en el tratado Harrison-Altamirano, pero rechazó la validez técnica de la demarcación de linderos de la Comisión Tituladora entre 1915 y 1920. El INFONAC atribuyó la extracción indiscriminada de madera en las décadas siguientes a la incapacidad de las autoridades comunales de acordar los linderos y el balance de las actividades madereras con otros objetivos económicos productivos comunales. Con abundante capital de inversión del Banco Mundial y de la Organización de Alimentos y Agricultura, el INFONAC creó un administrador de terrenos nacionales en la región noreste de Nicaragua por decreto en 1961.

Con un juez de distrito en funciones en febrero de 1963, el síndico de Diez Comunidades Fredly Bushey y el síndico de Karata Herta Downs firmaron un documento reproducido de un testimonio legal de los líderes de las Diez Comunidades originales, incluyendo Sisin, y se presentó ante la Comisión Tituladora de Tierras de la Mosquitia el 29 de marzo de 1917. Los intereses somocistas reconocieron a las Diez Comunidades como dueñas de 10 mil hectáreas de llano para ganadería y a Karata como dueña de 2 mil 500 hectáreas. Sin embargo, no aprobaron la titulación de otras 10 mil hectáreas para la agricultura que se habían concesionado a Bragman's Bluff Lumber Company en 1921. El síndico de Diez Comunidades Emiliano Funes y el síndico de Karata John Smith firmaron el mismo testimonio en mayo de 1964 para constatar la aceptación del acuerdo de sus respectivos predecesores (Canales 1963). El testimonio firmado por los síndicos de Diez Comunidades y Karata creó no solo una aparente legitimidad del reclamo original sino una herramienta para manipular a Diez Comunidades en la extracción maderera.[8]

Con la excusa de limitaciones legales en los reclamos Miskitu de tierras comunales de gran extensión, el IAN canceló todos los títulos individuales otorgados a otras comunidades más pequeñas como Tuara a finales de los años cincuenta y principios de los sesenta. La interacción de Tuara con la dictadura trajo ambigüedad a su relación con Diez Comunidades. Mariano Michel aprovechó de su papel como síndico de Tuara dentro del contexto de los objetivos económicos del gobierno de Somoza, los compromisos políticos con Diez Comunidades, y las concesiones al capital extranjero. Michel nació en Tuara en 1941, pero la familia Michel está dividida entre Tuara y Pahara según la migración en los principios del siglo XX. Aunque un gran número de sus miembros vive en Tuara, Sireno Michel se convirtió en líder del contingente de Pahara al dejar Tuara en los años sesenta por una disputa con Mariano.[9]

A mediados de los años sesenta la compañía norteamericana Atlantic Chemical Company (ATCHEMCO) empezó a extraer resinas de las bases de los troncos, raíces y árboles deformes de pino dejados por la NIPCO durante el aprovechamiento de madera aserrada. Cuando el Banco Interamericano de Desarrollo complementó el financiamiento de la Organización de Alimentos y Agricultura para la regeneración de bosque de pino del INFONAC en 1975, las actividades de extracción de resina de la ATCHEMCO resultaron ser la porción más grande del total de las exportaciones de la región noreste. En este momento los somocistas consideraban a Mariano Michel miembro de Diez Comunidades y, por lo tanto, le proporcionaron el equipo necesario para cortar y transportar las bases de los troncos de pino desde Tuara para ser procesados por la ATCHEMCO.[10]

La estrategia del INFONAC de restringir a las comunidades indígenas dentro de los límites residenciales y de pastoreo con el fin de controlar la extracción de recursos en la región persistió hasta justo antes de que los sandinistas derrocaran al régimen somocista en julio de 1979.

> *La característica común y destacada en los títulos reales otorgados en 1920 consiste en que los linderos son imprecisos y que los mojones originales desaparecieron hace muchos años…. Se puede llegar a acuerdos con los Sindicos de cada comunidad, pero como éstos cambian cada año, los nuevos Sindicos por regla general presentan reclamos no queriendo reconocer lo actuado por los anteriores…el problema se agrava y se complica, pues es muy difícil que toda una comunidad entera concuerde en un punto de vista y con uno o varios de la comunidad que disientan del resto…. También es común que no se presentan problemas hasta que hay intereses de por medio como es el caso de los cortes de madera.*
>
> *Diez Comunidades Indígenas de Puerto Cabezas: Actualmente las relaciones con el Sindico y los otros miembros de la Directiva son cordiales, pues gracias a nuestras gestiones el IAN les midió y otorgó tres lotes de terrenos que suman 20.000 hectáreas de terrenos que desde hace*

mucho tiempo reclamaban como suyas.… Es posible que con el cambio de Sindico puedan surgir y aumentar los problemas que se solucionaron en los últimos años. (Instituto de Fomento Nacional [INFONAC] 1979)

Dentro del bloque de Diez Comunidades numerosos lotes se registraron a favor de funcionarios del INFONAC desde el final de la década de los setenta. Varios de estos lotes quedaron en manos de propietarios privados después de la revolución sandinista y son estos todavía los casos más difíciles en el conflicto con propietarios privados e instituciones nacionales.

El gobierno sandinista inicialmente se mostró simpatizante con las resoluciones de disputas entre las comunidades Miskitu apoyándose en reclamos históricos y cuyos títulos se habían cancelado en los sesenta. El Instituto Nicaragüense de Reforma Agraria (INRA) y el Instituto de Recursos Naturales y del Ambiente (IRENA) reemplazaron al IAN y al INFONAC respectivamente en agosto de 1979. Sin embargo, las consideraciones de estado sobre el desarrollo de *terrenos nacionales* que rodeaban poblaciones indígenas marcaron una importante continuidad con el periodo somocista aunque dentro de un modelo popular socialista más que un modelo capitalista de explotación (Hale 1994:118; Vilas 1990:215–219). Un estudio hecho por el gobierno sandinista se dio cuenta de la problemática de los reclamos de tierras de las comunidades indígenas.

> *Tradicionalmente las tierras de una comunidad han proporcionado más ingresos por ventas forestales que por cualquier otra actividad económica. En muchos casos las demandas de tierras son más bien demandas de bosques con valor comercial que pueden originar ingresos. Sin embargo, en el pasado el dinero que pagaban las compañías de explotación no iba a la comunidad, sino que al Sindico, quien se apropiaba del mismo.… Por otro lado, y como muestra de la falta de claridad acerca de lo que se desea con las superficies demandadas, terrenos que en las pretensiones de algunas comunidades se afectan las tierras reclamadas por otras comunidades vecinas, e incluso hasta poblados como Puerto Cabezas.*
>
> *La comunidad de Tuara [ocupa] 1.500 hectáreas de acuerdo a su título original de propiedad [y] reclama una superficie que afecta a los terrenos de la comunidad de Karata [sic]…conforme a Escritura les fueron cedidas 1.500 hectáreas de superficie y reclaman como parte de su dominio el terreno comprendido en los puntos de referencia los cuales comprenden cantidades extensas de terreno y en lo que se impide el aprovechamiento racional de los recursos forestales, debiendo agregar que la inscripción de esta Escritura fue cancelada mediante demanda reivindicatoria promovida en su contra por el Fisco [después que el régimen somocista nombró un administrador de Terrenos Nacionales*

del Noreste por Decreto 560 en 1961]. (Instituto Nicaragüense de Recursos Naturales y del Ambiente [IRENA] 1981)

El informe de IRENA mencionó erróneamente un traslape de Tuara con Karata cuando, en realidad, el traslape es con las Diez Comunidades. No obstante, no se podían resolver las demandas contradictorias en la década de los ochenta.

El Consejo de Estado Sandinista formó el Instituto de la Costa Atlántica bajo la dirección de William Ramírez quien, según Armstrong Wiggins, el alcalde anterior de Karata, "no estaba familiarizado con nuestra realidad indígena" (Akwesasne Notes 1981:9). En julio de 1981, líderes Miskitu tuvieron puestos en el Consejo de Estado desde el cual buscaron autonomía política en el Departamento de Zelaya. El 12 de agosto de 1981, Ramírez anunció los principios sandinistas sobre las comunidades indígenas incluyendo la titulación de tierras indígenas históricas. Sin embargo, la declaración afirmaba autoridad revolucionaria de estado sobre los recursos naturales y reconocía el derecho de las comunidades indígenas de recibir una *porción* de los beneficios derivados del desarrollo de los recursos forestales ("Declaración de Principios de la Revolución Popular Sandinista sobre las Comunidades de la Costa Atlántica" 1982): "La clara implicación de estos principios [era] que el estado tenía derecho exclusivo para decidir los asuntos de uso y propiedad de tierras, y que no habría status único para grupos indígenas...preocupaciones con la seguridad también contribuyeron grandemente a los temores sandinistas de reclamos especiales de tierras" (Hannum 1996:208).

En septiembre de 1982, miembros Miskitu de la resistencia contrarrevolucionaria en Awastara atrajeron tropas sandinistas en Pahara y Sandy Bay y vencieron a una brigada sandinista en un conflicto en Pahara (Dennis 2004; Reyes y Wilson 1992). Esta situación resultó en la movilización de los habitantes de Tuara en 1983 debido al punto estratégico de Tuara entre Pahara, Puerto Cabezas y la línea costera. El gobierno sandinista reubicó a la mayoría de los habitantes de Tuara en Sisin; algunos otros se establecieron en Bilwi. Los habitantes de Tuara recuerdan con resentimiento que los sandinistas quemaron sus casas y sacrificaron a sus animales sin darles nunca ninguna compensación. Waldemar Cornelio y Tomás Zamora atestiguaron que se quemaron al menos una docena de casas así como la segunda iglesia morava de Tuara construida a finales de los cuarenta. Además, Nicolás Zamora y su hijo Augustín Zamora, también pastor moravo de Tuara, desaparecieron en 1982. Tomás Zamora indicó que el régimen sandinista los asesinó.[11] Dado el desplazamiento de los residentes de Tuara llevado a cabo por el Frente Sandinista de Liberación Nacional (FSLN) en 1983 y el relativo aislamiento de Tuara del centro político y económico de Bilwi, existen diferencias de marco temporal entre las comunidades Miskitu tanto al momento de solicitar la demarcación de la tierra como al momento de empezar a comprender su significado como parte del proceso autónomo a partir de la década de los ochenta.

La autogestión de Tuara y la Ley 445

Una visita exploratoria a Tuara en marzo de 2006 comenzó con una reunión con el síndico Salvador Nicho Cristofer, el Wihta, el anciano de la comunidad, el pastor moravo y varios varones, mujeres y niños que vinieron como oyentes. Nicho, un maestro con educación superior y experiencia en organización laboral, habló del rezago de Tuara en comparación con otras comunidades Miskitu en sus esfuerzos para demarcar sus territorios, señaló que Tuara no es miembro de Diez Comunidades, y se refirió a los Sumu-Mayagna como Awas Tingni.[12] Varios líderes comunitarios de Tuara expresaron interés en recibir ayuda para la demarcación territorial pero enfatizaron la demarcación como un medio de atender las urgentes necesidades económicas y los servicios sociales de la comunidad. Las autoridades de Tuara y representantes de la URACCAN acordaron desarrollar un proyecto que integrara demarcación territorial con desarrollo económico y político comunal.

Después de que se aprobaron los objetivos del proyecto, la Asamblea Comunal de Tuara seleccionó a seis miembros comunitarios para integrar al equipo investigador. Julia Albicio, Aires Odal y Salvador Nicho investigaron los aspectos socio-económicos. Armando Cassaya, Roger González y Clemente Martínez guiaron el proceso de conocer la historia y ubicar los sitios sagrados y los mojones. La Asamblea Comunal de la cultura Miskitu consta de todos los adultos de la comunidad y tiene la autoridad máxima para tomar decisiones que afectan el bienestar comunitario. Por costumbre antigua, a través de la Asamblea Comunal, la comunidad identifica y analiza los principales problemas comunales que se discuten en reuniones abiertas. Dichas reuniones son presididas por las autoridades comunales del síndico; el Wihta, que era el cargo más reconocido como el líder máximo comunitario antes de la creación del puesto de Sindico; el juez, quien arbitra conflictos internos; el pastor moravo; el Consejo de Ancianos; y los maestros de escuela (ilustraciones 5.9 y 5.10).

El equipo investigador de trece personas de Tuara y de la URACCAN participó en un taller de capacitación con el objetivo de la revisar la Ley 445 y su manual de procedimiento, así como el diseño de la metodología de trabajo de campo y la planificación de las etapas del diagnóstico. El taller reveló un desconocimiento total de la ubicación física de los límites reales debido al sistema antiguo de uso tradicional, así como el perímetro del área que reclama la comunidad. El perímetro depende de la condición de las áreas donde se encuentran los recursos, más que todo las plantaciones forestales, que la comunidad quiere conservar y proteger, así como las áreas donde establecen las parcelas agrícolas (ilustración 5.11).

El artículo 45 de la Ley 445 señala que el proceso de demarcación y titulación cuenta con las siguientes etapas:

- Etapa de Presentación de Solicitud que incluye el diagnóstico
- Etapa de Solución de Conflictos[13]
- Etapa de Mediación y Acompañamiento
- Etapa de Titulación
- Etapa de Saneamiento

El diseño gráfico que sustenta la narrativa del diagnóstico del territorio de la comunidad de Tuara se fundamenta en el etnomapeo. El etnomapeo es el proceso metodológico que recoge en una representación cartográfica el conocimiento del pueblo indígena de la comunidad de Tuara. Este apoyo gráfico es producto de la recopilación y sistematización de datos primarios de la historia oral, de la información socio-económica y demográfica, y de elementos importantísimos de fuentes secundarias provenientes de la documentación escrita para sustentar de manera veraz y documentada el proceso iniciado. Al mismo tiempo, el trabajo incorpora técnicas de los Sistemas de Información Geográfica (GIS) para la producción de los diferentes mapas unido al proceso de los Sistemas de Posicionamiento Global (GPS) como instrumentos para obtener datos de campo geo-relacionados con sus respectivos atributos. El objetivo cartográfico a cumplir según la Ley 445 es la producción de cinco componentes que respalden el estudio (Williamson 2006). Los colaboradores del equipo de investigación de este estudio terminaron los mapas de Tuara (menos el mapa de conflicto porque no hay ninguno) y los entregaron formalmente a CONADETI de la RAAN. Estos mapas en formato electrónico forman un elemento integral del estudio, aunque ellos no están incluidos en este libro.

- El mapa etnográfico en términos generales que describe las costumbres de la comunidad de Tuara sobre el uso de tierra e incorporando su cosmovisión.

- El mapa límite que comprende el área de reclamo o superficie de tierra pretendidas por parte de la comunidad solicitante de Tuara.

- El mapa de zonas de uso común que se refiere a las zonas normalmente de caza, pesca y recolección de frutos y que Tuara comparte con las comunidades vecinas.

- El mapa de traslapes que comprende los reclamos territoriales de comunidades vecinas con respecto a las áreas reclamadas por la comunidad de Tuara.

- El mapa de conflictos que ubica la presencia de terceros (inmigrantes mestizos) con o sin títulos dentro del área de reclamo de la comunidad de Tuara.

Aunque algunas comunidades Miskitu y Sumu-Mayagna han avanzado considerablemente en el proceso de demarcación y titulación, ninguna comunidad por su cuenta ha logrado registrar legalmente su título comunal. Sin embargo, en ciertas circunstancias no claras, los títulos de varios territorios que consisten de agrupaciones o bloques de comunidades indígenas se inscribieron en el Registro Público de la Propiedad de la RAAN. Además de que los técnicos del equipo cartográfico de Tuara identificaron y señalaron, con la ayuda de investigadores comunitarios, los mojones originales de Srik Laya, Kuriwihta, Tilba Nata y Mahwanta Pura que cuentan en el título supletorio de 1958, fijaron siete mojones más de Awas Pura, War Nata, il Pura/ Swish Tuara, Awas Maya, Timh Tara, Busukra y Tum Tum que reflejan más específicamente el mapa de uso de la comunidad.

¿Qué otras comunidades han sido afectadas por la demarcación y titulación de Tuara? El reclamo de Tuara de 18.414 hectáreas de tierra comunal está basado en su creencia en la validez del título otorgado por la IAN en 1958. La porción de tierra que traslapa con Pahara alcanza un total de 4.782 hectáreas. Las tensiones familiares entre los hermanos Mariano y Sireno Michel exacerbaron la disputa entre las emparentadas comunidades de Tuara sobre los terrenos mayormente usados para la caza y la pesca, pero también adecuada para lo forestal. El traslape con Sisin como comunidad individual alcanza las 1.961 hectáreas de área forestal e incluye el histórico sitio del campamento Sayas-Apiñas al norte del mojón original de Kuriwihta. Pero aún más problemático es el traslape con el reclamo del bloque de Diez Comunidades que se adentra en el territorio de Tuara 10.798 hectáreas más.

Aun con la falta de claridad de acuerdos que existe en los linderos territoriales, las identidades Miskitu dentro de la RAAN se corresponden de manera notoria con las antiguas divisiones geográficas. Estas divisiones se han perpetuado por la afinidad de cada comunidad ya sea a su formación histórica de bloques comunitarios después del tratado Harrison-Altamirano de 1905 o por la creación de las municipalidades de Puerto Cabezas, Waspam y Prinzapolka después de 1987.[14] Tuara es Tawira dado sus orígenes en la comunidad costera pesquera de Dakura, pero su ubicación en la municipalidad de Puerto Cabezas de la orilla occidental de la sabana le permite acceso a terrenos adecuados para plantaciones de frutales y establecimiento de parcelas de yuca, así como bosques y plantaciones de pinos que se mezclan con las comunidades que integran a las Diez Comunidades. Actualmente la organización de Diez Comunidades cuenta con veinte y dos comunidades de una población conjunta de 27 mil habitantes. "El interior del territorio (de Diez Comunidades) está plagado de conflictos inter-comunales; la mayoría por confusión de los puntos de linderos comunes. En algunos casos se produce también por piratería de los recursos naturales por parte de una comunidad en perjuicio de otra" (Central American and Caribbean Research Council [CACRC] 1998:99–100).

La lucha de Tuara continuó en julio de 1994 con esfuerzos del síndico Elmer Sayas Morales de rectificar la ubicación de los mojones Srik Laya, Kuriwihta, Tilba Nata y Mahwanta Pura que presentaban errores de medición al inscribir el título en 1958. No obstante el hecho de que el gobierno de Violeta Chamorro les entregó otro título "corregido" en 1995, ese título tenía muchas fallas técnicas y cartográficas. La entrega del título en 1995 también provocó otra vez tensión con Sisin. Los desacuerdos consisten en traslapes principalmente en las áreas de bosque con valor comercial. Tuara y Sisin llegaron a un acuerdo sobre la colocación de los mojones en un compromiso que sellaron en 1996 durante una reunión organizada por el Wihta (a Wihta se le dio el nombre de *juez de mesta* durante la dictadura somocista) (Dennis 2004:235). Los jueces de mesta, Junior Cristofer de Tuara y René Labonte de Sisin, se reunieron en presencia del síndico de Tuara Elmer Sayas y del síndico de Diez Comunidades Máximo Wilson (originario de la comunidad de Sisin). Sin embargo, aunque los síndicos eran responsables de la negociación de los asuntos de la tierra y de sus linderos, la reunión no resolvió los puntos de conflicto sobre los mojones identificados por los títulos de la IAN otorgados a Tuara en 1958.[15]

Tuara es viable como comunidad autónoma si en su territorio no se ubica otra comunidad, y es independiente si obtiene el control de su territorio que traslapa con Sisin al noroeste donde el potencial forestal es alto. El territorio reclamado de Tuara tiene plantaciones de pinos establecidos por proyectos vinculados al Ministerio del Ambiente y Recursos Naturales (MARENA). Estas plantaciones se llevaron a cabo a finales de los años noventa, para lo cual se construyó un vivero forestal que funcionó en el territorio de Tuara a partir de 1996. Todas las plantaciones de pino en el territorio de Tuara fueron plantados por las mujeres y los hombres de Tuara. El Instituto de Recursos Naturales, Medio Ambiente y Desarrollo Sostenible (IREMADES) adscrito a la URACCAN elaboró el Plan General de Manejo del bosque de pinares para Tuara. De las nueve mil hectáreas de suelo natural para pino, y para llevar a cabo el Plan de Manejo Forestal, se destinó un área de 500 hectáreas ubicadas aproximadamente a diez kilómetros al noreste de la comunidad, en el sector conocido por los comunitarios como Twi Pouni.

Tuara eligió síndico a Salvador Nicho Cristofer en 2004. Su elección extendió la continuidad de liderazgo comunal a manos de las familias Michel, Nicho y Cristofer. El padre de Salvador, Edensio Nicho Padilla, nació en Pahara en 1909 y llegó a Tuara por primera vez cuando tenía ocho años. Edensio estudió en el Seminario Teológico Moravo de Bilwaskarma a finales de los años treinta y fungió como pastor en Tuara, Tuapi, Kuakuil y Dakura en las siguientes décadas. Se casó con una mujer de Kuakuil con quien tuvo varios hijos, incluyendo Anista Nicho, la esposa de Mariano Michel. Sin embargo, a principios de los años sesenta, Edensio Nicho se separó de su primera esposa y se casó con Adolfina Cristofer, originaria de Tuara, y casi veinte años más joven que él. Salvador Nicho Cristofer nació en 1963. Por problemas sicológicos, su madre se suicidó en 1966. La media hermana de Salvador, Anista, lo crió dentro del clan Nicho-Michel. Narcisa Sayas, esposa de Salvador, es la nieta de Lolita Sayas (ilustraciones 5.12 y 5.13).[16]

Durante la entrevista llevada a cabo con un grupo focal con líderes y ancianos de Tuara, éstos expresaron sus saberes personales de la historia de la lucha de su comunidad por su territorio y su entendimiento sobre la relación entre la autonomía regional, la demarcación de tierra y el poder comunal. Los participantes en el grupo focal compartieron sus perspectivas sobre los temas en mención y sobre conceptos complejos. De ahí salió la voluntad colectiva de tomar la responsabilidad de autogobierno y del manejo de los recursos naturales. Con el liderazgo de Salvador Nicho, el IREMADES inició el plan de manejo forestal cerca del lindero entre Tuara y Sisin. Este proyecto es una fuente de tensiones con Sisin pero, como sostiene Nicho, "el plan para desarrollar esta área nunca fue problema hasta que resurgió la demanda de la venta de madera en los 1990s."[17]

Uno de los fenómenos que ha afectado la vivencia armoniosa de las comunidades con la naturaleza fue la economía enclave que se dio a través de la explotación indiscriminada del bosque para extraer madera a partir de los años veinte. En cada comunidad existen grupos que se oponen a la venta de madera. Bien decía un anciano: "Nosotros vivimos del bosque, mi padre y otros ancianos criaron a sus hijos y sobrevivieron en condiciones difíciles aprovechando los productos de los bosques, ríos y lagunas, sin cortar los dus tara nani (árboles) para la venta a las empresas, hoy día algunos comunitarios sueñan para ser síndico, con el propósito de vender la madera al mejor postor, sin consultar a la asamblea comunal."[18] Paradójicamente, la misma estrategia que se debería implementar para que los habitantes de Tuara puedan administrar recursos naturales de forma eficiente y fortalecer sus instituciones comunales genera obstáculos a la convivencia armónica con sus comunidades vecinas.

Reunión con las autoridades de las comunidades colindantes

Las autoridades de Tuara, conformes con la información y los mapas contenidos en el diagnóstico, autorizaron a los facilitadores del equipo investigador a visitar las comunidades vecinas de Sisin y Pahara con el objetivo de platicar y de persuadirlos a ubicar sus mojones y delimitar los linderos. En mayo de 2007 se llevó a cabo una reunión con las autoridades de Sisin. El síndico de Sisin y Diez Comunidades, Rosa Wilson, argumentó que debido a que Sisin es más antigua que Tuara y que Diez Comunidades cuenta con el mapa de CACRC, su reclamo de tierra es más válido que el de Tuara. Durante la misma reunión se mencionó el hecho de que hasta los años cuarenta la Misión Morava del distrito de Yulu administraba la congregación de Sisin, así como la Misión Morava del distrito de Sandy Bay administraba la congregación de Tuara. Recientemente, representantes de Sisin llegaron a la casa de Lolita Sayas en Bilwi y le dijeron que la finca de Sisinata donde ella y Apiñas tuvieron sus sembradíos pertenece a Sisin. Además, propusieron que después de la muerte de la madre de Lolita en Tuara en los años cincuenta, Apiñas llevó a Lolita a vivir en Sisin. Lolita no aceptó la versión sobre Sisin, diciendo en sus pocas palabras en español: "Ellos son mentirosos."[19]

Es importante destacar que el mapa del territorio de Diez Comunidades que hizo el Central American and Caribbean Research Council en 1998 muestra casi 340 mil hectáreas desde el mar Caribe hasta el sector de Las Minas y el territorio Sumu-Mayagna al oeste y hacia el río Coco al norte. Según el diagnóstico general una línea fronteriza del mapa de Diez Comunidades que conecta puntos de linderos comunales pasa por la puerta de la iglesia morava de Tuara y corta a la mitad el territorio de esa comunidad. Cabe decir que el mapa de CACRC no tiene ninguna validez legal a nivel regional ni nacional. No obstante, los títulos de la Comisión Tituladora que fueron entregados a las comunidades en 1920 tienen un "aura de legitimidad":

> *Fundamentalmente, los títulos de la Comisión Tituladora son altamente valorados porque actualmente no se les entiende (y probablemente nunca lo fueron) como "títulos" en el sentido convencional. Más bien, son entendidos principalmente como documentos que validan reclamos territoriales Miskitos actuales al proporcionar un vínculo tangible entre éstos reclamos y la época anterior de dominio sobre toda la región costera. Los títulos de la Comisión Tituladora encienden la imaginación política de los Miskitos. Los títulos del IAN la apagan." (CACRC 1998:52)*

Al contrario, en el caso de Tuara, la entrega del título por el IAN en 1958 fortaleció la tradición de autonomía interna de la comunidad de Tuara. El exitoso registro de 1958 estableció el reconocimiento formal de Tuara como una comunidad con el derecho de elegir a sus representantes legales y negociar la tierra, recursos y asuntos financieros con las autoridades estatales y con intereses privados a través de su síndico. Asimismo, la investigación histórica del destacado intelectual nicaragüense Germán Romero Vargas duda de la veracidad de la demanda de Diez Comunidades a la tierra juzgada por la Comisión Tituladora como "los territorios históricos de los miskitos....Por lo que sabemos por otras fuentes, nos parece que la llamada 'expansión' de los miskitos hacia el sur [al río Wawa], no fue sino el establecimiento de algunos de ellos en lugares estratégicos para los comerciantes ingleses en la segunda mitad del siglo XVIII y...dio lugar a una escasísima migración" (Vargas 1995:127–128).

Representantes de Awastara, Dakura y Pahara se reunieron en la iglesia morava de Pahara en mayo de 2000 para acordar la demarcación de linderos entre las comunidades vecinas. Los síndicos de Awastara y Dakura firmaron un acuerdo, pero no así el síndico de Pahara (Dennis 2004:240–241). En marzo de 2000 representantes de Tuara y Pahara, con los líderes Mariano Michel y Kennedy Escobar respectivamente, acordaron presentar títulos individuales a la corte municipal de Puerto Cabezas. Pahara también acordó restaurar la marca del lindero colocada por Tuara que los miembros de Pahara habían quitado. En junio de 2001, la Oficina de Titulación Rural (OTR) del Ministerio Nacional de Vivienda y Crédito Público de Puerto Cabezas concluyó que sus archivos contienen documentos creados por el Instituto Nicaragüense de Reforma Agraria (INRA) a nombre de Tuara en 1991 y 1992; sin embargo, esos documentos no reflejaron de manera fidedigna la ubicación de Tuara. El delegado de la OTR pidió un estudio diagnóstico de las familias que vivían en ambas comunidades y la preparación de un acuerdo sobre los linderos.[20]

En una reunión en marzo de 2008, las autoridades de Pahara resistieron la invitación para llevar a cabo un estudio diagnóstico para recabar información etnográfica y cartográfica. Sireno Michel y otros voceros no están dispuestos a negociar directamente con Tuara para resolver los linderos disputados, y mantuvieron una posición centrada en la idea de que ellos tenían un reclamo legítimo más fuerte sobre la tierra en disputa en base a la relación de maternidad de Pahara con Tuara. Los miembros de Pahara también insistieron en que Mariano Michel y algunos miembros más jóvenes de Tuara continuaban cortando madera en territorio de Pahara para venderla a los comerciantes locales. Cabe notar que Mariano Michel expresó su disposición de asistir a una reunión con Pahara para discutir el problema del traslape una vez que se completara la demarcación.

Los líderes de Pahara se rehúsan a actuar independientemente de las vecinas comunidades de Tawira que en 2005 inscribieron su solicitud de titulación a la Comisión Nacional de Demarcación y Titulación (CONADETI).

Sin embargo, el diagnóstico no se ha comenzado. Acciones individuales romperían con la unidad y cooperación establecidas según sus conexiones ancestrales con su comunidad madre Dakura. Marcos Hoppington, el único miembro de Awastara que tiene educación universitaria, sostuvo que Pahara tiene una disputa de linderos pendiente con Awastara en la región de Laguna de Pahara. Hoppington insistió en que el proceso de la demarcación de Tuara y la mediación en el traslape con Pahara debe incluir a Awastara, ya que Awastara es una comunidad más antigua que se fundó mucho antes del fenómeno de migración de las áreas costeras Tawira hasta Pahara y Tuara.[21]

En julio de 2005, autoridades de la RAAN y el presidente de la RAAS Rayfield Hodgson (re-electo en febrero del 2006) tuvieron una disputa por el presupuesto de CONADETI para la demarcación. La oficina general de la CONADETI había de cambiarse de Bilwi a Bluefields, pero las autoridades de la RAAN se rehusaron a transferir el poder ejecutivo de la CONADETI al Consejo Regional de la RAAS como lo requería la ley. Hodgson impuso el *recurso de amparo* en la Corte Suprema de Nicaragua y ganó el derecho de controlar la CONADETI. "Una vez la controversia había llegado a las cortes, el conflicto adquirió una intensidad política muy fuerte, generando el congelamiento de los fondos de CONADETI y la paralización de las actividades de demarcación.... No obstante, diversas comunidades seguían avanzando en procesos auto-dirigidos de demarcación, por lo que en la actualidad existen solicitudes pendientes a revisar por parte de las instancias responsables" (Frühling, González y Buvollen 2007). Aun persiste mucha incertidumbre acerca de la evaluación formal del diagnóstico del territorio de Tuara, lo cual depende de la aprobación de las autoridades del Consejo Regional Autónomo de la RAAN, de la Comisión Intersectorial de Demarcación y Titulación (CIDT), y de CONADETI. El funcionamiento eficiente e imparcial de CONADETI se encuentra actualmente comprometido por interpretaciones vagas e insuficiencias de la Ley 445 que no coinciden con los reclamos históricos de Diez Comunidades y Karata, y de las comunidades Tawira.[22]

Conclusión

Desde una perspectiva histórica, Tuara es una comunidad relativamente joven que maduró después de una exitosa búsqueda de plantaciones agrícolas en respuesta a una creciente población en las comunidades costeras y de la sabana de Dakura y Pahara, y en conjunción con el reconocimiento de la iglesia morava de las necesidades espirituales y educativas de la congregación. La localización geográfica de Tuara y su énfasis comunal en la autosuficiencia iniciaron una competencia con otras comunidades Miskitu cercanas y causaron inevitables enfrentamientos con intereses económicos tanto nacionales como extranjeros. A pesar de las presiones cruzadas de tentación e intimidación, la primera generación de líderes de Tuara tomó la curiosa y afortunada decisión de asegurar un título de tierra individual en los años cincuenta y motivó que subsecuentes generaciones de líderes mantuvieran una tradición de confianza y autosuficiencia. Una combinación de relativo aislamiento de las comunidades pesqueras de los Tawira costera y del centro urbano municipal de Puerto Cabezas resultaron en contra de una alianza formal tanto con los bloques comunitarios Miskitu como con los regímenes políticos nacionales.

En general, Tuara asumió una más bien única y anómala independencia durante la época de la explotación extranjera de los recursos naturales en los años veinte, cuarenta y cincuenta, así como durante el apogeo y caída de la dictadura somocista y de la revolución sandinista. El gobierno comunal de Tuara comprende su reclamo como acceso irrestricto a sus derechos de caza y pesca, y el uso de recursos naturales que atrajeron a los originales inmigrantes de Pahara en las primeras décadas del siglo XX. Sin embargo, la progresiva debilitación de las estructuras comunales y la erosión de los principios de unidad y solidaridad se manifestaron en una preferencia por la acumulación de riqueza individual. Esta acumulación individual ha desviado la atención de la perspectiva ancestral del bienestar colectivo. Además, los impredecibles y retorcidos procedimientos administrativos que caracterizan a los gobiernos regionales y municipales se han manifestado en la toma de decisiones de las autoridades comunales.

Los líderes de YATAMA (Yapti Tasba Masraka Nani Alsatakanka) continúan abogando por las reformas de la Ley 28 de Autonomía para fraccionar de manera proporcionada la representación en el consejo gobernante reconociendo los territorios según la mayoría Miskitu y según las minorías Sumu-Mayagna, Creole y mestizo de la RAAN. Los Miskitu dominarían los cuarenta y cinco *puestos concejales* si una propuesta recibiera aprobación formal después de las elecciones municipales del 18 de enero de 2009, que fueron pospuestas en abril de 2008 debido al impacto catastrófico del huracán Félix que azotó la RAAN el 4 de septiembre de 2007. A la fecha de febrero de 2011, la vida socio-económica en Tuara está en franca recuperación, incluso las parcelas tradicionales de yuca, arroz y bananos, así como la pesca artesanal, que son los principales sustentos de la comunidad. El bosque de galería y pino están en lenta recuperación natural, siempre afectada por los incendios forestales durante la época seca (febrero a mayo) sin apoyo de ninguna actividad de silvicultura.

Los arreglos políticos favorecerían los reclamos territoriales de grandes bloques comunitarios más que los reclamos de pequeñas comunidades. Mientras que los oficiales sandinistas y de YATAMA gobiernan la RAAN en un acuerdo de poderes compartidos desde 2006, la mayoría de Tuara votó por el partido Alianza Liberal Nicaragüense en la elección nacional de 2006. El liderazgo en Tuara siempre se mantiene a manos de la familia Michel. Felipe Michel ahora es Concejal Regional de la RAAN del partido Alianza Liberal Nicaragüense. Además, Tuara tiene nuevo síndico, Elmer Sayas.

No obstante esta situación, la URACCAN se compromete a acompañar las otras etapas del proceso ya que la entrega del diagnóstico solamente es su primera etapa. Dado que la Ley 445 es vigente, y desde la perspectiva de los líderes de Tuara y del equipo de investigación de URACCAN que empezó el proceso en 2006, los socios del proyecto están obligados a completar el resto de las etapas para adquirir el título comunal del territorio de Tuara. La URACCAN apoya el proyecto de continuidad del proceso de titulación del territorio de la comunidad de Tuara. Las autoridades de Tuara se reunieron con los funcionarios de la Comisión Intersectorial de Demarcación y Titulación (CIDT) en Bilwi en 2010. La CIDT aconsejó que debería cumplir con algunos ajustes técnicos en el documento final del diagnóstico y presentar las actas de reunión con las autoridades de las comunidades vecinas de Sisin y Pahara. Con el apoyo de los técnicos de la URACCAN se cumplió con los mandatos de la CIDT. Sin embargo, la relación con la CIDT no era muy cordial. El proceso de titulación y legalización del territorio de Tuara está estancado por la coyuntura y la posición de la CONADETI de no titular a la comunidad de Tuara. Hasta el momento, la única esperanza que tiene Tuara es negociar con otros concejales regionales a través de su representante Felipe Michel, quien intenta incluir el caso de Tuara en la agenda de las sesiones del Consejo Regional en Bilwi (ilustración 5.14).

Notas

1. Agradecemos a María de los Ángeles Rodríguez Cadena, de Southwestern University, Texas, por su colaboración en la traducción y redacción de este texto.

2. Entrevista a Ana, líder natural, madre de cuatro hijos, directora de la organización de mujeres de Tuara y miembro de la junta directiva de la iglesia morava, enero de 2007. Ver National Geographic Society 2002.

3. Entrevista a Tomás Zamora, hijo mayor de Nicolás Zamora, 12 de marzo de 2007.

4. Entrevista a Waldemar Cornelio, pastor moravo jubilado de Tuara, 14 de marzo de 2007.

5. Asamblea Comunal en Pahara, 2 de mayo de 2007, versión del señor Sireno Michel, anciano de Pahara.

6. Entrevista a Waldemar Cornelio, 14 de marzo de 2007; Molieri (1975):42–44.

7. Entrevista a Lolita Sayas, 30 de mayo de 2007, Bilwi, RAAN; trabajo de campo del equipo técnico del Instituto para el Estudio y la Promoción de la Autonomía (IEPA) y Centro de Información Social y Ambiental (CISA) de la URACCAN, 26 de mayo de 2007.

8. La Alianza de los Miskitos y Sumus (ALPROMISU), que se formó en 1973 para fortalecer la cooperación comunitaria, celebró su primer congreso en mayo de 1974 en Sisin. En 1975,

Herta Downs reemplazó a Lina Spark como presidenta de ALPROMISU al tiempo que continuaba como lideresa regional de Zelaya del Ala Liberal Femenina, una organización de mujeres somocistas. Los ambiciosos planes de ALPROMISU de movilización indígena pronto se retiraron. Además Adolfo Bushey, hijo de Fredly Bushey, síndico anterior de Diez Comunidades, fue nombrado diputado nacional legislativo del Departamento de Zelaya después de los comicios fraudulentos de marzo de 1974. Molieri (1986):189; Hale (1994):127–128; Akwesasne Notes (1981); entrevista a Emilio Johnson, anciano de Tuapi, 28 de mayo de 2007.

9. Entrevista a Anista Nicho Michel, esposa de Mariano Michel, 12 de marzo de 2008.

10. Entrevista a Rufino Lucas, director ejecutivo de la Comisión Nacional de Demarcación y Titulación CONADETI, 31 de mayo de 2007, Bilwi; Pineda (2006):130–135.

11. Grupo focal de ocho miembros de Tuara, 16 de marzo de 2007; entrevista a Tomás Zamora, 12 de marzo de 2007; Centro de Investigación y Documentación de la Costa Atlántica, *Trabil Nani* (Managua: CIDCA, 1986):69–70.

12. En los años noventa Awas Tingni obtuvo una victoria legal contra el gobierno nicaragüense por una concesión ilegal para cortar madera dentro el territorio de la comunidad a una empresa de capital Sur Coreana y Nicaragüense. Awas Tingni recibió su título del gobierno de Daniel Ortega, representado por Lumberto Campbell, quien le ortogó a Awas Tingni el titulo en una ceremonia que se llevó a cabo en Awas Tingni en diciembre de 2008. Sin embargo, siguen disputas con las vecinas comunidades migrantes de mestizos y asentamientos de antiguos combatientes y refugiados de la guerra civil en los ochenta. El título de propiedad de Awas Tingni está registrado en el libro de registros de la propiedad en la ciudad de Bilwi. Sin embargo, según la Ley 445, como última etapa, el territorio debería de estar saneado para que Awas Tingni fuera dueño único. Pero aun no lo han hecho de manera que los colonos y parcelas de propiedad privada aun están dentro del territorio. Líderes locales manifestaron que existen cuatro grandes áreas dentro del territorio Awas Tingni que fueron vendidas ilegalmente por la empresa Maderas Preciosas Indígenas e Industriales de Nicaragua, S. A. (Mapinicsa). Véase Inter-American Court of Human Rights, *Mayagna (Sumo) Awas Tingni Community v. Nicaragua*, Judgment of 31 August 2001, Ser. C No. 76 (2001); Anaya (2004):145–148; Programa de Derechos y Políticas Indígenas (Universidad de Arizona), "El Caso Awas Tingni v. Nicaragua," *Boletín informativo* 5 (febrero de 2007):1–8; "ONU aplaude titulación de mayagnas," *La Prensa* (Managua) 26 de diciembre de 2008; "Procurador General de la República: 'Hacen mal el negocio,'" *La Prensa* (Managua) 14 de agosto de 2009; "Pésimo arriendo de tierras indígenas," *La Prensa* (Managua) 2 de octubre de 2009.

13. No hay comunidades de mestizos en los alrededores cercanos de Tuara como en el caso de Awas Tingni.

14. Véase Central American and Caribbean Research Council (CACRC) 1998. Una excepción interesante es la comunidad Miskitu de Dikua Tara. Esta comunidad es miembro del bloque de las dieciocho comunidades del río Coco pero también hija de la comunidad Sisin lo quiere decir que Dikua Tara es la única comunidad del bloque que no es de origen Wangki (CACRC 1998:47).

15. Entrevista a Salvador Nicho Cristofer, Sindico de Tuara, 30 agosto de 2006, y documentos de su archivo personal.

16. Entrevista a Salvador Nicho Cristofer, 12 de marzo de 2007.

17. Grupo focal de Tuara, 16 de marzo de 2007.

18. Entrevista a Consejo de Ancianos de Tuara, 6 de septiembre de 2006.

19. Entrevista a Lolita Sayas, 12 de marzo de 2008.

20. Documentos del archivo personal de Salvador Nicho Cristofer.

21. Entrevista a Marcos Hoppington, representante de YATAMA (Yapti Tasba Masraka Nani Alsatakanka) a CONADETI, 29 de mayo de 2007, Bilwi, RAAN.

22. Entrevista a Rufino Lucas, Presidente del Consejo Ejecutivo de CONADETI, 31 de mayo de 2007; entrevista a Marcos Hoppington, 29 de mayo de 2007.

6 El Proceso de Comunidades Negras (PCN) y el censo de 2005

La lucha en contra de la "invisibilidad" estadística de la gente negra en Colombia

Luis Carlos Castillo, Libia Grueso, Carlos Rosero y Konty Bikila Cifuentes

Introducción

La Asociación de Estudios Latinoamericanos (LASA) tuvo la iniciativa en el año 2007 de convocar a organizaciones de la sociedad civil latinoamericana a presentar propuestas de investigación que se centraran en la producción de Otros Saberes. Dicha Iniciativa partía de reconocer que la situación política en América Latina había cambiado en las dos últimas décadas como resultado de una mayor presencia en el campo político de las poblaciones afrodescendientes e indígenas.

LASA decía en la convocatoria:

> En la región, miles de organizaciones de la sociedad civil así como de movimientos sociales participan en estas luchas, trabajando en un amplio espectro de áreas, desde derechos sobre el territorio hasta educación

bilingüe, desde igualdad de género hasta el establecimiento de redes transnacionales. Los intelectuales asociados con estas organizaciones son productores de conocimiento. Ellos han traído a colación problemas de corto y largo plazo que requieren atención, así mismo están constantemente generando conocimiento alrededor de estos problemas en forma que a menudo solo se conocen internamente y con poca frecuencia son dadas a conocer en ambientes académicos. La Iniciativa Otros Saberes ayudará a vincular a estos productores de conocimiento ubicados en la sociedad civil con aquellos ubicados en la academia con experiencia en áreas similares, así mismo permitirá que ambos grupos se beneficien de este trabajo conjunto.

La noción de Otros Saberes está precedida de una amplia reflexión crítica que organizaciones, movimientos sociales y académicos han venido desarrollando sobre la producción de conocimientos. Una de las ideas centrales de esta reflexión es que la producción de conocimientos en América Latina es un campo dominado en el que se han impuesto los diseños coloniales e imperiales bajo el principio de que el saber europeo es la verdad científica con lo que otras epistemes se "invisibilizan" y "subalternizan." De esta manera, el pensamiento fronterizo y los otros saberes que son producidos por pueblos, organizaciones y movimientos sociales que no siguen la lógica de la producción del conocimiento científico han sido históricamente ignorados y sepultados. Se trataba, entonces, con la convocatoria de LASA, de conocer parte de esos otros saberes y de reflexionar sobre el cómo se producen y en qué se diferencian, por ejemplo, el conocimiento académico.

Con base en la anterior convocatoria, el Proceso de Comunidades Negras (PCN), una organización política nacional afrocolombiana, que agrupa 120 organizaciones de base—mujeres, jóvenes, grupos culturales, consejos comunitarios, colectivos tanto urbanos como rurales—que reivindican los derechos de las comunidades negras como grupo étnico, presenta una propuesta de investigación que se propone, con base en la noción de Otros Saberes, los siguientes objetivos que adquieren la forma de tres grandes interrogantes:

- ¿Cuáles son los conocimientos y estrategias desarrollados por el PCN en la construcción de territorio y región y cuáles han sido las contra—estrategias frente a estos avances impulsadas por intereses económicos legales e ilegales tanto nacionales como internacionales representados en megaproyectos de infraestructura, agroindustria, libre mercados y narcotráfico, entre otros?

- ¿Cuáles son las estrategias de resistencia del proceso organizativo de las comunidades negras—PCN—, las dinámicas comunitarias de las mujeres y los hombres, para garantizar la permanencia en el territorio en el contexto del conflicto social y armado colombiano? En este marco, ¿Cuáles han sido los mecanismos utilizados por las personas, organizaciones y comunidades para superar y hacer frente al impacto psico-social que el conflicto ha causado?

- ¿Cuál es el impacto de las cifras del censo poblacional colombiano de 2005 sobre políticas públicas y reconocimiento de los derechos colectivos, económicos, sociales y culturales para mujeres y hombres afro–descendientes?

El PCN es una organización nacional, no obstante, estas preguntas son abordadas desde la experiencia de regiones donde la organización ha sido más activa: la costa Pacífica colombiana, la costa Caribe y los valles interandinos. Este artículo enfatiza en el objetivo tres mostrando cómo la producción de estadísticas oficiales es también un campo dominado en el que se dan batallas por las representaciones y los imaginarios entre los movimientos sociales y el Estado. También se muestra la relación entre las cifras del censo colombiano 2005, la política del PCN y la lucha por el derecho al territorio. El desarrollo de los otros dos objetivos se puede leer en el informe final del proyecto titulado *El derecho al territorio y el reconocimiento de la comunidad negra en el contexto del conflicto social y armado desde la perspectiva del Pensamiento y acción Política, Ecológica y Cultural del Proceso de Comunidades Negras de Colombia*, un reporte de 50 cuartillas que puede ser leído en la página web de LASA http://lasa.international.pitt.edu/index.html.

Reflexiones metodológicas en el diálogo de saberes

En la discusión de la noción de Otros Saberes, el equipo del PCN y el grupo de académicos abordaron la reflexión sobre las implicaciones epistemológicas, epistémicas y políticas de la metodología y el diálogo de saberes. Es decir, ¿Qué significa producir conocimiento en la interacción entre académicos y actores sociales que tienen principios políticos, que luchan en contra de la discriminación, el racismo, la injusticia y la desigualdad, y por lo tanto, que buscan la transformación social? ¿Es este un conocimiento situado? ¿Qué son otros saberes? ¿Cómo se diferencian de los no otros saberes?

Para responder estos interrogantes, el PCN optó por la realización de talleres y grupos de trabajo que operaron con guías previamente elaboradas que orientaban el análisis. La selección de los participantes fue cuidadosa ya que se buscaba que estuvieran presentes; en primer lugar, miembros de todas las regiones de Colombia en las que hay influencia del PCN; en segundo lugar, integrantes de la dirección nacional; en tercer lugar, participantes de los Consejos Comunitarios y de las organizaciones de base tanto hombres como mujeres. Desde agosto de 2006, se realizaron varios talleres de diálogos, entrevistas a líderes, reuniones y trabajo de campo por equipos temáticos, un foro regional y un taller nacional sobre las temáticas de la investigación.

Las discusiones aportaron al proyecto LASA y a los "principios de relacionamiento del PCN."[1] Se parte de la premisa de que los saberes representan intereses, y que se escribe para actuar. Preguntas como: qué se piensa, desde dónde, y con quién surgen como elementos esenciales para estrategias efectivas de colaboración. Desde esta perspectiva, el diálogo de saberes debe partir de un consenso de intereses sobre la lucha del movimiento. Más que reafirmar teorías, se aspira a que contribuya a potenciar un propósito social y político particular.

Se acordó orientar la investigación según los siguientes criterios: (1) asumir los principios político-organizativos del PCN como punto de partida; (2) sistematizar el pensamiento y práctica del PCN desde sus experiencias y desde sus lecturas sobre sí mismo; (3) orientar el proyecto hacia una valoración del pensamiento propio construido colectivamente. Los elementos que se exponen a continuación hacen parte de las distintas relatorías y notas tomadas en el trabajo conjunto y por lo tanto contiene los aportes de activistas del PCN y de los académicos participantes en esta experiencia.

Reglas de juego en la producción de conocimientos conjuntos con propósitos políticos

El diálogo de saberes como estrategia metodológica del proyecto está contextualizado en un tiempo, desde la década de los noventa hasta hoy, y en unos territorios, las costas Pacífica y Caribe y los valles interandinos, desde donde se desentrañan, conocen, analizan y recrean el sentido de vivencias e interacciones en el proceso de construcción y desarrollo de la propuesta político-organizativa del PCN en torno al logro, desarrollo y defensa de los derechos colectivos de la comunidad afrocolombiana. En este proceso, además de los aspectos históricos y territoriales, se aborda la interacción entre los participantes (Ghiso 2000).

Al iniciar la ruta de este proceso investigativo, fue manifiesto el reconocimiento de los activistas, líderes y lideresas del PCN y el grupo de académicos como sujetos protagonistas del diálogo de saberes y experiencias sentipensantes diversas vitales que nos propusimos compartir. En este sentido, se expresaron intereses y propósitos de los saberes, las relaciones y los compromisos vitales/políticos de cada una de las personas y de los grupos. Se plantearon las agendas de trabajo en términos de rastrear, formular y resignificar los conocimientos y saberes que constituyen el pensamiento político, ecológico y cultural del PCN, las propuestas y acciones de resistencia, y la configuración de alianzas de apoyo solidario sociopolítico. Un principio básico fue el de diferenciar la postura política de la académica; en otras palabras, no es desde el oficio mismo que se parte (académico o activista), sino desde la postura política, en reflexión continua. El acuerdo en la postura política permite unificar los conceptos y los lenguajes, es decir, permite decidir cómo nombrar las cosas.

Los principios políticos del PCN como enfoque orientador de la metodología del diálogo de saberes

La primera consideración que se discutió fue que el enfoque orientador de las lecturas de las experiencias y conocimientos producidos por el PCN deben ser sus principios políticos. Estos se han constituido en la base para el relacionamiento del PCN con diversos actores, para orientarse frente a los programas y proyectos de desarrollo, en el abordaje de los conflictos, y para proporcionar coherencia interna, es decir, que cada acción impulsada por el PCN, por pequeña que parezca, debe contribuir a desarrollar y fortalecer los principios políticos del PCN: (1) el derecho a la identidad; (2) al territorio; (3) a la organización, participación y autonomía; (3) a la construcción del desarrollo propio; y (4) el fortalecimiento de la solidaridad y las alianzas locales, nacionales e internacionales. También se planteó que el sentido y contenido de los principios se han venido enriqueciendo a través de los años. Tenerlos como referentes en este proceso investigativo es una forma de mantener el carácter político de las discusiones y los procesos de sistematización de propuestas de acción política.

Se planteó que los principios mismos son una instancia de producción de conocimientos para transformar realidades. La perspectiva de los principios (por ejemplo, el derecho a la diferencia) permite, además, diferenciar las propuestas y desarrollos políticos del PCN de otras propuestas del movimiento social afrocolombiano, así como identificar co-equiperos y elaborar criterios ético-políticos para las alianzas.

Sin embargo, la existencia de los principios no debe tomarse como un indicador de la inexistencia de disensos. Por el contrario, los consensos se logran entre visiones diferentes, aunque es importante mencionar que hay límites entre los disensos (dentro de ciertos límites, se pueden incluir dentro de un consenso general mayor, pero no a partir de cualquier conjunto de disensos se puede crear consenso). Además, vale la pena considerar que en la dinámica de consensuar, negociar y concertar, también hay que tener en cuenta las condiciones de desigualdad y en algunas ocasiones las diferencias en la capacidad argumentativa y en las aptitudes para expresar posicionamientos en el diálogo en el que los actores se asumen como diferentes y, a veces, con intereses antagónicos.

La metodología del consenso también diferencia al PCN de otras propuestas político-organizativas. Se puede decir, para resumir, que una perspectiva o proyecto particular "es PCN" cuando (1) ha pasado por los principios; (2) se realiza a través de construcción de consensos (discusión, socialización, etc.); y (3) hay apropiación de los consensos en la práctica, especialmente por las instancias de la estructura orgánica del PCN, particularmente en los palenques regionales.

Es decir, hay que tener en cuenta en el proyecto Otros Saberes, que en el caso del PCN los principios orientan la práctica política y operan como especies de filtros para la elaboración y desarrollo de sus proyectos, acciones y relacionamientos. Hay una coherencia de estas prácticas básicas mantenidas por los activistas.

El relacionamiento entre los sujetos del diálogo de saberes

El diálogo de saberes también se inscribe en el tejido de relaciones sociales, culturales, económicas y políticas—"transversalizadas" por el género, la etnia, entre otros—de los sujetos participantes en el proceso de construcción grupal de conocimientos. En la dinámica de los encuentros de trabajo alrededor del Proyecto PCN-LASA, surgió la pregunta: ¿Cómo escribir en colectivo? Sobre todo cuando "desde el tiempo de la Colonia hasta los momentos actuales en América Latina, el conocimiento ha sido campo de lucha y de tensión porque dentro de él están en juego las diferentes representaciones y versiones de la verdad y de la realidad, los saberes que construyen estas verdades y la validez de cada una como también las intersecciones con asuntos de poder" (Walsh 2001).

Se planteó que la producción académica dominante asume que el conocimiento académico disciplinar es objetivo, en tanto es una versión verdadera de la realidad. Es universal y válido porque es considerado científico. No es político. Parte de la teoría al problema y no al contrario. Discute con otros académicos a quienes se les consideran expertos y los verdaderos interlocutores con el fin de nutrir publicaciones académicas. Más valorado por cuanto es reconocido como superior frente al conocimiento ancestral, colectivo y local, que incluso no es aceptado como conocimiento. No es coyuntural. Es evaluado y validado por otros académicos. Construye a los sujetos como objetos de conocimiento.

Aunque esta descripción es estereotipada, subyace en la práctica de muchos actores convencionales. El grupo de trabajo afirma que esta dinámica académica no tiene cabida en este diálogo de saberes ya que es un modelo hegemónico de producción del conocimiento blanco/mestizo que se ha desarrollado fundamentalmente en Occidente y más concretamente en las universidades.

Los saberes colectivos, por el contrario, son construidos por un pueblo, no por individuos. Permite a los pueblos conocer el territorio y la vida, y así resistir porque son la base de la autonomía. La propuesta, entonces, es generar conocimiento que parta del problema a la teoría, se interrogue desde dónde se conoce, con quién se quiere pensar, sentir y movilizarse (el propósito común, por un lado, y lo situado del conocimiento por el otro; se retoma el concepto feminista de conocimiento situado, reinterpretado como la diferencia que conlleva conocer desde adentro, desde la vivencia y la situación concreta, y la necesidad de tener en cuenta el contexto en el cual se produce el conocimiento). Establece conversaciones entre tipos de conocimiento que los enriquecen mutuamente, identificando las intersecciones, puntos de encuentro y puestas en común. No se construye sobre los territorios, sino desde los territorios lo que involucra a los sujetos individuales y colectivos con sus historias, experiencias, saberes y sentimientos propios, como fuentes de conocimientos. Fortalece los vínculos entre el ser afro, con su organización y autonomía, y los lazos de solidaridad y apoyo mutuo con otros procesos sociales y políticos tanto locales, como regionales, nacionales e internacionales.

Los movimientos sociales han contribuido a que estos conocimientos surjan como contra-hegemónicos y florezcan como contrapoderes, aunque tampoco se desconoce que con frecuencia estén influenciados por los conocimientos académicos o hayan sido generados en alianzas estratégicas y a veces en tensión con éstos. En este sentido, la campaña por la defensa de los derechos colectivos y los territorios de las comunidades afrocolombianas, generará "conocimientos mixtos" que también son cuerpos de conocimiento contra-hegemónico producidos en resistencia.

Es de anotar también que en este proceso se discute y se escribe "para adentro del PCN" en un ejercicio reflexivo, autocrítico y valorativo, así como "hacia fuera" con argumentaciones contundentes en un lenguaje político decisivo para incidencia tanto nacional como internacional de tal manera que genere resultados. El adentro, el afuera y las intersecciones, la manera como se produce conocimiento implica también confluencias en la práctica política de los dirigentes, líderes y lideresas que están asociados a la práctica de saberes con el "adentro del río" (y el territorio) y con los saberes del afuera, el Estado, los partidos, la academia y otros actores.

Elementos de reflexión surgidos de la discusión del diálogo de saberes

El diálogo de saberes entre conocimientos académicos y conocimientos producidos en contextos de tradición oral, como es el caso de las comunidades negras de los ríos del Pacífico por ejemplo, se inscribe en relaciones de poder y por consiguiente no está exento de tensiones entre la diversidad de intereses que es necesario evidenciar y debatir para llegar a concertaciones en que sean explícitos los consensos y disensos.

En este caso, desde los intereses académicos y la dinámica organizativa y agenda política del PCN, se pueden tener distintas lecturas del contexto, de situaciones coyunturales específicas, así como enfoques diferentes para abordar este diálogo. Por ejemplo, es importante explicitar los intereses teóricos y políticos de cada uno de los actores comprometidos en este diálogo, por cuanto la valoración de la lectura del contexto depende de los elementos políticos y de las categorías con las cuales se aborde. En este sentido, un principio de relacionamiento está referido a visibilizar consensos y disensos para que las lecturas o cuerpos de conocimientos construidos conjuntamente puedan servir de base para tácticas y estrategias políticas.

Teniendo presente que la convergencia de intereses se da en torno a la *visibilización* y posicionamiento nacional e internacional de los derechos colectivos de la población afrocolombiana y de los riesgos relacionados con el desmonte jurídico de estos derechos mediante el desarrollo de políticas y proyectos de ley gubernamentales en el marco del modelo de desarrollo neoliberal, se trata de descifrar códigos étnico culturales para diseñar e implementar una campaña internacional por la defensa de los derechos colectivos y los territorios de la población afrocolombiana.

La invisibilidad estadística de la gente negra en Colombia: una breve perspectiva histórica

Colombia, como buena parte de los países de América Latina, está ante la emergencia de nuevas etnicidades negras e indígenas.[2] Una de las manifestaciones de estas etnicidades es la lucha en contra de la discriminación, la desigualdad y el racismo. Para el PCN, que ha puesto en práctica una moderna política cultural (Escobar 1997, 2009[2008]; Grueso, Rosero y Escobar 1998),[3] una de las formas de luchar en contra del racismo y la discriminación es a través de la *visibilización* de la gente negra.[4]

Una de las formas de discriminación cultural que ha caracterizado a la sociedad colombiana ha sido la "invisibilidad" de la gente negra (Friedemann 1984). Esta se refiere a que el imaginario nacional negó su existencia y "coetaneidad"[5] por lo que fue desaparecida de las estadísticas oficiales, y las representaciones espaciales hegemónicas imaginaron los territorios en los cuales habita mayoritariamente, como la costa Pacífica colombiana, como espacios vacíos de cultura y pensamiento.

La invisibilidad estadística de la gente negra se remonta al momento en que las poblaciones negras fueron introducidas en calidad de esclavizados al territorio de lo que es hoy Colombia. En efecto, durante el periodo colonial, hubo intentos por cuantificar la población esclavizada; no obstante, no existen estadísticas confiables del número de esclavizados ni de las condiciones materiales y espirituales en que se desenvolvió esta población.[6] Cuatro décadas después del arribo de los europeos al Nuevo Mundo, desde 1533, la Corona de Castilla establece las "Licencias" mediante las cuales se otorga permiso a instituciones, funcionarios y comerciantes para introducir "legalmente" esclavizados a las Indias Occidentales, nombre que la Corona le dio a las tierras "descubiertas" del hemisferio Occidental. Esta es una de las primeras fuentes de información estadística de la población negra, pero es demasiado imprecisa por el contrabando, que, como se sabe, fue una práctica muy extendida en las colonias. Desde finales del siglo XVI y parte del XVII, los Visitadores, funcionarios de la Corona, realizaron censos de la población tributaria y no tributaria en los cuales también se contabilizó, aunque de forma imprecisa, a la población negra. En 1758 se crea la primera Oficina Estadística del Nuevo Reino de Granada que tiene como función la recolección de información estadística sobre la población y la realización periódica de censos (Departamento Nacional de Estadística [DANE] 2006:25). Estos censos, para clasificar a la población, usan las categorías que Quijano (2000) ha llamado las "identidades de la colonialidad": negros, indígenas, mestizos, blancos, libres y mulatos.

El primer censo de población se llevó a cabo en el año 1700 en el Nuevo Reino de Granada y arrojó que había 806.209 habitantes (DANE 2006:25). Sin embargo, es el de 1778 el que ha sido considerado como el mejor elaborado de todos los que se hicieron durante el periodo colonial. Con base en el censo de 1778, la historiografía colombiana ha presentado las mejores radiografías de la composición socio-racial de la sociedad neogranadina. Por ejemplo, Jaime Jaramillo Uribe, uno de los más destacados historiadores de Colombia, ha planteado con base en este censo, que a finales del siglo XVIII el proceso de mestizaje había avanzado a tal nivel que la población negra constituía una minoría:

> Desde el punto de vista del mestizaje es muy elocuente el cuadro que muestra Francisco Silvestre basándose probablemente en el Censo más completo de la época, el de 1778. En las 558 ciudades, villas, pueblos,

> sitios parroquias que componían entonces la jurisdicción de la Nueva
> Granada, excluyendo otras dependencias del Virreinato, en una po-
> blación total de 826.550 habitantes había 277.068 blancos, 368.093
> libres, que en el lenguaje de la época quería decir mestizos, 136.753 in-
> dígenas y 44.636 esclavos. El grupo blanco mestizo representaba, pues,
> cerca del 80% de la población, el indígena el 15% y el esclavo el 5%. La
> mayor parte de la masa indígena estaba concentrada en tres sitios, a
> saber, Santa Fe, Tunja y Cauca, sobre todo en las dos primeras zonas,
> que en la actual Colombia corresponden a los departamentos de Cun-
> dinamarca y Cauca. (Jaramillo Uribe 2001:125)

Esta descripción tan contundente en la que el grupo blanco-mestizo representa el 80 por ciento de la población y el negro-esclavo solo el 5 por ciento ha
sido asumida acráticamente por la historiografía colombiana como la mejor
descripción de la composición socio-racial de la sociedad neogranadina y
uno de los indicadores más contundentes de que Colombia es ante todo una
sociedad mestiza. Sin embargo, ello es un caso más de la invisibilidad estadística a que ha sido sometida la gente negra. En efecto, esta lectura supone que
la categoría libre es igual a mestizo, lo que a todas luces es un error de interpretación que tiene como consecuencia borrar de las estadísticas a los negros
libres, es decir, a los ex esclavizados, su descendencia y a los cimarrones con
lo que se subestima la población negra en general.[7]

La invisibilidad estadística de la gente negra, sobre todo a partir de la
segunda mitad del siglo XIX, está asociada con el imaginario liberal de la
nación que ha profesado buena parte de las elites políticas y culturales de
Colombia. En este imaginario, que proviene de la Revolución Francesa, la
nación aparece como una colectividad humana constituida por la libre voluntad de sus miembros, soberana y gobernada por leyes que ella misma se
da. En esta concepción nada remite a una identidad cultural, todos los ciudadanos son iguales independientemente de su adscripción étnica, cultural
o racial. La nación es una asociación de ciudadanos lo que se considera un
logro de la humanidad contra el Antiguo Régimen, contra la sociedad dividida en estamentos, castas y linajes. Desde esta concepción, los censos deben
cuantificar ciudadanos universales. Contar la población según su identificación racial sería contrario al ideal de nación homogénea, símbolo de la
civilización, y sería una concesión al odiado régimen colonial contra el cual
se habría instaurado la nación moderna. Así, son los censos coloniales, que
corresponden a una sociedad de castas, aunque sin sanción religiosa, los
que cuantifican a la población según las identidades de la "colonialidad"
(Quijano 2000), es decir, blanco, negro, libre, mulato, indígena, mestizo,
zambo, como vimos.

También por estas razones, la población negra desaparece de casi todos los censos que se llevan a cabo en el siglo XX. Tendrá que producirse un cambio en el imaginario de la nación, darse un tránsito, aunque sea en el orden legal, de la nación mestiza a la nación diversa para que se den los primeros pasos en la *visibilización* cultural y estadística de los afrocolombianos. Esta *visibilidad* se produce, entre otras razones, porque un movimiento social, que apela a la identidad étnica negra, cuestiona la discriminación de que han sido objeto los afrocolombianos por lo que su *visibilidad* estadística se convierte en una dimensión estratégica para el movimiento. La producción de estadísticas, que evidencian la diversidad étnica y cultural de la sociedad, se ha convertido en un campo de fuerzas en el que el Estado y el movimiento social se enfrentan por la producción de significados.

El proceso de comunidades negras y la visibilidad estadística de los afrocolombianos en el censo de 2005

Los datos son construcciones sociales que tienen el poder simbólico de producir realidades. En este sentido, desde el punto de vista de las poblaciones humanas y de la formulación de las políticas públicas, quién no está en las estadísticas estatales no existe. La medición estadística de una población no es un asunto fácil y mucho menos neutral. En efecto, como sostienen Barbary y Urrea (2004:69): "Al igual que el conjunto de las categorías de uso estadístico, desde las más objetivas hasta las asociadas a preguntas de percepción y opinión, clasificar y calificar estadísticamente una población tiene fuertes implicaciones históricas y socio antropológicas, además, éticas y políticas en su relación con el Estado y los otros grupos de la sociedad." Por ello, la invisibilidad estadística a que fueron sometidas las poblaciones negras tiene fuertes connotaciones ideológicas y políticas.

En efecto, a lo largo del siglo XX se realizaron en Colombia diez censos.[8] De estos solamente dos, el de 1912 y el de 1993, introdujeron mediciones de la población afrocolombiana. El de 1912 usó el criterio de raza, que se encontraba en boga en el momento y arrojó el dato de que de un total de 5.072.604 habitantes, el 6 por ciento de la población, es decir, 322.499 personas, eran negras. Por su parte, el censo de 1993[9] usó una pregunta de autoreconocimiento étnico que fue definido a partir del sentido de pertenencia a una cultura, un grupo, una etnia, pueblos indígenas o una comunidad negra y basada en la autodeterminación como rasgo de identidad (Bodnar 2000:78). A las personas se les preguntó: "¿Pertenece usted a alguna etnia, grupo indígena o comunidad negra? 1. Sí. ¿A cuál? 2. No" (DANE 1998:56–61; 2000:19). Un total de 1.106.499 personas se autoreconocieron como pertenecientes a una etnia, es decir, el 3,34 por ciento de la población total: 1,6 por ciento indígena y 1,5 por ciento negra. Además 71.923 personas se declararon pertenecientes a una etnia, pero no especificaron a cual (Bodnar 2000:79).

La medición de la gente negra en el censo de 1993 se explica en buena medida porque la Constitución que surge de la Asamblea Nacional Constituyente del año 1991 declara que la nación colombiana es diversa étnica y culturalmente, como se mencionó antes. Esta Carta introduce la categoría de grupo étnico para reconocer derechos a los pueblos indígenas, categoría a la cual se asimilan las poblaciones negras. Pero usando la mencionada categoría de autoidentificación étnica, este censo arrojó que solo el 1,5 por ciento de la población era negra, menor población que la que se reconoció como indígena. Varias razones explican esta baja proporción. La Conferencia Nacional Afrocolombiana, realizada en el año 2006, analizando los porqués de este bajo número afrocolombianos, menciona las siguientes causas: deficiente capacitación de las personas encargadas de recoger la información, precaria campaña de divulgación entre las personas que se buscaban captar con la pregunte étnica, débil identificación de las poblaciones con el concepto de etnia en que se basó la pregunta, prejuicios raciales de los empadronadores, débil autoreconocimiento de las poblaciones afrocolombianas, alto grado de invisibilidad de que han sido víctimas las poblaciones negras y ausencia de los actores afrocolombianos en el proceso (PCN 2006).

En efecto, el movimiento social afrocolombiano, en especial el PCN, le asigna, en principio, escasa atención a esta primera medición de la comunidad negra bajo un modelo de nación que a la sazón se proclamaba pluriétnica y multicultural. Pero esta poca atención no obedece a que el movimiento social no considere importante la producción de estadísticas étnicas, sino a que su foco de atención se concentra en la solución de un problema central en el reconocimiento de sus derechos y que considera estratégico para la protección de su integridad cultural y autonomía como pueblo: la titulación de territorios colectivos negros mediante la reglamentación del Artículo Transitorio 55 (AT55) de la Constitución Política de 1991 que daría origen a la Ley 70 o Ley de comunidades negras, como lo menciona una de los miembros de la Dirección Nacional de PCN:

> Se podría decir que en el caso del 93 para el PCN no es que no sea significativo el problema del censo, sino que en buena parte las tareas en las cuales está ocupado lo que ahora es el PCN son fundamentales porque es el problema de la titulación de los territorios, es el problema de poner en práctica buena parte la Ley 70, es la reglamentación del Artículo transitorio 55 y que ese tipo de responsabilidades eran mucho más importantes como estrategia política que por ejemplo asumir lo del

censo, pero un poco ya luego de logrado en buena parte la titulación
cuando se coloca la titulación de territorios colectivos y que esa meta
se logra entonces poder participar en el censo 2005 se convierte en una
tarea importante. (Entrevista con miembro de la Dirección Nacional del
PCN, Cali, mayo de 2007)

Precisamente, la Primera Asamblea Nacional de Comunidades Negras, que se llevó a cabo en el mes de julio de 1992 en la ciudad de Tumaco, municipio del Pacífico Sur colombiano, define que el objetivo central del movimiento es reglamentar el AT55 de tal forma que se formulase una ley para las comunidades negras que se orientara a la titulación colectiva de los territorios ancestrales. Así, una vez el movimiento social de comunidades negras obtiene uno de sus mayores logros—la titulación de más de cinco millones de hectáreas como territorios colectivos en el reconocimiento de sus derechos y libertades fundamentales como comunidades negras—dará mayor atención a la *visibilidad* de la gente negra a través de la producción de las estadísticas oficiales étnicas en la lucha por políticas de inclusión y reparación desde la diferencia. Un indicador de ello es su participación activa en los encuentros internacionales "Todos Contamos I," realizado en el año 2000 en la ciudad de Cartagena (Colombia), en "Todos Contamos II," realizado en el año 2002 en la ciudad de Lima (Perú) y en el "Taller de Evaluación de la Pregunta de Autoreconocimiento Étnico" que se llevó a cabo en el año 2004 en la ciudad de Bogotá. Por lo tanto, esto evidencia que el movimiento social coloca también su foco de atención en la producción de significados por lo que el campo de la producción de estadísticas públicas étnicas se convierte en un escenario de fuerzas en el que se expresan los intereses del movimiento social y en el que termina confrontando con el Estado.

Pero como ha acontecido con el reconocimiento de los derechos de los grupos étnicos, las mayores presiones que el Estado ha recibido para que produzca estadísticas étnicas han provenido de actores transnacionales y de las conferencias internacionales contra el racismo. Presión que a su vez ha sido resultado de las estrategias de lucha que a nivel internacional implementan sectores del movimiento social de las comunidades negras y en especial las promovidas y utilizadas por el PCN. Por ejemplo, la "Conferencia de Santiago en Contra del Racismo" solicitó a los Estados que "…reúnan, recopilen y difundan datos sobre los grupos que son víctimas de discriminación, proporcionando información sobre su composición, desglosada por nacionalidad, etnicidad, sexo, edad y demás factores, según proceda, entre otras cosas, para formular y evaluar políticas y programas relacionados con los derechos humanos, con especial referencia al racismo, la discriminación racial, la xenofobia y las formas conexas de intolerancia" (Declaración de la

Conferencia Regional de las Américas contra el Racismo, 2000: párrafo 13, citado en PCN 2006:8).

Respondiendo a los compromisos internacionales, y en la perspectiva de realización del censo nacional de población del año 2005, en el Documento Conpes (Consejo Nacional de Política Económica y Social) 3196,[10] el Departamento Administrativo de Estadística (DANE) se compromete a cuantificar a la población afrocolombiana en dicho censo y a actualizar el mapa de tierras de las Comunidades Negras (Conpes 3196, 2004:14).

A pesar de la existencia de diversas interpretaciones sobre la importancia del censo de 2005, la mayoría del PCN opinaba que su realización era un evento estratégico ya que se contaría nuevamente a la población afrocolombiana, que la gente negra tenía derecho a ser reconocida en su identidad étnica. Por lo tanto, la *visibilidad* estadística se convierte en una cuestión política de alto valor para el PCN porque, entre otras razones, saber el peso demográfico de los afrocolombianos sería un elemento central de su reconocimiento en términos de presencia cultural y porque se le podría exigir al Estado, con cifras, políticas públicas incluyentes para la población afrocolombiana.

Como un actor estratégico, consideró que la *visibilidad* estadística de la gente negra podría lograr varios resultados, por ejemplo, se podría impulsar una amplia campaña nacional entre la gente negra para que se reconociese como tal. El autoreconocimiento como afrocolombianos o de pertenencia a las comunidades negras en regiones diferentes a la costa Pacífica colombiana era un primer paso para demandar la aplicación de la Ley 70 y en especial el derecho al territorio colectivo en lugares diferentes a las zonas ribereñas de la costa Pacífica colombiana, la única región de Colombia donde se han titulado territorios ancestrales negros como tierras colectivas de las comunidades negras, contradiciendo el espíritu de esta ley que reconoce su aplicación en lugares similares. También, la producción futura de estadísticas étnicas, a partir de este censo, mostraría, con toda seguridad, que el proceso histórico de exclusión de la población afrocolombiana había sido de tal magnitud que ella tendría los peores indicadores en todo lo que se refiere a la calidad de la vida, su participación en la economía y al acceso a los servicios de bienestar que presta el Estado. La Dirección Nacional del PCN, a través de uno de sus miembros, resume esto en los siguientes términos:

> Hay un principio del PCN que es el derecho a ser negro, es el primer principio. El derecho de ser negro tiene una connotación interna y una connotación externa y en el censo había como el derecho a que nosotros nos reconozcamos, por eso se habló no de incluir la pregunta solamente, sino de incluir el autoreconocimiento para movilizar a la gente y sensibilizar a la gente en torno al hecho del significado de ser negro, aprovechar esa coyuntura del censo y movilizar ese sentir y la necesidad

de reivindicar culturalmente una visión distinta dentro de la población, dado el caso de la Constitución del 91. La movilización en torno a los negros solo es posible si la gente se asume [como negra] y por eso la campaña tenía ese matiz de autoreconocimiento. Para poder desarrollarla se pensó inicialmente que iba a haber una mayor inversión del Estado en esa campaña, que iba a ser una cosa mucho más grande, más técnicamente desarrollada, mejor dicho que iba ser un espacio de movilización y formación en torno a los negros así se pensó en él [el Censo] hacia dentro…las preguntas del Censo implicaban visualizar también las condiciones de la comunidad y poder con hechos y datos para exigir el cumplimiento de las políticas de Estado como son las de la Constitución misma, porque un impedimento que ha existido desde el 91 es que nunca ha habido datos para monitorear y decir bueno el cumplimiento de esta norma se está dando o no se está dando, si ha reconocido un derecho a cuántos se le ha reconocido, cómo se ha reconocido, dónde se ha reconocido y si esos datos no se tenían era imposible hacer un seguimiento. En otras zonas de valles interandinos, donde la gente ha empezado a movilizarse, pero se le da un tratamiento como campesinos, no un tratamiento colectivo como grupo étnico, tiene sentido hacer reconocer que la aplicación de la ley 70 misma por ejemplo no se limita únicamente a las zonas donde tradicionalmente se ha titulado, sino a esas otras zonas. (Entrevista miembro Dirección Nacional del PCN, Cali, mayo de 2007)

Para el PCN también ha sido de vital importancia mostrar que los afrocolombianos son el grupo más afectado por la guerra que padece Colombia, que tiene ahora como a uno de sus epicentros a la costa Pacífica colombiana y a Buenaventura, unos de los principales asentamientos de la gente negra en el país colombiano. No obstante, dado que no existían estadísticas étnicas, el impacto de la guerra sobre la gente negra también ha sido "invisibilizado." Y, cuando el PCN ha pedido el apoyo solidario internacional de organizaciones no gubernamentales (ONG) o de parlamentos amigos en contra de los impactos de la guerra sobre la población afrocolombiana le han exigido cifras que demuestren esto:

Otra cosa que motivó mucho al PCN a meterse mucho al cuento del Censo es que en la concertación hacia fuera, en la búsqueda de apoyo solidario de ONG, de los parlamentos democráticos, incluidos los de Estados Unidos, siempre esta gente maneja las cosas con cifras, hechos y datos concretos. Entonces, cada vez que se iba a plantear la pregunta era cuántos y en dónde, y siempre era el lío con esas cifras. Eso ha sido un motivo importantísimo por el cual el PCN le ha dado importancia al

Censo. Por lo que significa la lucha por la defensa de los derechos y las relaciones internacionales que te exigen comprobar tu versión, es tener hechos y datos y eso dentro de la estrategia del PCN de los derechos es crucial y tener esas cifras es parte de la estrategia de la cooperación internacional solidaria, de la lucha por los derechos, de la gestión, de la movilización hacia fuera, pero sin información esto es muy difícil. (Entrevista miembro Dirección Nacional del PCN, Cali, mayo de 2007)

Por consideraciones de estrategia, el PCN se propone participar en tres campos de la realización del censo: en la pregunta que identificaría a la población afrocolombiana, en una campaña de sensibilización sobre el autoreconocimiento de la gente negra y en el dispositivo de recolección de la información.

Como se dijo antes, dirigentes del movimiento social afrocolombiano ya habían participado activamente en dos encuentros internacionales en los cuales el tema central era las estadísticas étnicas. Con estos antecedentes, en enero de 2004, participaron con expertos nacionales e internacionales, comunidades indígenas, afrocolombianas y gitanas en el "Taller Técnico de Evaluación de la Pregunta de Autoreconocimiento." En este taller, las ahora consideradas comunidades étnicas discuten cómo garantizar que sean reconocidas y, por lo tanto, "visibilizadas" en el próximo censo nacional de población.

Si el reconocimiento étnico era un derecho adquirido en la nueva Constitución, la pregunta de autoreconocimiento debía ser consultada con las comunidades étnicas para no cometer los errores del censo de 1993 que había continuado con la perniciosa tendencia del siglo XX de "invisibilizar" a las poblaciones afrocolombianas. Por estas razones, las organizaciones afros desarrollan una amplia consulta entre las comunidades negras acerca de los etnónimos más utilizados en su autoreconocimiento. Los resultados de esta consulta se presentan en el "Primer Taller Nacional de Socialización para la Población Afrocolombiana del Censo Nacional de Población y de Vivienda" que convocó el DANE en septiembre de 2004. Las organizaciones de comunidades negras, diferenciando categorías étnicas (basadas en la cultura) y categorías raciales (basadas en el fenotipo), proponen que la mejor de manera de captar a la población afrocolombiana sería mediante la siguiente pregunta de autoreconocimiento:

¿Usted es?

Trigueño (a)

Moreno (a)

Mulato (a)

Zambo (a)

Afrocolombiano o afrodescendiente

Raizal

Palenquero

Negro

Indígena

Gitano (Rom o Li)

Blanco

(PCN, Informe Taller Censo Afrocolombiano, Bogotá, septiembre 8 y 9 de 2004, citado en PCN 2006:13)

El DANE llegó a un acuerdo con las organizaciones de comunidades negras de tal forma que se aceptó que la pregunta de autoreconocimiento quedaría formulada de la siguiente manera:

¿Usted es:

Negro

Moreno

Mulato

Zambo

Mestizo

Blanco

Ninguna de las anteriores (PCN 2006)

Como se puede observar, en este acuerdo, se excluye el etnónimo trigueño. Esto produce un enfrentamiento entre las organizaciones afrocolombianas y el DANE. Mientras las primeras alegan que esa categoría fue impuesta por años a los descendientes de africanos, una prueba de lo cual era que muchos de estos aparecían en sus cédulas de ciudadanías clasificados como trigueños, el último sostenía que esta categoría estaba asociada con el cruce entre el europeo, el indio y el negro y que no identificaba a la población afro por lo que su uso sobre estimaría dicha población. El término moreno también fue objeto de disputa. Para el PCN está categoría también identificaba ampliamente a la población negra del interior del país y en especial a la de la costa Caribe. Por su parte, el DANE se resistía a incluirla alegando que no había sido probada en las pruebas técnicas. Sin embargo, al final, se incluye y el DANE se compromete a que las organizaciones afrocolombianas participarían en lo que llamaron la campaña de sensibilización, para que la gente negra se autoreconociera como tal, y en el operativo censal (PCN 2006).

Como se puede observar, desde un comienzo, las organizaciones de comunidades negras se enfrentan con el Estado. El problema en disputa es ni más ni menos que el número de personas que el censo contaría como negras. Mientras el Estado, a través del DANE, busca, supuestamente, que no se sobreestime esta población y, por lo tanto, que no apareciese Colombia con una proporción de población negra que en teoría no tendría, para las organizaciones afrocolombianas el problema es que la población negra no continuase subregistrada, o invisibilizada estadísticamente, como había acontecido desde los orígenes de la conformación de la sociedad colombiana.

Las organizaciones de comunidades negras interpusieron un derecho de petición para conocer cómo quedaría la pregunta de autoidentificación.[11] A esta exigencia el Instituto de Estadísticas Públicas respondió que dicha pregunta quedaría formulada de la siguiente manera:

> *De acuerdo con su cultura o rasgos físicos, ¿…es o se reconoce como:*
>
> *Indígena?*
>
> *Rom?*
>
> *Raizal del Archipiélago de San Andrés y Providencia?*
>
> *Negro (a), Mulato (a), afrocolombiano (a), o afrodescendiente?*
>
> *Ninguna de las anteriores? (DANE 2006:35)*

Adicionalmente, informó en su comunicación que la cuarta opción no generaría ningún tipo de omisión porque los encuestadores preguntarían leyendo cada término con lo que la persona encuestada se autoreconocería de forma adecuada, y además, que había sido excluida la categoría moreno porque era utilizada en gran parte del territorio nacional, especialmente en la zona andina, donde reside la mayoría de la población, para determinar el color de piel resultado del mestizaje de indio y blanco (PCN 2006:15). La exclusión de este etnónimo, como se verá más adelante, generará un subregistro de la población afrocolombiana sobre todo en la costa Caribe. En efecto, la fuerte carga negativa que ha tenido el término negro en la costa Caribe colombiana por la historia de esclavitud y discriminación ha generado el rechazo de la gente a autoidentificarse como negra. En los procesos de identificación este término ha sido reemplazado, en forma eufemística, por el de moreno.

> *A pesar de haber trabajado y sensibilizado a mi familia de que ellos son negros, ellos no se definen como tal, por la historia. Esto es una posición*

de la Costa Caribe de no asumirse como negro por el mal llamado pro-
ceso de esclavización de los negros, y la únicas personas que se identi-
fican como negros son los palenqueros y el resto de la población de la
Costa Caribe se asume como morenos.(Grupo focal con organizaciones
afrocaribeñas, Cartagena, mayo de 2007)

En la población [negra] hay un sector que no se reconoce dentro
de lo afro, que tiene otra denominación, similar a la situación de la
población raizal, por todos los impactos de la exclusión y el racismo.
El endorracismo también tiene como resultado que la gente disfraza
su afrocolombianidad en otras identidades, por ejemplo, como en Bar-
ranquilla y Santa Marta, donde van a haber cifras bajas de población
afrocolombiana. Esto es así porque muchos de los mestizajes que ha
habido allí, que siguen siendo profundamente afros, mayoritariamente
afros, están invisibilizados. Lo que te decía, se reconocen caribeños y
seguro que si les preguntan si es samario te va decir que sí y te va dar
un resultado distinto a decir que es un afrocolombiano, aunque no nece-
sariamente un samario afro. Estoy comparando sobre cómo me identi-
fico yo, y cuáles son las valoraciones porque hay tanto racismo. En el
Caribe el racismo ha sido tan contundente. Cartagena ha sido una de
las ciudades más racistas, dicho, sondeado y valorado por la misma co-
munidad, donde las relaciones de enclave fueron tan claras y marcadas.
Sí, en toda esta zona ha habido un demarcamiento que ha afectado a la
población. Entonces, el no reconocimiento tiene que ver con los impactos
que ese racismo, que esa exclusión tiene, y no la posición sensible frente
al hecho de ser afro. (Entrevista miembro Dirección Nacional del PCN,
Cali, mayo de 2007)

Después de un año de recolección de la información, los primeros datos del
censo se publican en junio de 2006. El censo arroja que de un total poblacional de 41.468.384 personas, 4.261.996 colombianos, es decir, el 10,5 por
ciento, se identificaron como negros. Este dato, aunque contrasta con las
cifras del censo de 1993, que, como anotamos antes, estimó que solo el 1,5
por ciento de la población era negra, es diferente de la cifra del 26 por ciento
que fue introducida en el año 1998 en el Plan de Desarrollo para la Población
Afrocolombiana.

Para el PCN, y otras organizaciones del movimiento social afrocolombiano, las cifras de población afro que arroja el censo de 2005 continúan invisibilizando a la gente negra. Se habría presentado un subregistro generado
por la forma como se aplicó la pregunta de autoreconocimiento étnico. Para
tener una idea de la magnitud del subregistro, el PCN aplicó una encuesta a
la población negra en las cinco ciudades colombianas en las que se concentra
el mayor número de afrodescendientes: Bogotá, Medellín, Cali, Cartagena y

Barranquilla. La encuesta buscaba conocer entre los afrocolombianos selec-
cionados si habían sido censados, si a todos los miembros del hogar se les
había aplicado el formulario básico y si a todos se les había aplicado la
pregunta de autoreconocimiento étnico. La encuesta arrojó los siguientes
resultados: el 97,2 por ciento fue censado, solo en el 86,1 por ciento de los
hogares fue aplicado el formulario a todos los miembros del hogar y al 42,1
por ciento no le fue aplicado la pregunta de autoreconocimiento étnico (PCN
2006). El problema más grave se habría presentado en la ciudad de Cartagena
donde al 69,9 por ciento de los encuestados no le fue aplicada la pregunta de
autoreconocimiento. Igualmente, hicieron consultas entre miembros de las
organizaciones sobre la aplicación de esta pregunta. Algunos de los consulta-
dos dieron los siguientes testimonios:

> *La pregunta N° 33 sobre pertenencia étnica no se está formulando como
> Universal o no se está formulando en todas las encuestas. Al preguntar
> por ello nuestro delegado por organizaciones afrocolombianas en la ce-
> sión de la Junta Cívica Municipal del Censo el pasado 14 de octubre,
> la Coordinadora Municipal del Censo precisó que esa pregunta no era
> Universal, sino de una muestra y que por ello no se estaba efectuando en
> todos los hogares. Una supervisora también confirmó a nuestro delegado
> el pasado 28 de octubre que dicha pregunta no la estaban efectuando en
> todos los hogares. (PCN 2006:16)*
>
> *A Ubencel Duque, residenciado en la comuna 3, barrio la Floresta,
> oriundo de Curumaní (Sur del César) y quien se reconoce clara y dig-
> namente como negro, el encuestador se resistía a aceptarlo como tal.
> Ubencel en vista de la resistencia del encuestador hábilmente le propuso
> entonces que lo registrara como afrocolombiano. "Una persona mujer
> encuestada (Mónica Barrera-Barrio Pueblo Nuevo-Comuna 2) por su
> apariencia afromestiza y reconocida por sus amistades más cercanas
> como tal, que al momento de formularle la pregunta 33 (de autoreco-
> cimiento), la encuestadora se le anticipó diciéndole que "Ninguna de
> las anteriores." La encuestada con vacilaciones respecto a su autoiden-
> tificación, terminó aceptando la respuesta de la encuestadora (PCN
> 2006:17)*

Los anteriores testimonios coinciden con los de líderes del PCN que participaron en los talleres del proyecto Otros Saberes en las ciudades de
Buenaventura, costa Pacífica colombiana; Cartagena, costa Caribe colombiana y Cali, Valle del Cauca, principales concentraciones urbanas de gente
negra de Colombia. Veamos algunos de estos testimonios:

> *…La pregunta étnica iba dirigida hacia el grupo indígena y por lo gene-
> ral las personas respondían sencillamente no y se pasaba a la siguiente*

pregunta. No hubo claridad en la presentación y menos en la comprensión del encuestador del instrumento ni de la pregunta de autoreconocimiento. Pareciera que lo que hicieron en cinco (5) municipios como piloto no sirvió "pa" nada, ya que una experiencia piloto sirve para corregir y esta no sirvió "pa" nada. El instrumento tuvo muchas falencias y yo no creo que haya sino inocente ya que se trata de una discusión y posición política. Gente que haga el Censo la hay, dinámica y métodos de censo los hay, si hace un piloto tiene que corregir los errores. En el caso de Buenaventura y hubo como 50.000 falencias. Un ejemplo, el Director del Censo en Buenaventura nunca pudo entender ni aceptar que en una casa o vivienda habitaran más de 10 personas y frente a estos se ubicó un tope de número generalizante de 4 personas y un tiempo. Entonces, el encuestador, cuando se encontró con una familia de dos se sentía que cumplía con el tiempo, pero cuando se encontraba con una familia de 11 personas ocupaba el tiempo de 2 o 4 personas por familia, lo cual determinaba que al final él se sentía atrasado y como él se veía atrasado dejaba algunas familias esperando ya que había otras personas que le anunciaban que ese día iban a ser encuestados y seguramente la familia que esperaba hoy mañana no iba a esperar porque le tocaba trabajar. (Grupo Focal Palenque El Congal, Buenaventura, 15 de enero de 2007)

…Ya teníamos la prevención en ambos lados y en mi caso cuando terminó [de ser censado] yo le pregunté [al empadronador] y ¿la pregunta étnica qué? y me respondió que él ya sabía que yo era negro y así la había respondido en el cuestionario… (Grupo Focal con organizaciones de jóvenes negros del Distrito de Agua Blanca, Cali, 7 de febrero de 2007)

…En este censo desaparecieron [estadísticamente] a muchos afrocolombianos y fue por el sistema de aplicación de la encuesta. Porque se tenía en cuenta que iba a ver participación de las organizaciones en el proceso del Censo y de la sensibilización tanto de los encuestadores como de la comunidad y eso no se dio. Yo mismo pedí esa participación y nunca se me dio. Como les dieron las facultades a los alcaldes para que organizaran y coordinaran el Censo, estos le dieron un giro politiquero. Entonces, hubo una participación de los consejos comunitarios y de las organizaciones para sensibilizar a los empadronadores y encuestadores de la pregunta [de autoreconocimiento], que nunca la hicieron. Yo estuve presente no solo cuando me censaron, sino en dos o tres casas donde hicieron el Censo. Yo les preguntaba [a los empadronadores] y les decía que por qué no hacían estas preguntas y que si no caían en cuenta que nos están invisibilizando y me tocó decirles a estos encuestadores que los iba a denunciar por no hacer esta pregunta y estos respondían que a

ellos nos les habían ordenado hacer estas preguntas y que solo asumi-eran que si era una persona de color negro habría que autoresponder sin preguntar. Por eso me quedó claro en la discusión de ayer que el color de la piel no define mayor cosa, sino el auto reconocimiento. (Grupo Focal con organizaciones afrocolombianas de la Costa Caribe Colombiana, Cartagena, 19–21 de mayo de 2007)

Como se deriva de los anteriores testimonios, la pregunta de autorecono-cimiento étnico no fue aplicada entre todos los miembros del hogar por múlti-ples razones. Los encuestadores no recibieron un buen entrenamiento sobre el manejo de esta pregunta. Tenían confusión de si era universal o muestral. Dado que se les pagaba por el número de formularios diligenciados, algunos, por completar la cuota, omitieron la pregunta de autoreconocimiento. Otros, por sus prenociones, no clasificaban a los entrevistados como negros si el fenotipo no coincidía con el que consideraban que pertenecía a una persona negra. Al parecer, en zonas caracterizadas por combinar una alta proporción de población negra y altos niveles de violencia e inseguridad, como las del sur oriente de la ciudad de Cali, los encuestadores diligenciaron los formularios. Por otro lado, la campaña de sensibilización que contemplaba entre otras cosas, un video titulado Las caras lindas de mi gente…[negra], que subrayaba la importancia del autoreconocimiento de los afrodescendientes, no se desa-rrolló como fue planificada; además, el DANE no mostró mucho interés en que las organizaciones de afrocolombianos participaran activamente en el proceso censal, como fue previsto, y aunque muchas de estas organizaciones desplegaron un fuerte activismo para que la gente negra se autoreconociera como tal, no tuvieron el impacto esperado.

De las diferentes organizaciones del movimiento social afrocolombiano, el PCN es el que ha asumido la actitud más radical frente a los resultados del censo ya que estima que el subregistro en la aplicación de la pregunta de autoreconocimiento étnico estuvo por el orden del 40 por ciento. Por ello, se apresta a demandar al Estado colombiano ante los organismos internaciona-les por lo que ha denominado "Genocidio estadístico."

Algunos resultados del censo y sus implicaciones para la política del PCN

Como se anotó antes, el censo de 2005 arrojó que en Colombia sobre un total poblacional de 41.468.384 habitantes, el 10,5 por ciento se autoidentificó como negra, es decir, 4.316.592 personas. Este dato contrasta fuertemente con el 1,5 por ciento del censo de 1993 y el 26 por ciento del Plan Nacional de

Cuadro 6.1. Población afrocolombiana 1993–2005 según diferentes fuentes estadísticas, las poblaciones de los años 1998, 2001, 2002, y 2004 fueron calculadas con base en el período intercensal 1993–2005. La población de los censos 1993 y 2005 ya tiene los ajustes de cobertura.

Fuentes estadísticas sobre población afrocolombiana	Total población Colombia	Población afrocolombiana	%	Metodología utilizada
Censo de Población y Vivienda, DANE, 1993	37.635.094	564.526	1,5	Autoreconocimiento étnico
Estimativos Plan Nacional de Desarrollo de la Población Afrocolombiana, 1998	39.740.958	10.332.649	26,0	Estimativos organizaciones afrocolombianas
Estimativos Proyecto CIDSE-IRD/Universidad del Valle, 2001	41.060.622	7.637.276	18,6	Estimativos con base en clasificación externa utilizada en la encuesta CIDSE-IRD y los resultados de la ENH etapa 110 en 13 áreas metropolitanas, con uso de fotografías
Encuesta de Calidad de Vida, DANE, 2003	41.964.655	3.357.172	8,0	Autoreconocimiento étnico
Encuesta Continua de Hogares, DANE, II trimestre 2004, muestra nacional urbano/rural	42.424.108	4.666.652	11,0	Autoreconocimiento étnico y autoclasificación fenotípica en preguntas separadas
Censo de Población, Vivienda y Actividades Económicas, DANE, 2005	42.888.592	4.546.191	10,6	Autoreconocimiento étnico y autoclasificación fenotípica en una sola pregunta

Fuentes: DANE, Proyecto CIDSE-IRD/Universidad del Valle, Plan Nacional de Desarrollo de la Población Afrocolombiana 1998 y ajustes con base en período intercensal 1993–2005 (Urrea 2007:10).

Desarrollo de la Población Afrocolombiana del año 1998. Después del reconocimiento de la diversidad étnica y cultural que introdujo la Constitución de 1991, más precisamente entre 1993 y el 2005, se llevaron a cabo en Colombia seis mediciones de la población afrocolombiana que incluyen dos censos. En estas mediciones se aplicaron metodologías diferentes como la pregunta de autoreconocimiento y el uso de fotografías y estimativos de las organizaciones afrocolombianas, entre otras. En el cuadro 6.1 arriba se observan las diferencias en cada una de estas estimaciones.

Como mencionamos antes, el censo de 1993 tiene el porcentaje menor (1,5 por ciento) y el Plan Nacional de Desarrollo para Población Afrocolombiana el mayor (26 por ciento). Por su parte, la Encuesta de Calidad de Vida (ECV) del año 2003 arrojó un valor seis veces mayor que el estimativo del censo de 1993, y la Encuesta CIDSE-IRD del año 2001 fue la que más se acercó al estimativo del Plan Nacional de Desarrollo para Población Afrocolombiana. Teniendo en cuenta las anteriores mediciones y asumiendo como hipótesis que hubo un subregistro, incluso inferior al que estima el PCN con base en la encuesta de las cinco principales ciudades colombianas de gente negra, la población afrodescendiente podría fluctuar entre el 18 por ciento y el 20 por ciento de la población total, es decir, entre 8,5 por ciento y 9 millones de personas con lo que Colombia sería el segundo país de América Latina en población afro por debajo de Brasil, con unos setenta millones y por encima de Cuba.

Aunque las Organizaciones del Movimiento Social Afrocolombiano han rechazado la cifra del 10,5 por ciento del censo de 2005, los primeros análisis demográficos sobre la población afrocolombiana comienzan a arrojar resultados relevantes. Por ejemplo, las tres provincias en orden de importancia con la mayor población afrocolombiana en términos absolutos son Valle del Cauca (25,6 por ciento), Antioquia (13,9 por ciento) y Bolívar (11,2). Entre los tres reúnen el 51 por ciento de toda la población negra de Colombia. Es decir, que se mantienen las tres grandes concentraciones de gente negra que vienen desde el periodo colonial, aunque el Valle del Cauca se convierte en un epicentro de alta agrupación de afrocolombianos. Por ejemplo, en Cali y su área metropolitana hay más población negra que en todo el andén Pacífico y posee la mayor concentración de gente negra del país con más de la cuarta parte (Urrea 2007:18).[13]

Otro dato importante que arroja el censo es la alta urbanización de la población afrocolombiana. Así, existe un patrón similar entre la distribución urbano/rural de esta población y la colombiana, 72,8 por ciento para la primera y 75,0 por ciento para la segunda. Este patrón se cumple, incluso, en el andén Pacífico. Llama la atención la situación diferente en relación con el censo de 1993, doce años antes. La relación urbano/rural era del 49 por ciento versus 51 por ciento, es decir, que doce años después la migración rural-urbana en el Pacífico colombiano hay sido impresionante (Urrea 2007:17). Este cambio tan dramático está relacionado con el conflicto armado que ha convertido al Pacífico en epicentro de la guerra y ha generado una crisis de grandes proporciones en toda la región: acentuación de la pobreza, muerte, desplazamiento interno y desterritorialización.

El PCN considera que los procesos de desterritorialización violenta y forzada y desarraigo, generado por el conflicto social y armado que afecta al país por la disputa de regiones de importancia geoestratégica y riqueza natural, han forzado una significativa concentración de la población en las grandes ciudades como Cali, Bogotá, Medellín, Barranquilla y Cartagena, entre otras. El desplazamiento forzado ha sido utilizado por intereses foráneos como estrategia de ocupación y desterritorialización lo que se refleja en un marcado proceso de urbanización de la población afrocolombiana. También tiene el resultado que el territorio ancestral de los afrocolombianos tiene nuevos habitantes que vienen de todas partes del país. La identidad cultural y la relación con la naturaleza de estos grupos son contrarios a la visión, los valores y sistemas productivos ancestrales. Hay una tendencia creciente hacia relaciones conflictivas entre poblaciones ancestrales y los nuevos habitantes.[12]

La población afrocolombiana es ahora predominantemente urbana y se concentra en grandes ciudades y en las dieciséis principales áreas metropolitanas de Colombia (Cali, Cartagena, Medellín, Barranquilla, Bogotá, Santa Marta, Pereira y otras nueve áreas metropolitanas); no obstante aún mantiene una concentración importante en el Pacífico, en ciudades menores y donde es ligeramente más rural que la nacional (Urrea 2007:17).

Otra estrategia del gobierno que contribuye con los procesos de desterritorialización-urbanización de la comunidad negra es la imposición de políticas excluyentes (ley forestal, ley de desarrollo rural, código minero, ley de biocombustibles entre otras), lo que demuestra cómo el proceso de urbanización de la población es en esencia un proceso de desterritorialización en la disputa por áreas estratégicas para las dinámicas del mercado internacional como la promovida desde los agro y biocombustibles, programa central para el gobierno en los últimos siete años y que favorece a los grandes inversionistas.

A pesar de la sub-aplicación de la pregunta étnica, las cifras del censo muestran también la situación crítica de sectores de la población afrocolombiana como resultado del racismo y exclusión estructural que históricamente se ha ejercido por parte del Estado. Una de estas situaciones es la condición de pobreza de la gente negra—producto de la exclusión como actor en los beneficios de la producción, impuesto por las economías extractivas— que ha podido ser elaborado gracias a los datos censales. Son las regiones de mayor concentración de población afrocolombiana, como las costas Pacífica y Caribe, donde se presenta la mayor proporción de gente que no consume alguna de las tres comidas básicas uno o más días de la semana.

Estos resultados del censo han tenido implicaciones políticas en el PCN y en sus apuestas estratégicas. Al mostrarse que la población afrocolombiana es mayoritariamente urbana y al mismo tiempo marginal en las grandes capitales—como producto de desplazamientos históricos de índole socioeconómica y recientes como resultado del conflicto social y armado en la disputa por sus territorios—ha reavivado la discusión interna de la relación campo poblado y sobre todo el interrogante de qué estrategias desarrollar como movimiento social que ha levantado consignas sobre el derecho al territorio y cuyo reconocimiento y mayor movilización se ha centrado en las zonas rurales, mediante la titulación y apropiación de los territorios colectivos de las comunidades negras. Con esto, el tema de la territorialidad urbana de la comunidad negra y sus derechos económicos sociales y culturales—en especial el derecho a la identidad e integridad cultural en contextos urbanos, el derecho al trabajo, a la educación y a la salud, entre otros derechos sociales—han cobrado mayor prioridad al lado de la lucha por el derecho al territorio y en contra de la discriminación y el racismo. Un hecho central en la lucha por sus derechos y libertades fundamentales como grupo étnico para el PCN ha sido la constatación censal de que los territorios de comunidades negras están siendo vaciados como resultado de la guerra que se libra en el Pacífico colombiano, de los macroproyectos desarrollistas y de la expansión de la palma aceitera. Esta situación ha fortalecido el análisis y la puesta en práctica de estrategias de resistencia de defensa del territorio que pueden definirse como multi-escalares, es decir, de movilización en red en varias escalas (Escobar 2009[2008]). En otras palabras, la resistencia y la lucha por el reconocimiento de derechos, aunque tenga indudablemente que ver con grupos y lugares específicos, involucran dinámicas translocales que deben ser vistas desde lo local pero abordadas en sus variadas dimensiones. Este ha sido otro aspecto en que Otros Saberes ha significado enriquecer mutuamente los conocimientos de académicos y activistas, y los conocimientos colectivos de las comunidades y grupos negros de lugares específicos.

Notas

1. Estos principios son consignados en un protocolo sobre investigaciones en territorios ancestrales de Comunidades Negras para proteger el acceso a los recursos naturales asociados con el conocimiento ancestral y el folclor, en desarrollo desde 1996–1997.

2. Estas nuevas etnicidades (Hall 1991a, 1991b) no surgen de repente. Detrás de este fenómeno hay una larga historia de luchas, levantamientos, rebeliones y adaptaciones regularmente controlados por los poderes coloniales y nacionales, y ocultados y negados por las narrativas nacionales.

3. Escobar define la política cultural como "el proceso que se establece cuando los actores sociales configurados por diferentes significados y prácticas culturales entran en conflicto. La noción de práctica cultural supone que los significados y prácticas culturales, en particular los teorizados como marginales, de oposición, minoritarios, residuales, emergentes, alternativos, disidentes, etc. todos ellos concebidos en relación con determinado orden cultural dominante, pueden dar lugar a procesos que se deben aceptar como políticos" (Escobar 1997:203).

4. El concepto de "invisibilidad" de la gente negra fue introducido por la antropóloga Nina S. de Friedemann en sus texto "estudio de negros en la antropología Colombiana," hace referencia a la manera como la sociedad colombiana ha desconocido a la gente negra, lo que constituye una forma de discriminación (Friedemann 1984).

5. Utilizamos el concepto negación de la "coetaneidad" (Mignolo 2000) para referir que las élites políticas colombianas consideraron a las poblaciones negras como seres tradicionales y congelados en el tiempo, es decir, por fuera del tiempo moderno, este como símbolo de la civilización. La "invisibilidad" de la gente negra no se refiere a la consideración de la "raza" negra como inferior, sino a que se le ha omitido de la historia, a que se le ha negado la existencia y a que ha aparecido como referente tangencial en la construcción de la sociedad.

6. Para una revisión cuidadosa de los estudios sobre la esclavitud en Colombia ver "Balance histórico de la esclavitud en Colombia, 1900–1990," en *Fronteras imaginadas: La construcción de las razas y de la geografía en el siglo XIX colombiano* de Alfonso Múnera (1995).

7. Para una visión crítica del Censo de 1778 y del uso de la categoría libre de todos los colores con especial aplicación a la costa Caribe colombiana ver Múnera 2005:136 y ss.

8. Estos censos se llevaron a cabo en los años 1905, 1912, 1918, 1928, 1938, 1951, 1964, 1973, 1985 y 1993.

9. Como veremos más adelante, el censo de 1993 se produce después del reconocimiento que introduce la Constitución de 1991 de Colombia como un país pluriétnico y multicultural y de la aceptación de que el fundamento de la nacionalidad está en la diversidad étnica y cultural. Esta constitución reconoce importantes derechos a los pueblos indígenas, y en menor medida a las comunidades negras, que son definidos a lo largo de la carta como grupos étnicos. Por ello, hay una diferencia sustancial de contexto entre el censo de 1912 y del 1993. En el contexto del primero predominaban las ideas racistas del siglo XIX y la noción de que la nación mestiza debía blanquearse mediante la mezcla del indígena y del negro con el blanco europeo; por el contrario, el segundo está precedido de las ideas del multiculturalismo que se recogen en la Constitución de 1991.

10. El Conpes es el Consejo Nacional de Política Económica y Social. En sus documentos se recogen las políticas económicas y sociales más importantes que son aprobadas por el gobierno y que deben ser aplicadas por las diferentes instituciones estatales.

11. El derecho de petición es firmado por las siguientes organizaciones: Conferencia Nacional Afrocolombiana, CNA; Movimiento Nacional Cimarrón; Proceso de Comunidades Negras en Colombia, PCN; Organización de Comunidades Negras, ORCONE; Asociación Municipal de Mujeres de Buenos Aires, ASOM; Palenque Regional Alto Cauca; Palenque Regional el Congal; Palenque Regional Ku Situ; Consejos Comunitarios de los Ríos Yurumanguí, Mallorquín, Raposo, Mayor de Anchicayá y el Consejo Comunitario del Río Mira (PCN 2006).

12. Con ventajas económicas y supremacía porque poseen los medios de producción para "explotar" los recursos.

13. Para acceder una mapa de la población afrocolombiana, publicado por La Comisión Intersectorial para el Avance de la Población Afrocolombiana Palenquera y Raizal, como parte de Comisiones y Iniciativas de la Vicepresidente de Colombia, visita http://www.vicepresidencia.gov .co/Es/iniciativas/Afrocolombia/Paginas/PoblacionMapa1.aspx.

7 Las rupturas de la investigación colaborativa

Historias de testimonios afropuertorriqueños[1]

Jocelyn A. Géliga Vargas e Inés Canabal con la colaboración de Tania Delgado Hernández

Me disfrazaba de los negritos de la Perlina, que eran dos negritos que venían en una caja de detergentes de aquel tiempo. El hermano mío y yo nos pintábamos de negritos de la Perlina. Como el hermano mío es más oscuro que yo, pues yo me pintaba to', me ponía en el fondillo y to'. Nos íbamos a bailar pa' los carnavales del pueblo de Aguadilla, a recoger chavos—una puñá' de chavos, que un chavo de aquellos tiempos era dos pesos de ahora.

(José "Che" Pumarejo, sesenta y siete años)

En Aguadilla siempre ha existí'o el discrimen. Había un negocio de un primo hermano mío que se llamaba "El Garden," allí se bailaba. Al principio Ismael, siendo familia mía, no permitía prietos allí. Mira, [en] la terraza del Hotel Borinquen no permitían prietos; yo nunca fui por la cuestión del racismo que había. Es igual que lo que pasaba en Villa Lydia y en Punta Borinquen Country Club. En la constitución de esa gente de Villa Lydia dice que solamente se permite a los prietos como empleados domésticos. Fue un sitio hecho exclusivamente pa' blancos. En Aguadilla ha existí'o [sic] el racismo siempre. El extremo es que, en un tiempo, por el medio de la plaza los que podían pasear eran los blancos y, entonces, por la orilla, era que paseaba la minoría.

(Pedro Julio Molinary, ochenta y cuatro años)

Voces afropuertorriqueñas para quebrar el silencio

José "Che" Pumarejo—pescador "por toda una vida" y, a sus sesenta y siete años, vendedor ambulante de pescado—se crió bajo el amparo itinerante de una abuela materna y dos madres postizas con las que estaba distantemente emparentado. Se fugaba de la escuela, se liberaba de su único par de zapatos y se lanzaba a "buscárselas" y subsistir en el pueblo costero de Aguadilla. Disfrazándose de "negrito," revistiendo su negritud de rabo a cabo con el matiz embetunado de la negrura carnavalesca, Che se "ganaba la vida" en su infancia y adolescencia en el mismo municipio donde siglo y medio antes se habría registrado la primera insurrección de esclavos en Puerto Rico (Baralt 1981). Este gaje de juventud que tanto divertía, según recuerda Che, a "la gente de Aguadilla" en la misma plaza pública donde, según recuerda Pedro Julio, una década antes los negros debían caminar "por la orilla" revela la complejidad de la empresa que nuestro proyecto ha acometido. Al evocar las memorias de afrodescendientes contemporáneos desestabilizamos los mitos de la democracia racial y la monoidentidad nacional que aún imperan en nuestro país y retamos la consecuente marginación y folclorización de la afrodescendencia, así como la recurrente negación de su trascendencia. Como lo expuso Díaz Royo (1986) en su pionera reflexión sobre la historia oral en el contexto colonial puertorriqueño, las historias de vida constituyen una praxis que fomenta el conocimiento y la transformación de nuestra sociedad y ofrece posibilidades democratizadoras. La historia oral no es meramente una técnica de investigación, sino un modo de encauzar la búsqueda de la verdad que "sacude la ciencia social tradicional y rompe el cerco interpretativo que ésta representa en la colonia" (126). Según Díaz Royo, las tapias que sustentan este cerco son nociones de lo legítimo, lo oficial, lo apropiado o lo culto "que intenta[n] siempre transformar la expresión popular en algo 'folk,' en letra muerta, en marginalidad, desviación o sencillamente en patología" (124). Al transgredir esta valla, nos alecciona el autor, "la voz antes negada deviene en voz conmemorada" (126).

Testimonios afropuertorriqueños: un proyecto de historia oral en el oeste de Puerto Rico es un trabajo de investigación colaborativa que comenzamos en agosto de 2006 con el apoyo de la Iniciativa Otros Saberes de la Asociación de Estudios Latinoamericanos (LASA, por sus siglas en inglés). Un equipo integrado por investigadores académicos, líderes comunitarios de las municipalidades occidentales de Aguadilla y Hormigueros y estudiantes universitarios nos dispusimos a registrar las historias de vida de afropuertorriqueños de estos pueblos con miras a fertilizar los debates sobre las construcciones y relaciones raciales en Puerto Rico y a expandir los foros de discusión, representación y análisis de la afropuertorriqueñidad como un elemento central de nuestra historia, cultura y nacionalidad. De este modo, nuestro proyecto, aún en curso, se propuso irrumpir en el incipiente campo de los *estudios afropuertorriqueños*,[2] un término que utilizamos estratégicamente para vincular a un conjunto heterogéneo de contribuciones que discurren en torno a las construcciones raciales y/o a aspectos de la experiencia de los afrodescendientes en Puerto Rico desde el período colonial esclavista hasta la actualidad. Estos aportes, arraigados en diversas disciplinas y áreas de trabajo, han puesto en marcha cinco principales agendas de investigación. Las caracterizamos a continuación para luego explicar de qué manera nuestra iniciativa pretende germinar otras semillas en el fértil, pero insuficientemente cultivado, terreno de los *estudios afropuertorriqueños*.[3]

En primer lugar, un relativamente prolífico corpus de historiografías pondera lecturas y relecturas de archivos históricos para documentar la participación económica, social y cultural y el pasado subyugado y/o trasgresor de los esclavos negros en Puerto Rico (Baralt 1981; Díaz Soler 1953; Morales Carrión 1978; Sued Badillo y López Cantos, 1986) o en determinadas zonas del país (Baralt, 1988; Figueroa, 2005; Negrón Portillo y Mayo Santana, 2007). Por otro lado, ensayos, crónicas y críticas reevalúan datos históricos y dotes culturales para redefinir el carácter de la identidad y cultura puertorriqueñas, denunciando la hispanofilia que las sustentó a partir de la década de los treinta y subrayando el arraigo y la trascendencia de la denominada "raíz africana" a fin de cuestionar el supuesto "blanqueamiento" del pueblo puertorriqueño (González 1989; Palés Matos 1993; Rodríguez Juliá 1985; Torres 1998). Otros investigadores y trabajadores culturales se han propuesto documentar y preservar el folclor de origen africano en Puerto Rico (Alegría 1974, aunque no se dedica exclusivamente al folclor de origen africano; Ortiz Lugo 1995 y 2004; Ungerleider Kepler 2000) mientras que otros pares hacen lo propio con las biografías de negro/as o mulato/as que han sido admitidos en el panteón de la "Historia oficial" (Alegría 1990; Piñeiro de Rivera 1989; Rivera Hernández 2001). Finalmente, un diverso conjunto de estudiosos y críticos ha escudriñado, y en muchos casos denunciado, la naturaleza del prejuicio y del discrimen racial en contra del hombre y la mujer negros en Puerto Rico (Blanco 2003[1942]; Kinsbruner 1996; López Ruyol 2005; Merino Falú 2004; Zenón Cruz 1975).

Es innegable que en la puesta en marcha de nuestro trabajo reverberan los tenores del debate que estas iniciativas han orquestado a lo largo de más de medio siglo. Ahora bien, según indicamos anteriormente, nuestro proyecto no se ciñe a ninguna de las citadas agendas de investigación, sino que ha procurado abrir vías alternativas de abordaje y estudio de la afropuertorriqueñidad basadas en la participación y la colaboración. En este sentido, nuestro trabajo avanza en la dirección marcada por recientes aproximaciones etnográficas al estudio de la raza, las categorías raciales y las experiencias racializadas y de los situados procesos de construcción de sus significados desde la perspectiva de los actores sociales.[4] A estos fines, nos propusimos al inicio del proyecto en agosto 2006 desarrollar una investigación colaborativa cuyos objetivos centrales fueron los siguientes:

1. Generar materiales de fuentes primarias que documenten la participación de los sujetos afropuertorriqueños contemporáneos en la vida política, económica, social y cultural del país, especialmente en la zona oeste del archipiélago donde su presencia ha sido históricamente desestimada.

2. Registrar las maneras en que las identidades afropuertorriqueñas se configuran y reconfiguran cotidianamente en intercambios, relaciones y prácticas que se desarrollan y despliegan desde *lo local*.

3. Escrutar las prácticas, discursos y espacios de negociación y resistencia que construyen los afropuertorriqueños para afrontar la tendencia al blanqueamiento, el mito de la democracia racial y la integración nacional y las manifestaciones de racismo que prevalecen en la sociedad puertorriqueña.

A fin de avanzar en esta dirección apelamos a un prolífico, aunque subestimado archivo: el de la memoria individual y colectiva de actores populares que han sido sistemáticamente silenciados, marginados o estereotipados en la denominada "Historia oficial."[5] Apelamos a la historia oral como una vía alternativa para producir otros tipos de evidencias y fuentes históricas; para promover la circulación de otros tipos de saberes; para escuchar y contribuir a que sean escuchadas las diversas y conflictivas experiencias raciales de sujetos que resemantizan con su quehacer diario el significado de la puertorriqueñidad y que no han sido debidamente considerados en los debates culturales, educativos, académicos y políticos de nuestros tiempos.

Concordamos con Thompson en que la historia oral no es necesariamente transformadora, pero dependiendo del "espíritu con el cual se le emplee" puede ser un vehículo para reestructurar tanto el contenido como el propósito mismo de la historia colectiva (2006[1988]:26). Asumimos el reto planteado por el autor al argumentar que la historia oral: "se puede usar para cambiar el enfoque de la historia misma y abrir nuevas áreas de investigación; puede romper barreras entre profesores y estudiantes, entre generaciones, entre instituciones educativas y el mundo afuera y en escribir la historia—si sea en libros, museos, radios, o película—puede devolver un papel central por medio de sus propias palabras a la gente quienes hicieron y presenciaron la historia" (26). Apostamos a que las historias orales de afropuertorriqueños (específicamente, en nuestro caso, de aguadillanos y hormiguereños) arrojarían luz sobre la experiencia racial en Puerto Rico y nos conducirían a debatir colectivamente muchas de las conclusiones establecidas respecto a la identidad, la cultura y la historia nacional puertorriqueña.[6] Confiamos además en que el registro de estos testimonios y su eventual difusión y discusión pública aportaría a la visibilización y legitimación de sus autores y a su (auto)reconocimiento como productores de saberes y forjadores de la historia. Los epígrafes de Che y Pedro Julio, dos de los treinta y tres narradores entrevistados durante el primer año de nuestra colaboración, dan fe de nuestro acierto.

El *hecho* de que un joven negro haya tenido que pintarse de negro "hasta el fondillo" para pasar por negro y entretener a sus compueblanos (muchos de ellos también negros) nos ofrece pistas para escrutar los modos en que la negritud del puertorriqueño ha sido sistemáticamente negada, distorsionada y espectacularizada, pero también reapropiada en maniobras (auto)representativas que ameritan ser ponderadas.[7] De igual forma, el *hecho* de que la imagen del negro que Che y su hermano adoptaban alude a la iconografía publicitaria de un producto importado (fabricado por Proctor & Gamble) nos invita a examinar de qué maneras la construcción y la representación de la negritud en Puerto Rico están condicionadas por las relaciones de poder cuajadas en el marco del capitalismo colonial. Por otro lado, el *hecho* de que Che descollara en el carnaval y fuera poco después elegido como el primer rey momo negro y "homenajeado" en la misma plaza donde se marginó a Pedro Julio en su juventud y en la que su generación se enfrentó "con puños, piedras y bates" a los soldados estadounidenses estacionados en la base militar de Aguadilla nos conduce a hilvanar la historia personal con la historia colectiva, tramándolas a la urdimbre de los procesos sociales, políticos y económicos de nuestro colonizado país. Finalmente, el *hecho* de que Che, en una narración de casi dos horas de duración, rememora vívidamente esta y otras maneras de "buscárselas" que procuró durante su juventud en Aguadilla, pero ofrece solo un pantallazo general de su experiencia laboral (y vivencial) como inmigrante adulto en Estados Unidos sugiere que los subterfugios de su memoria enmarcan su historia e identidad en el contexto de sus relaciones y arraigo en el *pueblo* natal.[8] Como sucintamente lo expresa Necoechea Gracia, los testimonios narran "la experiencia mediada por el tiempo, la cultura y la reflexión" y el "recuerdo narrado es producto de una selección" que encierra tanto silencios como olvidos (2005:15). Añade el autor: "la evidencia fáctica aparece así contextuada por una interpretación de la vida, de manera que la acción de recordar en sí resulta históricamente significativa" (15). A pesar de que, a sus sesenta y siete años, Che aún "se las buscaba" vendiendo pescado frente a la plaza de Aguadilla, disfrutaba allí del respeto y reconocimiento de los miembros de su generación, quienes aquilatan la historia de esta antigua villa pesquera hoy convertida en bahía turística con su *Paseo de Surfers* y *Ice Skating Rink*. En este escenario era posible para Che afirmar, sin barnices ni disfraces, su negritud.

Esta lectura preliminar y parcial que efectuamos de los testimonios de Che y Pedro Julio refleja el proceso de discusión y análisis de las historias de vida que iniciamos tras concluir el registro de testimonios. Uno de los compromisos que asumimos al cierre del período de la beca de Otros Saberes en 2007—el cual concluyó con la realización de las entrevistas—fue dilucidar las implicaciones que tienen estos testimonios para los proyectos académicos, escolares, comunitarios, culturales y multisectoriales referentes a la identidad racial y la afropuertorriqueñidad, la historia y la cultura nacionales, la justicia y la equidad social e intervenir activamente en estas iniciativas. En este proceso, aún en ciernes, hemos participado integrantes del colectivo de trabajo, algunos narradores y un nutrido grupo de interlocutores, dentro y fuera del país, que han asistido a presentaciones públicas de nuestro proyecto y han enriquecido el mismo con sus propios testimonios y reflexiones. Dada la coyuntura en la que nos encontramos como colectivo de trabajo, no nos proponemos en este artículo discutir los "resultados" de nuestra investigación, si entendemos por ello las conclusiones o los hallazgos derivados del archivo testimonial. Haciendo hincapié en la particularidad de nuestro modelo de investigación—un proyecto colaborativo de historia oral afropuertorriqueña—nos proponemos en vez reflexionar en torno a las contribuciones que aporta nuestra metodología de trabajo a (1) la documentación y la comprensión de la experiencia, la historia, la cultura y la identidad afropuertorriqueñas; y (2) los proyectos antirracistas que subvierten la tendencia al blanqueamiento y desarticulan el prevaleciente discurso de la monoidentidad nacional.

Las tres rupturas de Testimonios afropuertorriqueños

En este apartado nos dedicamos a discutir diversos aspectos de la metodología de investigación colaborativa que empleamos, los cuales contribuyeron a generar testimonios y construir colectivamente saberes que, para parafrasear a Díaz Royo, rompen "el cerco." Es decir, saberes que cuestionan o matizan nociones establecidas respecto a la identidad racial del puertorriqueño y retan el silenciamiento de la experiencia afropuertorriqueña. A continuación identificamos tres principales rupturas, las cuales contextualizamos con referencias a los debates pertinentes en la literatura y la sociedad puertorriqueña para luego discutir de qué manera la metodología empleada posibilitó estas rupturas y contribuyó, por ende, a agudizar estos debates.

En primer lugar, nos parece revelador el hecho de que, contrario a lo esperado por muchos de los colaboradores y por todos los investigadores académicos con quienes discutimos la propuesta inicial de investigación, la mayoría de los narradores entrevistados "se asumió" como negra durante las entrevistas (aún cuando algunos emplearan otros términos considerados más socialmente aceptables para identificarse como "no blancos": *prieto*, *negrito*, *trigueño*, *de color*, etc.).[9] Concurrentemente, estos narradores relataron con elocuencia crítica las historias personales, los contextos, las relaciones y las pugnas a través de los cuales cobraron consciencia de esa identidad y la han ido moldeando a lo largo de sus vidas en complejos procesos que sopesan las opciones personales y las imposiciones externas (la familia, la escuela, el barrio, el trabajo, las relaciones sociales en Puerto Rico y en la diáspora, los medios de comunicación, etc.). Nos parece provocador este hecho dados tanto el proceso de selección de los narradores como el discurso racial dominante en Puerto Rico.

Para la selección de los narradores acordamos regirnos por lo que denominamos la "ley de la inclusión." Esta fue adoptada inicialmente para el caso de Aguadilla y adaptada luego al caso de Hormigueros, donde los narradores fueron todos ex residentes de la antigua Central Azucarera Eureka y constituyen por tanto un grupo más homogéneo que el anterior. El acuerdo consistió en identificar narradores que representaran la diversidad de experiencias (laborales, migratorias, residenciales), identidades (genéricas, generacionales, sexuales, de clase), posturas ideológicas (partidistas y no partidistas), niveles educativos, características fenotípicas personales y familiares, y posicionamientos respecto a la negritud (tanto los que "se asumen," como los que "están dudando" como los que "se niegan") que caracterizan a la colectividad afropuertorriqueña. Dada esta amplitud de criterios, resulta notable que se manifieste una significativa coincidencia en la autoafirmación de la negritud de parte de los narradores.

Nos sorprende aún más dado el incontrovertible hecho de que la historia oficial de nuestro país nos ha condicionado a negar o suprimir la negritud tanto a nivel personal como colectivo (Godreau 2002; Godreau, Reyes Cruz, Franco Ortiz y Cuadrado 2008). Sabemos que las políticas y prácticas de blanqueamiento han sido un fenómeno común a la mayoría de los países latinoamericanos y caribeños por más de dos siglos (Andrews 2004; Davis 2007) y que Puerto Rico dista de ser una excepción (Duany 2002; Loveman 2007; Jiménez Román 2001). Los censos poblacionales examinados por estos y otros investigadores revelan que a partir de mediados del siglo XIX la proporción de la población identificada como "blanca" en Puerto Rico ha aumentado consistentemente (excepto en el censo poblacional de 1899, el primero bajo el régimen colonial estadounidense). La explicación que ofrece Loveman para el período específico de 1920–1930 resulta plausible para explicar también lo acaecido desde entonces: el blanqueamiento de la población parece responder menos a cambios poblacionales *per se* y más, reconociendo el hecho de que la raza es una construcción social, a redefiniciones de las categorías raciales. Estas mutaciones se han gestado al fragor de relaciones de poder y en el seno de instituciones hegemónicas que vitorean "la gran familia puertorriqueña" como el ícono de la nacionalidad y la consumación de nuestro mestizaje. Como hemos argumentado en un trabajo previo (Géliga Vargas, Rosas Nazario y Delgado Hernández 2007–2008), dicha ideología representa al puertorriqueño como la suma armónica de tres raíces o "elementos": taínos, españoles (metonimia para europeos) y africanos, pero además ordena estos "elementos" en una jerarquía racializada y racista que encumbra lo español, romantiza lo taíno y devalúa lo africano. Esta lógica impele a los puertorriqueños a identificarse como mestizos y a tender hacia el blanqueamiento porque este está definido en términos culturales que elevan *lo blanco* al estrado de la Cultura, el desarrollo y el ascenso social relegan *lo negro* al badén de lo ordinario, lo rudimentario, lo atávico y lo popular (Torres y Whitten 1998).

Los tenores de este discurso reverberan en muchas de las historias de vida recopiladas. Luz Esther, una ex secretaria y operaria que en los últimos años ha tenido que dedicarse al servicio doméstico, habla con orgullo ancestral de su familia materna, los Pellot, una numerosa y legendaria "familia de negros" de Aguadilla y agradece "al Señor" por haberla hecho "negrita." Ahora bien, se regocija igualmente al relatar el merecido "castigo" que recibió su ex marido (negro), quien luego de abandonarla porque a él "lo que le gustaba era la mujer blanca…se pegó de una más negra y más pasúa que yo."[10] Por su parte, Irma, una operaria retirada de Hormigueros, rememora con palpable angustia el sentido de impotencia y la sensación de inferioridad que sentía en su juventud y adultez temprana cuando iba a las oficinas y tenía que lidiar con "las blanquitas" que estaban "bien prepara's [*sic*]" y "bien vestí'as [*sic*]." Con el paso del tiempo Irma conquistó esta barrera, y se sobrepuso a la (auto) marginación que por cuestiones de raza y clase experimentaba. Sin embargo, según se desprende de su testimonio, su autoafirmación convive con la valoración de *lo blanco*:

> *Ya no, ya eso se acabó. Yo no soy mejor que nadie, pero nadie es mejor que yo. Nadie me intimida porque somos personas humanas aunque sean lo que sean, y aunque yo sea lo que sea. Yo merezco un respeto y eso es lo más importante: si yo te respeto a ti, tú me tienes que respetar a mí. Lo mejor del mundo es tu caminar por el camino recto y tú hacer las cosas bien, porque si tu haces las cosas bien ya nadie es mejor que nadie para mí.… Ahora cualquier negro, te digo, cualquiera es igual que un blanco, porque tú puedes ser negra pero tener el alma blanca.*

Estos son solo dos de las múltiples iteraciones de la apreciación de lo blanco (o lo "menos negro" en el caso de Luz Esther y otros) como el ideal estético, ético y social que translucen en los testimonios registrados. Ello se dio conjuntamente con relatos de cómo se transmite, incluso en el seno mismo del hogar "protector", la negación y/o devaluación de la negritud. "Desde chiquito a uno le enseñan a bajar la cabeza," recordó uno de los participantes, "por querernos y por protegernos nuestros padres nos dicen 'no, tú no eres negro'."

A la luz de la evidente trascendencia de la ideología del blanqueamiento en el discurso de los narradores, nos parece reveladora su propensión a afirmar su negritud, aun cuando utilicen términos raciales que otros autores asocian con la negación de esta (Guerra 1998), así como su disposición a reflexionar críticamente sobre el proceso de toma de consciencia de esta identidad. Entendemos que esto fue posible gracias a la metodología empleada, un punto que retomaremos luego de discutir las otras dos rupturas que identificamos en los testimonios generados.

En segundo lugar, consideramos que la metodología empleada abrió paso a la (re)consideración crítica y la consecuente negociación del significado mismo de la puertorriqueñidad en el transcurso de narraciones personales labradas en un encuentro dialógico, íntimo y comprometido que implicó también a los "investigadores" o "entrevistadores." Nos adentramos en este proyecto conscientes de la complejidad del abordaje de las identidades raciales en Puerto Rico. De hecho, sabíamos que el mero planteamiento del tema racial y de la noción de la identidad racial propia y colectiva resulta incómodo para muchas personas en nuestro país, acostumbrados como estamos a cobijarnos bajo el manto protector de nuestra esencial puertorriqueñidad, definida generalmente en términos étnicos. Pero es claro, por ampliamente documentado (Duany 2005; Godreau 2008; Reyes Cruz 2006; Velázquez Vargas 2008), que no empero los intentos hegemónicos del *establishment*, el desarrollo de la identidad "puertorriqueña" no sigue los parámetros lineales estipulados. Los testimonios generados demuestran que las identidades (individuales y colectivas, étnicas y raciales) evolucionan de manera fluctuante, compleja, contradictoria y continua. Las vivencias compartidas por narradores y entrevistadores revelan un arduo proceso de análisis de la experiencia vivida y recordada, donde el aspecto de identidad racial, a pesar de ser minimizado en la consciencia colectiva, se hace patente en las descripciones de discrimen, marginación, autonegación y autoafirmación, blanqueamiento y otras experiencias personales y colectivas asociadas al desarrollo de "unas" identidades fluidas o líquidas (Torres-Rivera 2005). Como bien plantea Portelli (2006), la memoria no es un depósito estático de hechos sino un proceso activo de construcción de sentidos, y las historias orales dicen menos de los eventos que relatan que de los significados que tienen estos eventos para quienes los recuerdan. Este creativo e interactivo proceso de construcción del sentido de la experiencia vivida redundó en un cuestionamiento colectivo los parámetros utilizados para definir y acuartelar la puertorriqueñidad. Así lo expresó Tania Delgado, una de las líderes comunitarias que integra nuestro colectivo:

> *Todos llegamos con intereses diferentes, con metas diferentes; hicimos entrevistas diferentes, cada uno buscó su estilo, pero de aquí nadie se va sin un interés en ver que las cosas pasen, que se cambien las situaciones de prejuicio, discrimen y negación de las que hemos venido hablando y escuchando. Que cambie no solo la percepción del negro en Puerto Rico, sino también la manera en que se va a investigar en el futuro lo que es ser puertorriqueño. Ya para nosotros no es factible ni aceptamos que se deje fuera al negro, o al pobre. Eso es un triunfo, si logramos, aunque sea que la misma cantidad de gente de los que habemos aquí tenga esta información, es un triunfo. La gente sí quiere saber, quiere tener un espacio donde pueda dejar el miedo a un lado y pueda asumirse [como negra].*

Como veremos más adelante, la metodología empleada promovió y legitimó la discusión franca y sostenida de la experiencia racial; al así hacerlo, visibilizó las exclusiones que sustentan el mito de nuestra alegada monoidentidad.

En tercer lugar, el diseño del proyecto nos permitió registrar las complejas, conflictivas y continuas (aunque no siempre contestatarias) estrategias que desarrollamos los afropuertorriqueños contemporáneos para afrontar las manifestaciones de la ideología de la democracia racial y la monoidentidad nacional que se traslucen en los rituales cotidianos que tienen lugar en *lo local*. Mas allá de las valiosas deconstrucciones de esta metanarrativa fundacional que han circulado desde la academia (Dávila 1997; Díaz y Zimmerman 2001; Flores 1993; González 1989; entre muchos otros), el hecho es que estas no han infiltrado efectivamente en las instituciones (el sistema escolar, los medios de comunicación, las organizaciones culturales estatales y comunitarias, etc.) que se endosan el rol de enseñar la historia, difundir la cultura y transmitir las tradiciones puertorriqueñas. Así lo demuestra la obstinación del Instituto de Cultura Puertorriqueña, el brazo cultural del estado colonial, en representar en su discurso e iconografía al "pueblo puertorriqueño" como la armónica fusión de "las tres culturas y razas" antes mencionadas (Géliga Vargas, Rosas Nazario y Delgado Hernández 2007–2008; Jiménez Román 2001). Un mensaje que se reitera consistente y festivamente en foros y monumentos públicos y que vociferan con beneplácito los consagrados guardianes de la historia y la cultura puertorriqueñas. De hecho, el fallecido fundador del Instituto, un reconocido antropólogo e historiador y venerado fundador de centros de estudios, museos y otras renombradas instituciones, instó a nuestro país a celebrar el 2008 evocando nuevamente la retórica del mestizaje armonioso: "En 2008 se cumple el V Centenario de nuestra nacionalidad. En agosto de 1508 llegó a Puerto Rico Juan Ponce de León acompañado de un negro africano, Juan Garrido, y de un mulato español, Francisco Mejía, para iniciar la conquista y colonización cristiana de la Isla. Por lo tanto, se cumplen cinco siglos de nuestra nacionalidad: la *unión* de las tres grandes razas de la Humanidad aquí en Puerto Rico. Los conquistadores *se unieron* con la población indígena y años después con la africana y de ahí surgimos" (citado en Rodríguez 2007 [énfasis nuestro]).

Un corolario de este discurso es la consagración de la figura del jíbaro, el campesino rural, como el símbolo de nuestro yo colectivo. La literatura y el discurso político *criollos* de principios del siglo XX erigió este tropo para rebatir el proceso de americanización encauzado por el régimen colonial estadounidense tras la invasión militar en 1898. Por más de un siglo la consagración del jíbaro ha persistido anacrónicamente y se difunde hoy en foros tan modernos como la televisión y el Internet. De hecho, anualmente el millón de estudiantes matriculados en el sistema educativo de Puerto Rico celebran la Semana de la puertorriqueñidad entonando canciones telúricas que evocan estampas jamás vividas por las generaciones posteriores al "desarrollo" industrial de nuestro país. En miles de actos escolares, la estudiantina se engalana con la supuesta "vestimenta típica" del jíbaro puertorriqueño y sustituye, temporera y renuentemente, el videojuego por el machete y la cachucha por la "tradicional pava" que sus padres consiguieron en Walmart. Otros tantos menos párvulos rinden culto al fetiche en festivales, insignias y consignas políticas, producciones artísticas, etcétera. Este empeñado simbolismo tiene innegables connotaciones raciales ya que, como acertadamente argumenta Torres (1998), el mito nacional puertorriqueño figura al jíbaro como blanco y lo sitúa en la montaña o el interior del país; a él se opone la figura del negro, la cual se asocia con la época de la esclavitud y se sitúa, casi con carácter de exclusividad, en la costa. En consecuencia, la reificación del jíbaro como el arquetipo de la identidad nacional incide en la exclusión del negro del conjunto nacional.

El trabajo que hemos realizado contribuye a develar los múltiples y variables (re)posicionamientos que los afropuertorriqueños contemporáneos asumen frente a este fenómeno y nos permiten comprender cómo, en lugares tan íntimos como el hogar y el barrio y tan públicos como la escuela y el trabajo, estos actores sociales negocian cotidianamente sus sentidos de pertenencia a, y su necesidad de representación en, la supuesta entidad nacional.

La investigación colaborativa para la concientización y acción colectivas

El aspecto medular de nuestra metodología fue la interrogación sostenida de las nociones de *investigador* (sujeto) e *investigado* (objeto de estudio), quebrando paulatina pero consistentemente los límites que suelen acuartelar y jerarquizar a estas figuras—vanas fronteras que nos privan del enriquecedor diálogo de saberes que puede y debe darse en la investigación social que aspira a transformar y a transformarnos. Las simientes de nuestro proyecto se plantaron en intercambios horizontales entre investigadores académicos y líderes comunitarios interesados en registrar y comprender la historia—"las luchas," en sus términos—de sus colectividades. Con el apoyo de la Iniciativa Otros Saberes estos diálogos iniciales, que dieron forma a la propuesta de investigación que presentamos a LASA en 2006, evolucionaron en una serie de foros comunitarios en ambas localidades en los que participaron decenas de residentes (incluso algunos que no se autoidentificaban como "negros" aunque podrían ser identificados como tales por sus pares y otros que serían indudablemente identificados como "blancos"). Las personas que gestionaron las convocatorias a estos foros fueron líderes locales con una trayectoria de activismo comunitario que antecede al nacimiento de esta iniciativa. Su sentido de pertenencia a cada colectividad, su conocimiento de la misma, así como su identificación y solidaridad para con esta, permitieron el acceso y facilitaron la credibilidad de los esfuerzos de colaboración participativa, algo que difícilmente hubiera logrado una iniciativa "puramente" académica. De los debates y reflexiones colectivos desarrollados en estos foros, y no de las hipótesis o líneas de investigación dictadas por la producción académica en el campo de los estudios afropuertorriqueños, se derivaron los temas centrales que orientarían los proyectos de historia oral afropuertorriqueña en cada localidad. En el caso de Aguadilla, donde el proyecto se encauzó con mayor celeridad que en Hormigueros, los foros de discusión también contribuyeron a conformar un amplio colectivo de trabajo. Una docena de residentes "se sincronizó con el proyecto," para usar la frase acuñada por el colaborador Luis Soto, y pasó a conformar paulatinamente el equipo de historiadores orales que, junto a los dos representantes académicos y una estudiante universitaria, puso en marcha el proyecto de historia oral. Retomaremos la discusión del componente del proyecto en Hormigueros más adelante, pero enfocaremos primero en el caso de Aguadilla porque nos parece que fue allí donde inicialmente se gestó la metodología de investigación acción que posibilitó las rupturas antes mencionadas.

Los relatos respecto a la experiencia y la historia afroaguadillanas difundidos en los foros de discusión fueron registrados en audio y video. Este mero hecho fue interpretado por los participantes como una valoración de la importancia histórica y pedagógica de sus reflexiones y también nos sirvió de base para elaborar un temario basado en las discusiones. Este primer "Documento de trabajo" fue posteriormente discutido, analizado y reelaborado en numerosas y minuciosas versiones por el equipo de trabajo conformado. Por cinco arduos y estimulantes meses este diverso y comprometido colectivo se enfrascó en un proceso interno de reflexión y debate sobre las experiencias personales y colectivas de la racialización, percatándonos en el transcurso de que estas abarcan todas las etapas de la vida humana y esferas de la vida social. Estos simbióticos procesos de escucha atenta, de transcripción e interpretación de lo escuchado y de construcción del sentido de la experiencia abrieron paso al des(en)cubrimiento, la (re)afirmación y la (re)negociación de la historia e identidad afropuertorriqueña desde una perspectiva informada por, y con firme arraigo en, lo local. Más importante aún como contribución metodológica fue el hecho de que al reaccionar ante estas experiencias (vividas, recordadas, suprimidas, reconstruidas, percibidas, imaginadas) fuimos cobrando consciencia de su importancia política y epistemológica: el hecho de que constituyen saberes que ameritan ser documentados, transmitidos, escuchados y legitimados.

A la luz de esta convicción, los objetivos iniciales de investigación se transfiguraron en una misión de trabajo del colectivo de *Testimonios afropuertorriqueños*, la cual articulamos en cinco puntos:

- Documentar las historias de afropuertorriqueños contemporáneos para recalcar que la experiencia de la negritud no se agota en el período colonial español ni en la figura del esclavo.

- Validar los testimonios personales como una vía para la autorepresentación afropuertorriqueña que nos ha sido negada en esferas académicas, políticas y culturales.

- Constatar que la diversidad de aportes de los afropuertorriqueños no se ciñe a los ámbitos de la música, el baile, el deporte y la "cocina típica."

- Afirmar la presencia y el arraigo de la afropuertorriqueñidad en el oeste del país para demostrar que ésta no se circunscriben a las zonas este (Loíza, Carolina) y sur (Ponce, Guayama).

- Registrar las memorias y las vivencias de protagonistas locales para subrayar que la historia afropuertorriqueña no se reduce a las hazañas de próceres y celebridades negros y mulatos sino que se escribe cotidianamente "desde abajo."

Para avanzar en esta dirección y partiendo de los documentos de trabajo mencionados (equivalentes a una suerte de autoetnografía[11] de los participantes afroaguadillanos), elaboramos colectivamente las guías de entrevista para el proyecto de historia oral, así como los criterios de selección de los narradores que lo informarían. La selección como tal de los narradores estuvo precedida por otra etapa de investigación colectiva. Los líderes comunitarios se dieron a la tarea de identificar y conversar con decenas de afroaguadillanos para crear lo que denominamos "perfiles" de los potenciales narradores. Sobre la base de estos, y tomando en cuenta "la ley de la inclusión" adoptada, seleccionamos un primer conjunto de narradores que consideramos emblemático de la pluralidad de experiencias, posicionamientos y subjetividades que serían capaces de narrar la historia de los afroaguadillanos contemporáneos.

Por otro lado, en el caso de Hormigueros se desarrollaron dinámicas muy distintas, pero eventualmente complementarias, de colaboración. Aunque igual de enriquecedores y reflexivos, los foros de discusión tomaron la forma de pequeños conversatorios informales que no devinieron en una amplia y sostenida participación comunitaria en el diseño e implementación de la investigación. Dos líderes comunitarios, uno de los cuales participó en la conceptualización de la propuesta de investigación, colaboraron con los académicos convocando a participantes a los foros e identificando posibles narradores para el proyecto afrohormigueño (o eurekeño, autonombrados así por la antigua Central Azucarera Eureka, que dio gloria a Hormigueros). Posteriormente, los investigadores académicos invitamos a un grupo de estudiantes universitarios a formar parte de este equipo de investigación. Juntos participamos en conversatorios con eurekeños y, orientados por los líderes comunitarios, nos familiarizamos con la comunidad de la antigua central Eureka a través de charlas históricas, recorridos por los predios de la antigua central y los barrios adyacentes donde hoy reside la mayoría de los eurekeños y donde se desarrollaron posteriormente las entrevistas. Cabe consignar que solo uno de los estudiantes se identificaba como negro al inicio del proyecto y reflexionó abiertamente sobre sus propias experiencias en las discusiones que sostuvimos como equipo de trabajo. Los ejes temáticos para este proyecto, derivados de los conversatorios, fueron desarrollados por una de los investigadores académicos y eventualmente revisados por el colectivo; de igual forma procedimos al momento de desarrollar las guías de entrevistas. La selección inicial de narradores se hizo entre los líderes comunitarios y los académicos, pero eventualmente estos mismos narradores convocaron a otros afroeurekeños a ofrecernos sus testimonios y algunos estudiantes desarrollaron relaciones con vecinos que también aportaron, solícitamente, sus historias al proyecto. Distinto a la acaecido en Aguadilla, la colaboración con los hormigueños no se extendió luego de concluidas las entrevistas. Ahora bien, tres de los estudiantes que colaboraron en ese componente del proyecto durante el período de la beca de la Iniciativa Otros Saberes se integraron al equipo de Aguadilla y colaboraron intensa y sostenidamente como un solo colectivo de trabajo en la consecución de la misión antes citada.

Evidentemente las dinámicas de colaboración desarrolladas en cada localidad contribuyeron a cuestionar y pluralizar las nociones de *investigador* e *investigado* de modos diferentes. Pese a la importancia que estas disparidades han tenido para el desarrollo de nuestro proyecto y para nuestras reflexiones en torno a la investigación colaborativa, no podemos en este ensayo detenernos a discutirlas a fondo. Proponemos, sin embargo, que a pesar de estas diferencias, ambas experiencias contribuyen distinta y paralelamente a la gestación de una metodología colaborativa y participativa capaz de quebrar los cercos antes citados.

En el caso de Aguadilla, la consolidación del equipo de trabajo se fue forjando al calor de un fervoroso diálogo de saberes que permitió articular y aprehender los procesos históricos, sociales, culturales y sicológicos que facilitan, previenen y/u obstaculizan la adquisición de una consciencia afirmativa sobre la negritud y de una consciencia crítica respecto a las ideologías del blanqueamiento, la democracia racial y la monoidentidad nacional. La ponderación colectiva de las experiencias (aparentemente) individuales de racialización (incluidos el prejuicio y el discrimen, pero también la autoafirmación y la resistencia) devino en la firmeza de la identificación como negros/afropuertorriqueños de los colaboradores. Esto constituyó un paso trascendental para aquellos que admitimos que al inicio del proyecto éramos "blancos pintados" o no "nos habíamos reconocido," pero en el transcurso nos encontramos, como indica un ensayo escrito por el colaborador Alfredo González, "transitando hacia la negritud" en un "proceso gradual de hacérseme creer blanco (*trigueñito*) y con el paso del tiempo saberme negro." Por otro lado, el diálogo autoetnográfico nos permitió a todos, incluso a aquellos que ya "nos asumíamos," adoptar una postura más inquisitiva respecto a lo que esto significa, entendiendo que la afirmación de la negritud no es equivalente a su comprensión. Esta exige aprehender y aprender de lo afirmado, pero también, y con denodado esfuerzo, de lo negado, lo silenciado y lo enmascarado. Nos percatamos además de que lo que Alfredo en su ensayo califica como "el 'problema racial' de marginalidad que nos ha afectado a nosotros" no se resuelve con la afirmación (individual o colectiva) de la negritud. Lo que se enuncia en este acto transgresor no es un hecho consumado de una vez y para siempre, sino una subjetividad perpetuamente en construcción, una identidad fluida (Torres-Rivera 2005) que se forma intersubjetivamente en relaciones materiales y simbólicas con el otro. No cabe duda, entonces, de que una de las fuerzas motivadoras para la consecución del proyecto de historia oral colaborativa en Aguadilla fue el proceso de autoafirmación por el que transitamos como colectivo. Pero el debate intelectual que sostuvimos durante el primer semestre de nuestra colaboración nos impelió también a continuar y expandir el diálogo de saberes con nuestros narradores. En este sentido, cuando emprendimos la labor de desarrollar propiamente el proyecto de historia oral afroaguadillana no nos dispusimos, como irónicamente lo expresara el colaborador Carlos Delgado, a "celebrar 'la negrada' aguadillana," sino a registrar las voces de testigos de los complejos procesos de racialización que marcan la historia de Aguadilla y que, desde diversos y conflictivos posicionamientos, construyen la historia y la identidad afroaguadillana. Políticamente estábamos y estamos convencidos, a la luz de nuestro propio recorrido, de la transformación liberadora que oferta la investigación de las narrativas personales al incitarnos a transgredir la "zona de comodidad" a la que estamos acostumbrados (Wolgemuth y Donohue 2006) y, socialmente, condicionados. Así lo expresó Tania al cierre de nuestro primer año de colaboración:

> Los meses que hemos estado colaborando en este proyecto han sido, sin lugar a dudas, un período determinante en las vidas de todos los que hemos trabajado. Nuestra visión de nosotros mismos como individuos y como grupo, de nuestra historia, de nuestra sociedad y de nuestro lugar en ella ha cambiado. Tenemos más conciencia de nuestra realidad y unas ganas inmensas de trabajar para mejorarla.... Para mí, la contribución más grande que ha hecho este trabajo en nuestras vidas es hacernos ver el trabajo colaborativo como una opción de cambio, como una manera de adelantar nuestras luchas, de hacernos escuchar y de hacer constar nuestra historia como parte de la verdadera historia de nuestro país. Después de esta experiencia sabemos que se puede, que sí podemos ser exitosos en nuestras empresas colectivas. Hemos aprendido que si ponemos a un lado ideas preconcebidas y prejuicios y trabajamos juntos podemos ser una fuerza de cambio real.

En vista de lo expuesto, retomamos la discusión de cómo la metodología empleada contribuyó a que (1) la mayoría de los narradores afirmara su negritud e interpretara críticamente su proceso de toma de conciencia de esta identidad; (2) los testimonios articularan una (re)consideración crítica del significado mismo de la puertorriqueñidad; y (3) las historias de vida develaran las estrategias que desarrollan los actores locales para afrontar las ideologías dominantes que los substraen, discursiva y materialmente, del colectivo nacional.

En el caso de Aguadilla es claro que el hecho de que los entrevistadores fuimos, salvo una excepción, compueblanos que nos identificamos como afropuertorriqueños y que habíamos asumido además, como expresa Tania, el compromiso de adelantar nuestras luchas colectivas dejando a un lado nuestros propios prejuicios, incidió en el tipo de encuentro que significó la entrevista de historia oral. El proceso interno de reflexión, así como un proceso posterior de capacitación en el desarrollo de entrevistas de historia oral, nos permitió convertirnos en facilitadores de un diálogo y un intercambio de saberes que promovió identificaciones y solidaridades y dio paso a revelaciones y reflexiones que difícilmente hubiesen sido registradas por un modelo tradicional de investigación académica. Las entrevistas forjaron así pactos de complicidad, de mutua responsabilidad y de compromiso colectivo para develar "la historia que nos une," como expresara la narradora Zayda I. Nieves Beltrán.

En el caso de Hormigueros, los entrevistadores no éramos miembros de la comunidad y solo una minoría nos asumíamos como negros. Esto incidió sin duda en los niveles de "comodidad" que refleja este conjunto de testimonios a la hora de discutir los procesos que conducen a la toma de consciencia sobre la negritud. No obstante, la afirmación de la misma se hace escuchar en las voces de los narradores, si bien sea por el hecho de que los eurekeños han recibido históricamente en el pueblo rural de Hormigueros el apelativo (peyorativo, las más de las veces) de "los negros de la Eureka." Un epíteto que los narradores han reapropiado y aun hoy, a más de treinta años del cierre de la central y de la forzada reubicación de sus habitantes a distintos puntos del pueblo, la isla y la diáspora, utilizan para diferenciarse y afirmarse frente a "la gente de Hormigueros" (lo cual en su discurso equivale a decir "los blancos").

A pesar de la evidente diferencia en el tipo de relación establecida entre entrevistadores y narradores en cada localidad, la metodología empleada también posibilitó identificaciones en Hormigueros que facilitaron la toma de consciencia sobre la negritud y sobre los discursos y prácticas que insisten en negarla. Así lo demuestra el encuentro de Victoria Jiménez, una septuagenaria narradora afroeurekeña, e Irmaris Rosas, una de las estudiantes que integró el equipo de investigadores conformado para desarrollar el proyecto en Hormigueros. Luego de relatar vívidamente las experiencias de racismo y marginación que a lo largo de su vida la han hecho pelear, "como un macho," para defender sus derechos y los de los suyos, Victoria confrontó a Irmaris incitándola a reflexionar sobre su propia imbricación en la historia afropuertorriqueña contemporánea. La reflexión de Irmaris al respecto ilustra la porosidad de las categorías de "investigadora" e "investigada," demostrando su mutua implicación en el proceso de comprender y construir la identidad afropuertorriqueña, así como la reciprocidad que implica la *praxis* de la historia oral (Thompson 2006[1988]).

> *El proyecto me enseñó a conocer un aspecto de mi historia que nunca antes supe, que ni siquiera sabía que existía, porque toda esta historia*

había sido invisible para mí hasta entonces.… El ser una mujer negra, con mis raíces en tres civilizaciones totalmente diferentes, solo me llevaría a la conclusión de que soy puertorriqueña. *El ser afropuertorriqueña, nuevo término adoptado por mi persona luego de terminar la primera entrevista, es mucho más que una mezcla. Al escuchar a distintos entrevistados y sus experiencias en varios aspectos de sus vidas…me doy cuenta de que el ser una persona negra no significa un tabú, y mucho menos una inferioridad. En la cultura popular puertorriqueña al decir a los cuatro vientos que eres negro es como decir que adoras al diablo en medio de un culto religioso. La cultura puertorriqueña es un tanto racista, y los comentarios en referencia a tal término son enmascarados con un "ito" para que "se escuche mejor." Cuando van fluyendo las palabras de personas que han sido marginadas por su color de piel es cuando al fin comprendo esto. No es algo que haya considerado antes ya que es más un tema reprimido que un tema de conversación en el comedor familiar. Mi primer encuentro con esta verdad fue cuando la Sra. Victoria Jiménez [su entrevistada] me dice: "¡Mírate! ¡Tú eres prieta también!"*

Otro aspecto metodológico, común a ambos componentes del proyecto, que aporta a las rupturas mencionadas es el hecho de que el diseño del proyecto de historia oral no se rigió por las hipótesis o líneas de investigación establecidas, sino que se nutrió de los diálogos de saberes desarrollados en cada localidad. Este distanciamiento consciente de los saberes hegemónicamente difundidos desde la academia que han elaborado el tema del racismo y el desarrollo de la identidad racial respondió al objetivo de conocer la historia desde el punto de origen de la misma, desde el sujeto local, en un esfuerzo de documentación "Otro." Consideramos que el hecho de que nuestra investigación no está rígidamente empotrada en el altar de una determinada disciplina ni exclusivamente orientada por los saberes previos de esta nos permite componer una imagen más completa y compleja de la afropuertorriqueñidad contemporánea. Evitamos fragmentar de este modo los aspectos económicos, culturales y artísticos, psicológicos, sociológicos y demás, y nos dispusimos a explorar las múltiples formas en las que estos se entrelazan en la experiencia y la memoria de afropuertorriqueños contemporáneos en el proceso de narrar sus vidas y representar sus identidades. De este modo, desarrollamos "instrumentos de investigación" informados por los saberes populares y basados en las prácticas y espacios de construcción y difusión de los mismos. Un corolario de este arraigo local fue el hecho de que procuramos adaptar orgánicamente el diseño de investigación a cada contexto. Esto no se circunscribió meramente a crear equipos e instrumentos de investigación diferenciados, sino también a modelar en los encuentros con los narradores el diálogo de saberes que nos preparó para poner en marcha el proyecto de historia oral. Los procesos de descubrimiento mutuo y de producción conjunta de conocimientos e interpretaciones de la experiencia vivida que se sucedieron en las entrevistas no forzaron, por tanto, el consenso y propiciaron de este modo la revelación de verdades (privadas, parciales, probables, plurales) que hemos estado condicionados a acallar. Según lo expresó el narrador aguadillano Ernesto González al concluir su testimonio, "esto no fue una entrevista, esto fue una confesión; he entendido tantas cosas de mi vida y la de mi familia."

Finalmente, entendemos que el arduo proceso de reflexión colectiva que antecedió a las entrevistas nos alertó de la complejidad que implica narrar la historia afropuertorriqueña y nos predispuso a ser receptivos a sus múltiples y conflictivos textos. Afrontamos con osadía intelectual y política el hecho de que registrar la historia oral afropuertorriqueña implica documentar aceptaciones, negaciones, contradicciones, fluctuaciones, así como recusar la definición y consagración de *una* identidad y *una* historia afropuertorriqueña por cuanto estas resultarían tan mitológicas y excluyentes como las ideologías dominantes que nos han marginado en la Historia. De este modo, concebimos los testimonios afropuertorriqueños como historias de *vidas* (en plural) que reflejan las pugnas que dan fe de nuestra diversidad y las desigualdades que resquebrajan el tejido nacional. Y descubrimos en esas pugnas la amplia y creativa gama de estrategias que ideamos los afropuertorriqueños para lidiar con los mitos nacionales y la utopía de la democracia racial, cuya retórica reverbera en las prácticas y relaciones que cotidianamente entablamos desde lo local. Estrategias que incluyen desde pintarnos "de negros" para buscarnos la vida hasta empuñar bates y arrojar piedras para reclamar nuestros derechos, defender nuestra dignidad y ocupar el centro de la plaza.

Testimonios afropuertorriqueños y la contienda antirracista

En este apartado nos interesa reflexionar en torno a qué aporta nuestra experiencia de trabajo colaborativo a los proyectos antirracistas.

Testimonios afropuertorriqueños no es reducible a un proyecto antirracista (si bien los miembros actuales del colectivo estamos comprometidos con esta apremiante causa). Nuestra intención ha sido registrar y dar a conocer la diversidad de experiencias, posicionamientos y subjetividades que contribuyen a narrar la historia afropuertorriqueña contemporánea, tomando como punto de partida dos localidades del oeste del país. Consideramos, sin embargo, que los testimonios registrados aportan significativamente al entendimiento de las relaciones raciales en Puerto Rico y documentan con tenacidad conmovedora las experiencias de racismo y sus consecuencias; los procesos de internalización y reproducción del racismo; las tácticas que creamos y desplegamos para impugnarlo, evadirlo y también aceptarlo o naturalizarlo en nuestro cotidiano esfuerzo por dotar de sentido a la experiencia y afirmar nuestra humanidad. El relevamiento de estas historias orales constituye entonces una importante contribución a los proyectos antirracistas y las críticas a la ideología de la democracia racial que desde las organizaciones de base, las entidades estatales, los movimientos culturales y la academia intentan concientizar y transformar a nuestra sociedad.

Además de lo que aportan los testimonios, en sí mismos, a estas luchas (un tema que podremos abordar con la rigurosidad que amerita una vez hayamos analizado colectivamente estos textos), apostamos a que el modelo de colaboración que hemos puesto en marcha y las premisas que lo informan son también un aporte significativo. Este postulado refiere sin duda a la dialéctica entre *producto* y *proceso* de investigación. Sin negar la intricada imbricación de estos dos aspectos, nos enfocamos en este apartado en el segundo porque nos parece que ofrece vías alternativas para encauzar proyectos democratizantes basados no en el dogmatismo de la unidad y la homogeneidad, ni en el elitismo y la fragmentación del saber de los modelos académicos tradicionales y sí en la construcción de comunidad y solidaridad. Organizamos nuestra breve reflexión respecto a lo que aporta el *proceso* de investigación que hemos gestado en torno a tres conceptos y figuras que hemos problematizado a lo largo de nuestra colaboración: el *investigador*, el *investigado* y la *investigación*.

El investigador

Para adelantar las luchas antes citadas es imperativo efectuar reposicionamientos que vulneran categorías y jerarquías establecidas. Nuestro proyecto demuestra que la tarea, la capacidad y el interés de investigar el mundo social que nos rodea y nos (in)forma no solo comprometen a los académicos, periodistas o gestores. En las irreflexivamente denominadas "comunidades" se manifiestan con tenacidad estos compromisos y es imperativo procurar puntos de encuentro para fertilizar, pluralizar y afianzar la figura del investigador. Además de cuestionar la concepción del investigador como un sujeto ajeno a la realidad estudiada, nuestro proyecto de historia oral se ha empeñado en modelar este rol menos en la figura del *observador* que en la del *testigo*. Según lo plantea Rina Benmayor, pese a las múltiples y conflictivas connotaciones del término, la imagen es apta ya que concibe al historiador oral (ella habla del "etnógrafo" en el marco de un proyecto de historia oral) no simplemente como un observador/oyente, sino como un relator que "traduce lo que ve y escucha para una audiencia" y evoca "una humanidad quebrantada con el propósito de redimirla" (1995:383). No hemos pretendido simplemente "dar voz" (una metáfora que consideramos problemática y prepotente) a las experiencias de racismo y marginación, sino que nos dispusimos a escuchar solidariamente estas voces y nos hemos comprometido a representarlas en su conflictiva diversidad con el objetivo expreso, y rechazando los criterios de "objetividad" académica, de que irrumpan en las estructuras de poder que mitigan en contra de la construcción de comunidades realmente basadas en la identificación y la solidaridad. Esto ha implicado, en nuestro caso, un sentido de responsabilidad y deber para con los testimonios registrados y los actores que representamos en nuestro trabajo. Postulamos, por tanto, que la labor del investigador no tiene por qué limitarse a la búsqueda utópica de la Verdad, sino que debe dedicarse dialógicamente a su construcción y cuestionamiento. El investigador puede y debe comprometerse con la documentación de las verdades y saberes que se construyen desde lo local, los cuales podrían no ser históricamente fácticos, pero son sicológicamente ciertos y tan válidos e importantes como los hechos constatables (Portelli 2006). Igualmente, el investigador puede y debe concebirse como un interlocutor en los diálogos de saberes que se suceden en la investigación, y comprometerse a difundir estos saberes en múltiples foros a fin de contribuir a retar las "verdades" auspiciadas y canonizadas por el dogmático monólogo oficialista. El impacto de este reposicionamiento se ilustra vívidamente en dos reflexiones que nos parece pertinente compartir. La primera reflexión fue elaborada por Alfredo y Carlos, dos colaboradores de Aguadilla, para un ensayo que publicamos en una revista local:

> *El proyecto nos ha permitido, a muchos, reexaminar desde una nueva perspectiva nuestras vidas, nuestras relaciones familiares y con el resto de otros grupos inmediatos. Este reexamen nos ha brindado una nueva perspectiva, un cambio de actitudes y nos ha llevado a asumir nuevos compromisos y a reafirmarnos en los mismos. Estas transformaciones de perspectivas, actitudes y militancia, observadas en nuestro componente comunitario, se manifestaron también en los asistentes a nuestras presentaciones públicas. Sus enfrentamientos personales con esta nueva realidad, evocaron sentimientos profundos y conmovedores en algunos de los asistentes. Otros han expresado verbalmente sus propias vivencias frente al discrimen racial, su afinidad a nuestro empeño y su determinación apoyar nuestras metas. Fueron especialmente dramáticas las reacciones emocionales y de legítimo orgullo de algunos narradores al escuchar en público sus historias.*

La segunda reflexión proviene de las notas de campo de Jocelyn, la coordinadora de la investigación, y es en cierta medida un "testimonio" que glosa lo expuesto por Alfredo y Carlos:

> *Tras concluir una presentación de nuestro proyecto en la Universidad*

de Puerto Rico-Mayagüez una joven universitaria se me acercó para conversar en privado. Casi susurrando me dijo que era muy tímida para participar en la discusión pública, pero que quería que supiéramos que los testimonios compartidos la habían conmovido profundamente. Apenas pude contener las lágrimas cuando percibí las que se deslizaban por su mejilla, mas mi nublada visión no me impidió percibir que ella era "blanca." Aún me esforzaba por dilucidar el sentido de nuestra breve y emotiva interacción cuando la joven añadió: "mi hermana es trigueñita"—bueno, supongo que es afropuertorriqueña—y cuando salimos juntas muchas veces la gente me llama aparte y me preguntan, con cierto desprecio, "¿por qué tu estás con ella?" Yo les digo, "¡porque ella es mi hermana!," y me miran sorprendidos. Ahora sé que esto no solo nos pasa a nosotras, que no estamos solas en esto.

El investigado

La historia oral y los testimonios iteran saberes desde los cuales se apoyan y se sitúan en primer plano las voces de comunidades invisibilizadas por otras estrategias de investigación (Lincoln y González-González 2008; Reyes Cruz 2008). Desde esta óptica, hemos concebido los testimonios como actos de liberación que ameritan ser protagonizados por aquellos que han sido, por la fuerza del látigo, del litigio y del libro, históricamente acallados. Según indica William Andrews, para los pueblos oprimidos "la autobiografía es un modo muy público de declararse libre, de redefinir la libertad y luego adjudicarla a uno mismo desafiando lazos con el pasado y el presente" (1988:xi). Esta conceptualización del testimonio informó nuestra práctica y nos condujo a rehusarnos a concebir al afropuertorriqueño meramente como una víctima de los discursos y estructuras de poder que lo invisibilizan o marginan. Los proyectos antirracistas deben ponderar el hecho de que los afropuertorriqueños no somos *simplemente* víctimas pasivas del racismo y de la ideología de la democracia racial. Sin negar las profundas consecuencias que estos fenómenos devengan en nuestras vidas, es importante notar y registrar los modos en que participamos en estas dinámicas, así como las estrategias que desarrollamos para confrontarlas. Según lo demostró Gwaltney (1993) en su encomiable proyecto de historia oral afroamericana, y lo constata nuestro significativamente más acotado esfuerzo por registrar la historia oral afropuertorriqueña, los afrodescendientes somos actores, creadores y constructores de identidades, comunidades y culturas, más allá del hecho de que hayamos sido excluidos o folclorizados en los discursos y las culturas hegemónicos. Aunque él distingue entre el testimonio y la historia oral, Beverley (1992) postula que el testimonio popular traspasa las fronteras disciplinarias para mostrarnos como este tipo de literatura—o texto—representa y promulga nuevas formas de agenciarse en comunidades que han estado reprimidas y desde donde se formulan nuevas alianzas políticas entre estas comunidades y otros contextos sociales. Sommer (1988) nos incita a considerar que los testimonios crean conexiones y producen nuevas articulaciones de lo que se es, del yo. A pesar de que su foco de atención es muy distinto al nuestro, Sommer nos recuerda además que en el testimonio, lo singular representa lo plural, no porque remplaza al grupo, sino porque la narradora es una parte del todo que relata y entona su voz desde el interior de su comunidad.

A la luz de estas consideraciones y experiencias proponemos un serio cuestionamiento de la categoría del "investigado." Este no es reducible al rol de relator o repositorio de datos, mucho menos al rol de beneficiario de los saberes que producimos, en aislamiento, sobre sus experiencias. A los proyectos antirracistas y críticos de las ideologías raciales imperantes nos urge examinar cómo nuestras propias prácticas y discursos afianzan las nociones de otredad que mitigan en contra de nuestros propios esfuerzos. Ese que erróneamente concebimos como objeto de estudio es un interlocutor y participante activo en los procesos de interpretación de las experiencias de racialización que hemos vivido. Su labor intelectual debe informar, sino transformar, la labor intelectual y política que, "en su nombre," efectuamos desde la academia y las organizaciones sociales. De este modo, el supuesto "investigado" se nos revela fehacientemente como un colaborador y, como hemos experimentado en nuestro caso, un compañero de lucha.

La investigación

Nuestra propuesta de recolectar información escasas veces registrada a partir de las voces originales de los actores de la realidad afropuertorriqueña reciente nos obliga a mirar de frente una historia hecha invisible y, con este acto, se vuelve visible. El poder apalabrar, narrar, re-vivir estos recuerdos ha tenido un efecto de transformación en el/la narrador/a como en el/la que escucha, el/la testigo. La transformación se manifiesta de diversas formas. Por ejemplo, el tener un foro seguro donde poder narrar unas realidades negadas, desde la persona que apalabra, se convierte en un acto de emancipación de la mordaza histórica y psicológica del racismo en Puerto Rico. Si se nombra, existe. Si existe, ocupa un lugar y amerita atención. La transformación desde el/la testigo implica el tener la opción de reconocer lo escuchado y asumir una postura ética en cuanto a qué hacer con esa información. La experiencia del equipo de trabajo revela que los *participantes* (y no meros "asistentes") en las presentaciones de diseminación hechas hasta el momento suelen asumirse como co-testigos de los testimonios y asumen una postura activa: avidez de conocimiento, esfuerzo de entendimiento y voluntad de reconocimiento de las experiencias y vidas reveladas. En muchos casos estos encuentros dan ocasión también a procesos de identificación que les permiten a los participantes "asumirse" y revelarse como afropuertorriqueños.

Dado todo lo ya establecido respecto a los patrones culturales de blanqueamiento y negación de la negritud que nos moldean como pueblo, es muy probable que estas dinámicas sean el resultado de la autoselección. Muchos de aquellos que se aprestan a participar en diálogos comunitarios, universitarios y mediáticos sobre *Testimonios afropuertorriqueños* son sujetos que legitiman los saberes que compartimos o buscan la legitimación de los propios en ellos. De todos modos, el efecto es el mismo: la democratización y descolonización de los "saberes oficiales" para sentar otras bases sobre las cuales se redefina la identidad, la colectividad y la nacionalidad a fin de construir nociones y prácticas inclusivas de comunidad.

Entendemos que esto ha sido posible porque, informados por la tradición de la investigación acción participativa, nuestro colectivo ha aportado estrategias de trabajo que complementan las colaboraciones de "dentro" y "fuera" de la academia para edificar puentes sólidos que vinculan, solidaria y recíprocamente, a la academia y "lo local" (Mato 2000). Entendemos, además, que esto es deseable porque contribuye al diálogo de saberes que necesitamos para preservar, honrar y aprender de nuestra memoria histórica.

Aquellos que nos hemos comprometido con la lucha antirracista y la crítica a las ideologías raciales dominantes podemos aprender de este modelo de trabajo. Ya sea para realizar investigaciones o para implementar proyectos educativos, culturales, etc., vale la pena plantearnos las preguntas formuladas por Daniel Mato: "¿A quién le interesa desvelar esta información? ¿Han solicitado los grupos 'subordinados' ser investigados? A fin de cuentas, ¿quién se beneficiará de los conocimientos producidos por estas investigaciones? ¿A quién sirven estas prácticas investigativas? ¿Cuáles son los intereses que las guían/informan/orientan? ¿Qué beneficios obtendrán los grupos 'subordinados' de los conocimientos producidos?" (2000:484).

Las respuestas a estas preguntas variarán en cada caso y, como en el nuestro, evolucionarán a la par que se desarrollan las relaciones, los conocimientos y los compromisos de colaboración. Lo importante es persistir en interrogar nuestras prácticas y procurar respuestas que den fe de nuestra responsabilidad para con los actores con quienes trabajamos y a quienes, inevitablemente, representamos. Como revela este segmento del testimonio de Luis, podemos descubrir en este denodado esfuerzo que compartimos una lucha por conocer, difundir y transformar la historia:

Tengo dos hijos: uno de veintiséis años y una de veinte. Los dos nacie-
ron allí [en la Central la Eureka]. Cuando yo voy, me los llevo, a ellos
le encanta la Eureka. Ellos saben la historia de la Eureka porque la
Eureka es todo. Yo les cuento y esas historias ellos las cuentan a otras
personas, que es bueno porque saben de dónde uno viene. Uno tiene
que tener los pies en la tierra, como dice el refrán: "y tu abuela, ¿dónde
está?"[12] Yo les cuento y también es responsabilidad del hijo mío educar
a sus hijos y decirle qué era la Eureka, de dónde vinimos nosotros. Es
la responsabilidad de cada padre para que no se nos olviden nuestras
raíces porque sino, se olvida, se olvida…. Esto es una historia; la gente
se va muriendo, si se espera un poco más ya la gente se va a morir [y]
no va a haber quien la cuente…. ¿Y qué le vamos a contar a la gente?
Pues, la historia de los negros….

Notas

1. Este trabajo fue redactado por Jocelyn A. Géliga Vargas e Inés Canabal con la colaboración
de Tania Delgado. El mismo constituye una reelaboración del informe final que, como becarios
de la Iniciativa Otros Saberes de la Asociación de Estudios Latinoamericanos, presentamos a los
coordinadores de la Iniciativa en 2008. Dicho informe contó con los insumos de los siguientes
colaboradores: Fabiola Barrera, Luis Daniel Cruz, Tania Delgado Hernández, Carlos (Cao) Delgado
Lassalle, Alfredo González Martínez, José Irizarry Rodríguez, Thea L. Mateu Zayas, Edwin Matos,
Moraima Ríos, Daniel Rivera, Brunilda (Tata) Rosa, Irmaris Rosas y Luis Ángel Soto. Otros colaboradores que han participado en diversas etapas del proyecto incluyen a Carlos Hernández, Luis
García, Eury González, Edwin Albino, Ángel Luis Liciaga, Vicente Yambot, María de los Ángeles
Díaz, Melody Fonseca, Brenda Garcés, José Guillermo Santiago y Héctor Segarra. Agradecemos
especialmente a Carlos Hernández por compartir sus profundos conocimientos sobre historia
oral con el colectivo, a Edwin Albino y Luis García por sus aportes al componente del trabajo que
realizamos en Hormigueros y a los treinta y tres narradores que constituyen el proyecto de historia
oral que aquí reseñamos.

2. En su ampliamente citado ensayo "AfroPuerto Rican Cultural Studies: Beyond *cultura
negroide* and *antillanismo*," publicado en 1996, Giusti Cordero señala que el término *afropuertorriqueño* no ha sido ampliamente acogido en Puerto Rico, donde se ha preferido el término *afro-
antillano*, principalmente en discusiones en torno al baile y la música, y el término *negroide* para
referir a la poesía (72, n. 7). Sin embargo, trabajos más recientes provenientes de los campos de
la historia (Figueroa 2005; Merino Falú 2004), la literatura (Santiago-Díaz 2007) y la crítica cultural (Ortiz García 2006; Rivero 2005) demuestran que el término *afropuertorriqueño* ha cobrado
vigencia en el discurso académico en los últimos años, si bien su uso es aún infrecuente en foros
populares.

3. Cabe remarcar que las categorías que proponemos ensayan una manera de clasificar el
grueso de la producción intelectual sobre el tema en términos de los objetivos centrales que cada
empresa representa. Estas clasificaciones no son exhaustivas ni indican uniformidad ideológica o
metodológica. Los trabajos de Giusti Cordero (1996) y Roberto P. Rodríguez Morazzani (1996)
presentan otros modos de clasificar este corpus que sí parten de una interpretación crítica de
los fundamentos ideológicos de los autores y las obras bajo consideración, si bien se enfocan en

trabajos difundidos hasta la década de 1980. Hernández Hiraldo (2006), por su parte, identifica cinco "tendencias" en estudios recientes sobre la afropuertorriqueñidad basadas estrictamente en la postura de sus autores respecto al racismo y la identidad racial en Puerto Rico. Por otro lado, la reciente revisión literaria de Idsa Alegría identifica otro posible conjunto de ejes temáticos presentes en la producción intelectual relacionada con lo que la autora denomina, en un sentido muy amplio, "el tema racial en Puerto Rico" (2007).

4. Véase, por ejemplo, Duany 2002; Godreau 2002 y 2008; Hernández Hiraldo 2006.

5. Para agilizar la lectura de este ensayo, utilizamos con frecuencia el generalizado recurso lingüístico conocido como el "el genérico masculino." Reconocemos que esta práctica está arraigada en un modelo patriarcal que universaliza la masculinidad. No endosamos esta postura y aclaramos que nuestro uso del genérico masculino se debe a cuestiones prácticas, ya que estamos convencidos de que la experiencia racial puertorriqueña, así como cualquier otra experiencia social, está atravesada por cuestiones de género que ameritan una seria y diferenciada atención. Entiéndase, entonces, que cuando utilizamos esta forma nos estamos refiriendo de manera conjunta a los hombres y las mujeres, aún cuando reconocemos que estas experiencias e identidades no son homólogas.

6. Cabe consignar que en el abordaje de otros aspectos de nuestra historia colectiva, la historia oral sí ha sentado precedentes importantes en Puerto Rico, si bien los dos trabajos más difundidos, *La Vida* de Oscar Lewis y *Taso: trabajador de la caña* de Sydney Mintz, fueron realizados por antropólogos norteamericanos y el último no fue traducido al español y publicado en Puerto Rico sino tres décadas después de su publicación original en inglés en 1960.

7. Algunos trabajos recientes se han dedicado al análisis de las representaciones y autorepresentaciones afropuertorriqueñas en los medios de comunicación (Rivero 2005; Alegría 2005; Géliga Vargas 2006). Pese a estos importantes aportes, no cabe duda que el estudio de estas representaciones en la cultura popular no ha recibido aún la atención de la que ha sido objeto en el campo de la literatura.

8. El énfasis en el sustantivo pueblo indica la doble significación que constantemente le atribuye Che al mismo: Aguadilla como localidad o municipio y Aguadilla como una comunidad de gente humilde y solidaria.

9. En el pasado reciente lingüistas, antropólogos, sociólogos, escritores y periodistas se han dedicado a identificar y analizar los términos raciales utilizados cotidianamente en Puerto Rico. Godreau (2008) ofrece una ilustrativa revisión de la literatura sobre el tema, así como un perspicaz análisis de las prácticas discursivas referentes a la clasificación racial informado por el trabajo de campo que realizó en tres municipios correspondientes a las zonas sur, centro y norte de Puerto Rico.

10. "Pasúa" es el adjetivo derivado del término "pasas," el cual alude a la fisionomía de las pasas de uva para despectivamente referirse al cabello encaracolado en ondas apretadas que se asocia con la afrodescendencia o la negritud.

11. Aunque no hemos redactado una etnografía como tal de esta etapa del proyecto, el término nos parece adecuado al tomar en cuenta que los textos autoetnográficos son autorepresentaciones construidas por aquellos tradicionalmente considerados como los "Otros" en respuesta a, o en diálogo con, las representaciones dominantes (Pratt 1992).

12. Este dicho popular puertorriqueño se deriva del poema de Fortunato Vizcarrondo titulado "¿Y tu agüela, a'ónde ejtá?", publicado en 1942, el cual confronta a los puertorriqueños que pueden o pretenden "pasar" por blancos a admitir que esconden ascendencia negra.

8 Saberes propios, religiosidad y luchas de existencia afroecuatoriana

Edizon León Castro y
Lucy Santacruz Benavides

Introducción

> Si queremos responder a la esperanza en los europeos, no hay que reflejar una imagen, aun ideal, de su sociedad y de su pensamiento, por los que sienten de cuando en cuando una inmensa náusea. Por Europa, por nosotros mismos y por la humanidad, compañeros, hay que cambiar de piel, desarrollar un pensamiento nuevo, tratar de crear un hombre nuevo.
>
> (Fanon 1999)

¿Cuál es el marco político y epistémico en el que se mueven estos saberes? ¿Cómo ha operado la colonialidad del saber en la producción de conocimientos en las poblaciones afroecuatorianas? ¿Cómo pensar la (re)construcción de saberes propios de las comunidades como procesos epistémicos de-coloniales? Estas preguntas estarán guiando el presente artículo, buscando narrar las reflexiones, aprendizajes y experiencias de un proceso compartido de diálogo entre las comunidades afroecuatorianas y la academia.

En este trabajo se fueron tejiendo puentes, tanto de orden subjetivo (afectos, relaciones de solidaridad) como epistémicos, entre quienes veníamos de la academia y los pobladores de las comunidades. De ahí que un proyecto de investigación como este resulte interesante en la medida en que lo primero que se planea es hacer evidente que hay lugares *otros* desde donde se han venido produciendo históricamente conocimientos, rompiendo con ello la exclusividad que se ha otorgado la academia como productora única de conocimientos. En este proceso crítico, a sus marcos de construcción, se fue planeando la necesidad de establecer diálogos horizontales que busquen generar un *pensamiento otro*.

Preguntarse por los *conocimientos propios* o por los *conocimientos otros* hace parte de situar tales procesos de-coloniales en el marco de lo epistémico. Por un lado el tránsito entre lo *propio* y lo *otro* nos permite de-velar los lastres coloniales, el cruce y mixtura de los conocimientos de las comunidades, así como el conflicto y resistencias generadas frente a la estigmatización, la racialización y la negación a la que estos saberes y conocimientos se han visto avocados. Por otro lado, desde los marcos de pensamiento occidental, las ciencias sociales se han construido encerradas en sus propias formas hegemónicas de producción de conocimiento. Abrir estos marcos, permitir su "contaminación" quebrando el poder epistémico que ha legitimado su sistema de conocimiento, es a su vez un proceso de-colonial, permitiendo abrir el diálogo con otras formas y sistemas de conocimiento. Y es en dicho desafío de doble vía donde se dibuja nuestro propósito fundamental como un tipo de apuesta y lucha compartida.

Los conocimientos de las comunidades afroecuatorianas son conocimientos que tienen que ser develados, visibilizados y posicionados. Las formas violentas en la que se gestaron, los canales de resistencia que tejieron, han sido sigilosamente guardados en la memoria colectiva de las comunidades, a través de sus prácticas y enseñanzas, que han sido transmitidas por los abuelos y abuelas. Quitar estos velos coloniales de los que nos previno Du Bois (2001), o lo que otros intelectuales llaman decolonialidad del saber, exige un ejercicio de toma de conciencia, un ejercicio colectivo "casa adentro" recreando, compilando y aprendiendo de experiencias vitales *propias*. Es en esta tensión entre los saberes propios y las luchas de existencia del pueblo afroecuatoriano donde se traza una manera *otra* de ser y de estar en el mundo.

Hablamos entonces de un proceso colectivo donde nos proponemos dialogar, estar en contacto y percibir esos sentidos de la existencia a través de una indagación que logre transformar(nos), develando el *ser* que se expresa en las prácticas y saberes de una religiosidad entendida como lucha y resignificación de sentidos. Decidimos vivir este proceso desde la organización de Mujeres de la Tercera Edad Manos Unidas en el Valle del Chota, las comunidades de la Comuna Río Santiago Cayapas en Esmeraldas y el Fondo Documental Afro-Andino de la Universidad Andina Simón Bolívar.[1]

Los escenarios de colaboración de los cuales parte esta investigación tienen experiencias muy distintas: por un lado, la experiencia de mujeres mayores del Chota y Esmeraldas, mujeres lideresas que por su lugar como guardianas de la tradición se encuentran íntimamente involucradas en la transmisión y ejercicio de los conocimientos que aquí llamamos religiosos, siendo fundamental su presencia en la asistencia al buen morir, en el desarrollo de novenas y velorios, así como en las fiestas religiosas (santorales, marianas y patronales); y por otro lado el Fondo Documental Afro-Andino proyecto que desde la Universidad Andina Simón Bolívar viene desarrollando hace más de cinco años una relación y compromiso con las comunidades afroecuatorianas.

Este proceso finalmente se acompaña en la necesidad de generar dinámicas de encuentros con el pasado, con la memoria, con los conocimientos heredados y trasmitidos por los ancestros, en la necesidad de generar un espacio vital que logre incidir en una *toma de conciencia* del valor de estos conocimientos, del valor de los guardianes y guardianas de esta tradición tanto en las comunidades como en los espacios educativos, escolares y universitarios.

El espacio reducido de estas páginas no nos permite más que esbozar algunos de los saberes que fueron parte del proceso en mención. Es así que centraremos nuestra atención en tres elementos fundamentales: en primer lugar frente a lo que implica construir conocimientos desde la diferencia cultural y colonial, marcando una postura decolonial epistémica; en segundo lugar la referencia a los conocimientos alrededor de la partería y de las prácticas curativas, desde las voces de compañeras de Esmeraldas y del Chota respectivamente; y finalmente, la descripción de la metodología que se convirtió al mismo tiempo en una pedagogía, es decir una metodología donde se aprende colectivamente investigando, como una apuesta y resultado en sí mismo de lo que fue este proceso.

Produciendo conocimientos y saberes otros desde la diferencia cultural

> *Siempre nos dijeron que nuestros conocimientos no eran conocimientos, la lucha es volver a esta forma de conocimiento, una manera de entender la vida, entender nuestros propios saberes, para luego insertar en los procesos educativos nuestra visión de la historia y nuestra visión de conocimiento.*
>
> Juan García Salazar[2]

Uno de los elementos centrales de esta investigación es la (re)producción de conocimientos y saberes propios, haciendo énfasis en la manera cómo se ha venido entendiendo los conocimientos y saberes en estas comunidades de origen africano. Más allá de la perspectiva epistémica occidental, constituyen epistemologías "otras" que no parten de una matriz eurocéntrica. Son conocimientos producidos desde la subjetividad, por el ser, es decir, por sujetos históricos que interactúan socialmente en espacios y momentos concretos, y es ahí donde producen sentidos de existencia, en la medida en que corresponden a una integralidad con la vida, desde una forma de entender y sentir el mundo; son conocimientos para la vida compuestos de simplicidad y complejidad al mismo tiempo.

Estamos frente a dos tradiciones epistémicas distintas, tanto en la producción de conocimientos como en las maneras de significar tales conocimientos. Aquí nos surgen dos preguntas: ¿Es posible establecer un dialogo entre la tradición epistémica eurocéntrica-occidental y la de los pueblos afrodescendientes en el campo epistemológico? ¿Qué debe aprehender la tradición eurocéntrica de estas formas "otras" de producir conocimientos, y viceversa? Para dar respuesta a estos interrogantes, es necesario posicionar geopolíticamente cada una de estas tradiciones. En el caso de la tradición occidental se hace evidente el engranaje de un conocimiento posicionado como universal y racionalista (el racionalismo de Descartes, filosofía fundante de las ciencias sociales modernas), que se ha sostenido en supuestos filosóficos como la objetividad, neutralidad, veracidad y comprobación; todo esto construye el sello de cientificidad y está vinculado a un proyecto político de dominación, haciendo evidente la relación entre saber y poder (Foucault 1996). Para ello se han creado estrategias y mecanismos que permiten la reproducción y posicionamiento de estos conocimientos como hegemónicos, desde la negación de otros conocimientos.

La tarea se vuelve más difícil cuando nos planteamos la pregunta hacia los saberes y conocimientos "otros" que provienen de estas comunidades de afrodescendientes, conocimientos que se han desarrollado desde la experiencia social y cultural, de su relación con el territorio, cosmovisión y su concepción de la naturaleza (monte); son conocimientos trasmitidos en la práctica cotidiana, en el hacer, desde la comunicación familiar o comunitaria, conocimientos que no se han visibilizado. Por el contrario han sido negados, velados, inferiorizados y subalternizados por la hegemonía del conocimiento eurocéntrico, el mismo que ha desarrollado toda una resistencia para "reconocerlos" como conocimientos, llamándolos superstición, creencia o mito. Sin embargo, han persistido a pesar de tal negación epistémica histórica. Foucault (1996) los llamó saberes inferiores y Boaventura de Sousa Santos (2006) monocultura del saber.

Al constituirse como monocultura (como la soja), destruye otros conocimientos, produce lo que llamo "epistemicidio": la muerte de conocimientos alternativos. Reduce la realidad porque la "descrebiliza" no solo a los conocimientos alternativos sino también a los pueblos, los grupos sociales cuyas prácticas son construidas en esos conocimientos alternativos. ¿Cuál es el modo en que crea inexistencia esta monocultura? La primera forma de producción de inexistencia, de ausencia, es la ignorancia (de Sousa Santos 2006:24).

Por tanto, ese "epistemicidio" no es solo de los saberes y los conocimientos que han venido produciendo por miles de años indígenas y afrodescendientes. Además hay un "epistemicidio" de las subjetividades como productores de conocimientos (sujetos cognoscentes). Estos sujetos que están por fuera del centro hegemónico no están legitimados por la autoridad científica como productores de conocimientos. Son seres que no solo han quedado en la periferia epistémica, sino también por fuera la historia.[3] Immanuel Kant, el filósofo alemán—que nunca había estado en América—sentenció que los indios eran incapaces de civilización y que estaban condenados al exterminio (Galeano 2001[1998]). Es que los conocimientos y saberes pasan por el ser y el poder; por ello la colonialidad del saber[4] es al tiempo constitutiva de la colonialidad del poder y la colonialidad del ser (Lander 2000; Maldonado-Torres 2006; Mignolo 2003; Quijano 2000).[5]

> ...el asunto de la colonialidad del saber, esto es, el carácter no sólo eurocéntrico sino articulado a formas de dominio colonial y neocolonial de los saberes de las ciencias sociales y las humanidades, no tiene que ver sólo con el pasado, con las "herencias coloniales" de las ciencias sociales, sino que juega un papel medular en el dominio imperial/neocolonial del presente. (Lander 2000:49).

Desde su inicio la matriz colonial estableció una escala de humanidad donde unos sujetos están en la cima de dicha escala mientras que los otros ("indios" y "negros") se encuentran en la base de esta escala y apenas tienen un esbozo de humanidad. Fue así como se construyó la "otredad," a partir de representarlos distintos. Pero distintos del modelo de humanidad blanco-occidental significaba ser inferior, y por ello estaba representado como primitivo, salvaje, natural. Esta representación se hizo extensiva al campo de los conocimientos; sus saberes (si se podían llamar saberes) eran primitivos, mitológicos, estableciendo la otredad epistémica (León 2006).

La propuesta de la reconstrucción actual de un pensamiento cimarrón desde la experiencia histórica vivida (la esclavitud), lo que Fanon (1999) llama "sentimiento de no existencia," tiene la pretensión de ser una apuesta política/epistémica: posicionando primero la pluralidad de conocimientos (como forma de hacer un descentramiento de ese pensamiento colonial-hegemónico) y segundo mostrando la emergencia de pensamientos otros/propios que parten desde lógicas, modelos, metodologías, subjetividades, experiencias y prácticas con historias coloniales de no-existencia. De esta manera construye una *otredad epistémica,* es decir, lo que no está dentro del pensamiento occidental se categoriza como "otro" en relaciones de inferioridad y exclusión (León 2006).

Reconocer los conocimientos de las comunidades afroecuatorianas como sistemas de conocimientos "otros" implica descolonizar la hegemonía epistémica eurocéntrica y construir un diálogo de doble vía entre academia y comunidades. Nos lleva a pensar en un diálogo de saberes, una polifonía epistémica, pero teniendo cuidado que la emergencia de estos conocimientos otros no emergen únicamente para dialogar con el conocimiento occidental sino y sobre todo con los conocimientos que han sido subalternizados. Para ello necesitamos comprender que existe una diversidad de sistemas de conocimientos, una diversidad epistémica que está geopolíticamente localizada y envuelta en relaciones de poder de orden colonial, pues el poder es inherente al saber.

En el presente aún existen relaciones que continúan legitimando la negación de tales conocimientos a través de aparatos educativos cerrados como la escuela, institución donde no se posibilita los diálogos de saberes. Las poblaciones afroecuatorianas han vivido un tipo de enajenación de su propia historia, de sus territorios y de sus conocimientos, tanto sus historias como sus conocimientos están fuera de los pensum de estudios en las escuelas y colegios. Por ello, poner la diferencia epistémica en una perspectiva de horizontalidad es ya una actitud decolonial, lo que de Sousa Santos (2006) en su *La sociología de las ausencias y la sociología de la emergencias,* ha denominado una ecología de los saberes.

No se trata de descredibilizar las ciencias ni de un fundamentalismo esencialista "anti-ciencia."... Lo que vamos a intentar hacer es un uso contrahegemónico de la ciencia hegemónica, o sea la posibilidad que la ciencia entre no como monocultura sino como parte de una ecología más amplia de saberes, donde el saber científico pueda dialogar con el saber laico, con el saber popular, con el saber de los indígenas, con el saber de las poblaciones urbanas, y con el saber campesino (de Sousa Santos 2006:26).

Sin lugar a duda cada uno de estos saberes tienen sus lugares "otros"[6] donde se producen estos saberes, como la familia, el río, el monte, la comunidad, la organización y la fiesta, donde existen otras lógicas que producen, recrean, actualizan y (re)construyen conocimientos y saberes. Los sistemas de enseñanza-aprendizaje de estos conocimientos "propios" no responden a la lógica escolar; aquí se enseña y aprende a través y desde la experiencia; estos conocimientos tienen su fundamento en la experiencia social, de hecho en experiencias locales que no son conocidas y mucho menos legitimadas por las ciencias sociales hegemónicas.

Los conocimientos desarrollados, por ejemplo, en la partería al igual que en las prácticas curativas (saberes a los que nos referiremos más adelante) son introducidos o transmitidos a través de las enseñanzas de los mayores. Sin embargo, el desarrollo de tal conocimiento está dado por la experiencia y su interrelación con las fuerzas que desde sus cosmovisiones intervienen en tal proceso. Son conocimientos donde el manejo sobre las plantas y la intervención de la religiosidad a través de santos y vírgenes actúan en cada procedimiento de manera singular:

> Usted puede agarrarse del santo en quien usted más crea, del que más sea devoto, yo mi santo no lo puedo mencionar porque es secreto y siempre le rezo mi oración en secreto, y de ahí yo empiezo mi curación. (Neyda Aguilera de Pérez, Timbiré-Esmeraldas, 8 de febrero de 2007, cass 6)

La intervención de oraciones, la invocación de los santos y vírgenes para procedimientos de curación y sanación, han provocado que tales conocimientos sean descalificados por el conocimiento formal de la salud y de la academia en general. Es necesario entender el valor y la efectividad de estas lógicas y racionalidades "otras" para lograr generar un diálogo donde podamos comprender y aprender del sistema de conocimientos que manejan las comunidades. Creemos que esta es una primera lección para la academia: aprender a escuchar otras voces y saberes.

La negación continua a la que han estado enfrentados tales conocimientos, hace que en sus propios lugares de origen sean subvalorados sobre todo por las nuevas generaciones. Los sistemas educativos y la discriminación a las formas propias de vida de las comunidades afroecuatorianas contribuyen al ocultamiento y hacen difícil la trasmisión de estos sistemas de conocimiento. Para el Fondo Documental Afro-Andino que hace parte de un escenario educativo universitario, este proceso de investigación fue un aprendizaje hacia nuevas lógicas y racionalidades, pero también ha sido un aprendizaje para la misma comunidad, solo que esta vez estaban aprendiendo de y desde ellos mismos:

> El desaprender lo aprendido a lo largo de tantos años, no es una tarea fácil. El desaprender es un ejercicio tan largo y complejo como el de aprender. El desaprender es algo así como volver a empezar, porque todo lo aprendido tiene que ser repensado y comparado con los sentimientos de pertenencia. El aprender de lo propio también duele porque es un proceso de comparación y reafirmación que requiere mucha reflexión, solo que esta vez se aprende con la certeza de estar aprendiendo sobre uno mismo, que es la verdad más cerca que tenemos los excluidos. (Abuelo Zenón: Memoria Colectiva de los Pueblos Negros)

Las maneras como nos propusimos desarrollar el encuentro con estos saberes, como sujetos mas allá de los marcos académicos, en una búsqueda compartida con las mujeres y jóvenes del Chota y Esmeraldas, nos permitió ir imaginando en el proceso los distintos caminos que era necesario recorrer, un acercamiento paulatino que produjo un tipo de enamoramiento, de ellas y nosotros, con las enseñanzas de los ancestros, con el conversar y querer preguntarnos cada vez mas cómo eran las cosas "de antes" y cómo se han ido transformando.

Los conocimientos en estos espacios de la comunidad tienen un sentido holístico y están vinculados a la cotidianidad, a lo religioso, a la naturaleza, al convivir, marcando las maneras de ser y estar en el mundo para los pueblos afroecuatorianos. Y por esta razón lo religioso está íntimamente vinculado a la producción de conocimientos.

A continuación haremos referencia en primer lugar al *nacimiento,* como un primer momento que permitió dar un lugar fundamental a las mujeres parteras, y con ellas a toda la práctica, arte y conocimiento de "partear," así como a los conocimientos frente a la ombligada, momento fundamental que establece un vínculo del recién nacido con las fuerzas de la naturaleza, del monte. Y en un segundo momento haremos referencia a *las prácticas curativas* de enfermedades como el espanto, mal aire y mal de ojo, que por su parte conjugan un vasto conocimiento de las propiedades de las plantas con la religiosidad, curar con sobijos,[7] oraciones y secretos, expresan un complejo sistema donde intervienen conocimientos espirituales y médicos.

Una particularidad que marca a estos saberes y al mismo tiempo establecen una diferencia con los conocimientos eurocéntricos-occidentales es que estos parten de un hecho cultural cargado por un lado de una fuerte simbología donde se encierra una interrelación integral con elementos de su entorno (territorio o monte, plantas, cosmovisión, etc.), y por otro lado todo un acumulado de conocimientos sobre todo con la farmacopea de la región. Existe un aprendizaje epistémico que depende de la capacidad simbólica de las culturas y de su forma no solo de significar sino de vivir en la cotidianidad ese mundo simbólico.

Conocimientos enseñados y aprendidos en este proceso...

La pregunta general que nos llevó hacia los conocimientos del nacimiento y las prácticas curativas parte de una búsqueda por los sentidos de la existencia en las comunidades del Chota y Esmeraldas. ¿Qué significa ser y estar en este mundo? ¿Cuál es la importancia de estas prácticas en la definición del sentido de lo que somos? Es así, como entre las conversaciones con las mayores de las comunidades, el nacer y los conocimientos desarrollados por las parteras aparecen de manera fundamental, marcando un momento y una forma de ser parte de este mundo.

Saberes alrededor del nacimiento

El hecho cultural del nacimiento encierra saberes que en muchas ocasiones se trasmite desde la familia, de madres a hijas, de abuelas a nietas. Sin embargo, como mencionamos anteriormente, los lugares de aprendizaje de tales conocimientos son diversos: lugares marcados en muchas ocasiones por relaciones solidarias, aprender ayudando, acompañando, asistiendo. Como un destino, como una vocación, como un don, es así como las mujeres del río Santiago aprendieron a partear.

Asistir a la parturienta en el difícil tránsito de la vida en el nacimiento es un trabajo valorado por todos y realizado por algunas. El desarrollo de este conocimiento, el aprendizaje del arte de la partería se consigue *observando a las otras mayores*…. Es un saber que se cultiva con la práctica, con la experiencia de ser madre, de ser tía, de ser abuela, de ser partera. Como cuenta doña Isilda, partera de Selva Alegre:

> De mi propio gusto aprendí, pues viendo a la otra…yo aprendí pues porque la finada peregrina ella sabía, pues fue ahí donde yo aprendí, pues a mi gusto…la parte del parterismo [sic] se la aprende en la práctica, porque la coronada de un niño es bastante horrible, por eso el que tiene nervios no puede atender un parto, la coronada de un niño… ¡hay Dios santo! (Isilda, Partera, Selva Alegre-Esmeraldas, 7 de febrero de 2007)

Tener el saber de partear conlleva la responsabilidad de atender los llamados que realice su comunidad; adquirir este conocimiento es también adquirir este deber y un compromiso. Partear es un servicio que se reconoce y agradece en actos de reciprocidad ayudando en la finca a la partera o simplemente atendiendo su estadía.

Con saberes y conocimientos se encuentran técnicas como resultado de un cúmulo de experiencias y aprendizajes. Siempre hay una destreza para enfrentar posibles inconvenientes que se puedan presentar. El salir con éxito de las responsabilidad que implica un parto requiere de las parteras valor, fortaleza y total confianza en la profundidad de su conocimiento. A diferencia de las técnicas utilizadas para el parto en los hospitales convencionales, la partera busca adaptarse a la comodidad de la madre, la postura para parir la busca la madre, decidiendo la mejor manera en la que pueda tener fuerza para pujar. Luchita Pachito, una mujer mayor de Maldonado en la provincia de Esmeraldas, nos cuenta desde su experiencia como madre:

¿Cómo me prepararon para parir, para botar la criatura? Acostada y arrodillada, mejor dicho arrodillada porque yo no podía parir acostada, me amarraban una cobija así y ahí me agarraba yo, y cuando venían los pujos, yo me agarraba de la cobija y aguantaba. (Luchita Pachito, Esmeraldas-Maldonado, 29 de octubre de 2006)

Los conocimientos de las comunidades no están solos: van acompañados de quienes los re-crean, los construyen en su práctica. Los conocimientos alrededor del nacimiento son potestad en las comunidades de las parteras o comadronas; ellas leen en la mujer embarazada las señales y dicen si su hijo está en una buena posición, si viene de pies o si su cabeza se ha encajado correctamente para el parto. Cuando tienen la oportunidad visitan a las madres, conversan con ellas, les aconsejan.

Los saberes alrededor del parto combinan múltiples técnicas, como el masaje, los baños, los rezos; cada uno de los nacimientos es diferente. Las circunstancias de la madre, las disposiciones de su cuerpo, la posición del niño, su proceso de gestación, el espacio y el tiempo en el que acontece cada nacimiento marca una gran cantidad de factores que deben ser sorteados por la partera, por la solvencia de su conocimiento, por su seguridad y voluntad.

La práctica del nacimiento requiere más allá de la destreza un gran conocimiento del mundo simbólico. Puesto que los pobladores de la región afropacífica tienen una concepción térmica del mundo y de las personas, estas están determinadas por una identidad térmica, así los hombres pertenecen al mundo de lo caliente mientras que la mujer al frío. Lo caliente abre mientras que lo frío cierra, y es por ello que cuando la mujer se pone grávida tiene que sufrir un cambio térmico y pasar a un estado caliente para poder dar a luz.

Esta forma propia de construir conocimientos a partir de la práctica cultural del parto en las comunidades afroecuatorianas, donde se combina lo religioso a través de los rezos y las invocaciones con los conocimientos de la farmacopea de la zona, han sido deslegitimados desde la medicina occidental. Por ello su revalorización y reproducción desde adentro son formas de descolonización epistémica que no buscan negar o descalificar los saberes occidentales, más bien construir diálogos e intercambios que permitan enriquecer la perspectiva distinta de cada una de tales vertientes epistémicas. Los conocimientos que parten de una matriz académica occidental necesitan reconocer su lógica cultural, re-localizar su conocimiento, su trayectoria, logrando desmontar los principios de universalidad que cierran y totalizan tal conocimiento negando la existencia de otros. Los preceptos "científicos" también implican lógicas y prácticas culturales (cosmovisiones y maneras de entender el mundo) que se imponen desde su supuesta autoridad científica, autoridad que legitima la colonialidad del saber.

Con esto se plantea que los conocimientos se producen en lógicas culturales propias y particulares, donde intervienen formas de entender y concebir la vida desde un sistema complejo de conocimientos que deben ser comprendidos a partir de códigos propios de esa cultura. Las parteras, por ejemplo, leen señales, signos en la mujer embarazada, donde logran definir el sexo del niño/a, a partir de la forma cómo se muestra en el vientre de la madre y cómo va a desenvolverse el parto. Utilizan a su vez todo un sistema simbólico que les permite construir su diagnóstico, así como su intervención en el parto.

En el arte de la partería existen también secretos relacionados con las circunstancias en las que no debe acontecer un parto, porque la parturienta puede ser ligada (trancada) o simplemente porque son condiciones que complican el desarrollo normal del parto. Por ejemplo, que cuando una mujer está embarazada a punto de dar a luz no puede estar un vaso boca abajo, o un balde boca abajo; hay una concepción desde esta cosmovisión de lo abierto frente a lo cerrado. El parto es un momento de apertura donde todo tiene que tener una predisposición a esta situación de lo abierto, y por ello los partos en estas comunidades no pueden realizarse con las puertas y ventanas cerradas:

> Dicen que la están cruzando a la que está pariendo, lo dicen como si fuera una ligadura, que no la dejan parir, pero por ejemplo en mí lo que mi abuela y mi mamá no consentían es que otra mujer se pare junto a mí, cuando estaba pariendo...por ejemplo tienen que cerrar la puerta, y si sube por aquí, tienen que salir por allá, porque no puede entrar una persona y salir por la misma puerta de un cuarto cuando una mujer está dando a luz. (Luchita Pachito, Esmeraldas-Maldonado, 29 de octubre de 2006, cass 2)

El no entendimiento de estas indicaciones o mandatos que hacen parte de los conocimientos sobre la partería crean tensiones entre estas dos formas de conocimientos y bloquean posibilidades de diálogos.

Esto se hace evidente en los centros de salud que se han instalado en las comunidades, donde las madres embarazadas muy pocas veces son escuchadas sobre su capacidad de decidir la posición más cómoda para dar a luz, o donde los cuidados necesarios para prevenir su parto de ligaduras (cesáreas) son totalmente ignoradas por los médicos. En Ecuador a pesar de que existe un tipo de legislación que reconoce las prácticas propias de atención a mujeres embarazadas, tales programas se han orientado hacia el conocimiento de las comunidades indígenas, siendo un conocimiento aún invisibilizado en las poblaciones afroecuatorianas.[8]

El arte de ombligar

Otro tipo de conocimientos que hemos trabajado colectivamente y que está relacionado con la partería es la práctica de ombligar. Existen dos procesos diferentes en el arte de ombligar, uno relacionado con el proceso de curación del ombligo para que se seque y se caiga sin que tenga una enfermedad y otro en relación con las fuerzas de la naturaleza que se busca imprimir en la personalidad del niño.

En el primero hay varios procesos que van desde la cortada del ombligo hasta el proceso de curación y secamiento del mismo. En esta parte se hace una primera diferenciación de la sexualidad del niño o la niña, que depende del tamaño del corte que hace la partera al ombligo, así para los hombres debe tener una medida mas larga que va desde los cuatro a cinco dedos y en las mujeres de tres dedos.[9] Una vez que el ombligo se ha curado, se prepara los distintos secretos con los que se va a ombligar al niño o la niña.

Las sustancias utilizadas para ombligar son de distinta índole; pueden ir desde el polvo de la uña de la "gran bestia," que es un pájaro muy común en la costa del Pacífico, hasta el oro en polvo, la lombriz o la espina de un pescado, entre otros elementos. La elección de una o de otra se dará de acuerdo a los efectos que se busca lograr en la persona que va ha ser ombligada; cada uno de los secretos utilizados relacionan las características del animal o mineral utilizado con un tipo de transferencia que se hará al menor ombligado:

> La ombligada, dizque para tener unos suerte y otros para tener fuerza.
> Algunos los ombligan con oro, otros con plata, otros con uñas de animales, como del oso, para tener mayor fuerza...la uña de la gran bestia.... (Archivo Fondo Afro WH2 R10 Esmeraldas)

Tal relación establecida entre el ombligado y la sustancia elegida por su familia o por la misma partera estará presente durante toda su vida, otorgándole fuerza, vigor, riqueza, etcétera. El ombligado no debe comer de la sustancia con la que fue ombligado porque esta lo rebajaría, es decir, ocasionaría la disminución de la potencia que le ha sido otorgada. A pesar de que es difícil recordar la información de con que se ha sido ombligado, esta es siempre transmitida por la familia.

La manera de preparar la lombriz, la uña de la gran bestia, o el palo de guayaba es dejar que se seque, y luego se tuesta y se lo triura para obtener un polvo, que será lo que finalmente se va a utilizar para ombligar.

La ombligada y todos los secretos alrededor de esta práctica son conocimientos que se han desarrollado a través de la experiencia y el encuentro profundo con el entorno natural en un tipo de diálogo cercano entre las fuerzas que otorgan la naturaleza y la capacidad de manejo y conocimiento de estas fuerzas desarrollado por los antiguos. A través de esta práctica se produce una transferencia, un intercambio de poderes, energías y fuerzas de esos elementos. Por ejemplo, si una persona fue ombligada con una sustancia de algún animal, la persona desarrollará en su crecimiento la característica central de ese animal, logrando ejemplo por mayor fuerza y agilidad.

Las concepciones para determinar con que se ombliga son determinadas por la partera y la madre, y generalmente se relacionan en función a las actividades y necesidades de la comunidad. Por ejemplo ombligan a un hombre para que desarrolle tareas como ir de cacería, meterse en el monte, pelear o buscar oro, entre otros oficios. Para las mujeres es importante a su vez desarrollar la capacidad para ser remediaras o parteras, o desarrollar destrezas como tejer canastos; es por ello que muchas eran ombligadas con plantas. La ombligada marca la vida de las personas y en el momento de su muerte debe recordar con que fue ombligado, para de esta manera lograr "rebajar" nuevamente su potencia; de lo contrario podría tener una agonía prolongada o quedar suspendido como alma en pena que no tiene descanso.

Estos saberes al igual que los otros conocimientos han perdido su fuerza por la ruptura de la tradición, debido a que los procesos de transmisión y respeto tanto de las personas que lo poseen como de los saberes mismos se han deteriorado.

Practicas curativas: el ojo, el mal aire, el espanto

El tema de las prácticas curativas, los conocimientos y saberes que hemos venido trabajando en las diversas etapas del proceso de investigación, ha sido uno de los espacios más productivos. Es impresionante la gran cantidad de conocimientos de la farmacopea natural que tiene las comunidades. Hemos trabajado no solo en la significación y origen de procedencia de las enfermedades, sino también en las múltiples formas de curar, que al igual que los otros conocimientos se encuentran acompañados de un sin número de prácticas simbólicas que unen y armonizan los saberes de las plantas a la religiosidad y la movilidad energética.

Los oficiantes de estos saberes poseen una mística especial; seguramente esta es una característica que tienen porque fueron ombligados con alguna sustancia vegetal para desarrollar este saber. Como ya habíamos mencionado los aprendizajes tienen diferentes momentos y espacios, sin embargo el espacio familiar es el más frecuente:

> Mi nombre es Neida Aguilera de Pérez, la historia de aprender a curar

> *el espanto lo aprendí de mi abuela, y esto me ha servido para curar el mal aire de mis hijos, cuando una persona tiene iras le doy su toma para el hígado para que no le quede inflamado y otras cosas más que he podido aprender. (Conversatorio, Timbiré-Esmeraldas, 8 de febrero del 2007, cass 6)*

El mal de ojo, el espanto y el mal aire son enfermedades que se curan con oraciones, la intervención de plantas medicinales, rezos y agua bendita. Hace de estas prácticas curativas un espacio de conjunción de la fuerza divina, de la naturaleza o del monte y de la fuerza humana. Los conocimientos alrededor de estas prácticas médico-religiosas se realizan por transmisión oral y por observación, aprendiendo de los mayores, escuchando, mirando y en la propia experiencia con la enfermedad.

Tanto el diagnóstico como la curación se realiza con el rezo, oraciones como el Credo, el Padre Nuestro, el Ave María y la invocación secreta de los santos y vírgenes de devoción personal de cada curandero o curandera expresa un manejo y relación estrecha con estas fuerzas divinas.

Los casos de enfermedad de ojo, mal aire y espanto son muy comunes en los niños; sin ser restrictivo de una edad sucede en los pequeños con mayor frecuencia, y es por esta razón que el *saber* curar en ocasiones se torna indispensable para las madres que deben atender a sus hijos sin la asistencia de la abuela, del abuelo o de las tías. La mayoría de curanderos aprendieron de sus familiares o vecinos muy allegados, aprendieron mirando, acompañando las curaciones.

Estar *abierto* es una de las señales que le permiten al curandero/a diagnosticar la enfermedad. Con una cinta doblada en cuatro realiza su examen rezando en diferentes partes del cuerpo del enfermo, midiendo una y otra vez. Esto permitirá observar el grado de la enfermedad, de acuerdo a la diferente abertura en su pecho o espalda en cada uno de los procedimientos.

> *Yo aprendí viendo…ahora yo ya sé un poco, cuando una persona está con ojo ya uno sabe, uno mide con la palabra misteriosa, con el santo de devoción, en eso entra misterio, cuando el individuo tiene en comparación ojo, a las palabras misteriosas se abren y para cerrar se utiliza las hierbas y con la ayuda de su santo de devoción se logra cerrar. (Conversatorio, Timbiré-Esmeraldas, 8 de febrero del 2007, cass 6)*

Los síntomas de estas enfermedades pueden ser diferenciados, de acuerdo al tipo de ojo que tenga, a la forma como ha sido espantado, si adquirió el espanto en el agua o en otra circunstancia. Así también el mal aire puede tener procedencias diversas y de acuerdo a estas se realiza su forma de curación. Sin embargo la curación después de los rezos y sobijos con plantas y agua bendita, u otros procedimientos de acuerdo a las circunstancias de cada caso, implican que el enfermo debe quedar nuevamente "cerrado."

En caso que no tenga la botella conmigo porque a veces no la llevo a donde voy, entonces ahí agarro la moradilla, un monte que se llama doncella y otro monte que se llama golondrina, con esos tres montes y el agua bendita saco el zumo, le doy a tomar el zumo y con el afrechito le sobo, eso es para el ojo, esta curación se la puede hacer a cualquier hora. Y para el ojo seco ese es más complicado curar no me gusta, por eso aquí son contaditos a los que yo les he curado el ojo seco, ese ojo solo se lo puede ver en el día, igual se lo mide con la tira, si tiene el ojo la cinta no le cierra. Entonces para cerrarlo mientras se reza el credo y se le pasa por el cuerpo un huevo y luego se lo parte y se pone el huevo en un vaso de agua, y si tiene el ojo, el huevo sale sancochado, se lo deja ahí y se lo cura en la mañana. Se lo deja en el vaso con agua hasta las cuatro de la tarde, y a las cuatro de la tarde por donde muere el sol usted bota ese huevo.

Y luego el tratamiento sigue, usted tiene que agarrar nueve tripas y darse tres baños cada mañana con tres tripas, luego usted las abre, las pone una puntita de sal y la deja en el sereno, después de eso hay que agarrar la hoja del papayo macho y la raíz y con eso también tiene que darse tres baños durante tres días, luego se refriega la hoja, la raíz la machaca y la pone en una tina con agua o en un balde y eso se le pone al sol que se caliente y con eso se baña durante tres días, entonces después que hace todo esto, está curada, pero tiene que quedar bien curado, por si no el ojo le puede volver. (Conversatorio sobre plantas curativas, Chota, 2007, cass. 3)

Todos estos saberes están atravesados por una fuerte religiosidad y por supuesto una espiritualidad. Seguramente este es uno de los muchos elementos que hace que estos conocimientos y saberes sean altamente subjetivos. Los curanderos/as determinan su eficacia en la perfecta combinación de un amplio conocimiento y uso terapéutico de las plantas y su profunda fe religiosa expresada en su devoción a los santos y vírgenes.

Es justamente por su saber complejo que los curanderos/as son muy respetados en sus comunidades y son considerados maestros por quienes están en su proceso de aprendizaje. Los conocimientos a los que nos hemos referido de manera sintética no son más que un ejemplo del amplio y complejo campo de conocimientos relacionados con la salud y el nacimiento. Escenarios como las fiestas religiosas, o las celebraciones de muerte, son a su vez espacios de encuentro en el manejo de una espiritualidad que se teje con el íntimo encuentro con la naturaleza y la divinidad, espacios que también fueron explorados en la experiencia de trabajo colectivo con las comunidades de Esmeraldas y el Chota.

Metodológicamente se definieron cuatro ejes o momentos que nos dieron un camino en la exploración de aquello que llamamos *los sentidos de la existencia*, estos son: el nacer y el morir, como lugares de entrada y salida de este mundo humano, y la enfermedad y la fiesta, como lugares de conversación, negociación y aprendizaje con otras fuerzas y esferas de la existencia.

Estos conocimientos y saberes están anclados a la esfera de la cotidianidad. Son conocimientos prácticos, que han venido siendo producidos para la vida, para resolver sus problemas cotidianos tanto en el plano espiritual como material, dimensión que nos permite proyectar la existencia tanto como una estrategia en procesos de resistencia como en procesos de construcción de ese ser cuyo centro vital intentó fragmentar la experiencia colonial.

Por lo tanto, la colonialidad del saber tiene implicaciones directas y determinantes en la colonialidad del ser. Es por ello que estos procesos de de-colonización epistémica recuperan al ser en toda su subjetividad histórica, ya que es el productor y poseedor de esos conocimientos.

Consideramos que el problema en esta investigación ya no está en indagar que simbolizan esos conocimientos y saberes sino, ¿qué sucede con los sentidos que producen estos conocimientos dentro de un discurso y unas estrategias identitarias para un protagonismo político y epistémico, que pueda dar cuenta de una existencia?

Dimensiones políticas-epistémicas y éticas de los saberes otros

La producción de conocimientos y saberes "otros" implica dimensiones que acompañan este proceso y que determinan la perspectiva ética y política de la investigación. Así, cuando se plantea una investigación participativa y colaborativa uno de los principios centrales implica el rompimiento de la típica relación sujeto-objeto, a cambio se propone una relación sujeto(s)-sujeto(s), donde los sujetos de la investigación son activos en la producción de conocimientos. Por tanto la comunidad no es considerada como un objeto donde se encuentran unos conocimientos esperando que llegue el investigador y los "descubra." Esto conlleva una serie de cuestionamientos ético-epistémicos. La primera es la objetivación, en realidad la cosificación de la subjetividad, y por otro lado es la negación de esos sujetos (individuales y colectivos) como productores de conocimientos; además se niega la posibilidad de considerar que esos conocimientos tienen un carácter de "propiedad" de la colectividad. Es por ello que insistimos que esta investigación es sobre todo subjetiva, porque en cada uno de los procesos del trabajo participativo desarrollado, hemos colocado a las subjetividades en un primer plano. Los afectos, la amistad, disfrutar del proceso, sintiendo y comprometiéndonos es lo que permite a esta investigación producir conocimientos de manera colectiva. Aquí el papel del investigador/a queda diluido: los/as investigadores/as somos todos/as. Las preguntas, la comprensión del proceso y el hilar una y otra historia de vida, entrevista, etcétera, son asumido de manera colectiva.

Por supuesto modificar el rol, o la autoridad académica, que se ha adjudicado a los profesionales involucrados en investigaciones semejantes hace necesarios momentos de autoconciencia de parte de los/as académicos/as, así como de las personas de las comunidades partícipes de dichos escenarios. En nuestra experiencia el papel que hemos jugado en todo este proceso ha sido de ayudar a crear las condiciones necesarias para que se re-produzcan conocimientos de manera colectiva a través de metodologías y pedagogías. Se ha logrado desarrollar un escenario donde las relaciones de poder entre investigador e investigados fueron desplazadas a una relación horizontal; sin embargo no podemos desconocer la diferencia que nos traspasa.

Como hemos mencionado anteriormente estos conocimientos son para la vida porque han permitido hacer uso y manejo sostenido de los montes, logrando un equilibrio basado en la integralidad; sin embargo estos conocimientos han venido perdiendo vigencia y se han debilitado por diversos factores como migración, falta de apoyo del gobierno para mantener sus tierras, falta de políticas de titulación de tierras, la fuerte penetración de medios de comunicación, en otros. En este sentido se ha visto afectada la vida de las comunidades; el territorio ya no tiene la importancia que siempre ha tenido. Y ha sido en este territorio donde habitan los espíritus, seres mitológicos, visiones, donde se construyen los espacios de socialización y aprendizaje de tales conocimientos, espacios comunitarios, como por ejemplo los mentideros (lugares abiertos juntos al río, donde se reunían los mayores a conversar con los miembros de la comunidad).

Por ello hemos visto que la mejor manera de revitalizar estos saberes es a través de los procesos de educación, de la *etnoeducación* como una forma de aprender de nosotros mismos. Nosotros dentro del proyecto contemplamos la elaboración de materiales etnoeducativos como una manera de que esos saberes vuelvan a formar parte integral de la vida de las personas de la comunidad y quienes los poseen vuelvan a tener la autoridad de guardianes. Esto va a permitir restablecer canales de transmisión generacional de conocimientos.

El asunto de la ética va a estar en cercana relación con la política epistémica; tal vez un buen ejemplo de ello resulta la propuesta de la Universidad Amawtay Wasi, cuya estructura epistemológica está basada en la cosmovisión y filosofía indígena y que refleja por un lado toda una estructura para producir, recrear, circular e intercambiar los conocimientos ancestrales pero dentro de una lógica integral y de relación en donde intervienen los yachacs portadores de los saberes, la naturaleza (Pachamama), un proyecto epistémico desde los pueblos indígenas con un claro objetivo político:

> Responder desde las epistemologías, la ética y la política a la desconolo-
> nización del conocimiento…un espacio de reflexión que proponga nue-
> vas formas de concebir la construcción de conocimiento…potenciar los
> saberes locales y construir las ciencias del conocimiento, como requi-
> sito indispensable para trabajar no desde las respuestas al orden colo-
> nial epistemológico, filosófico, ético, político y económico; sino desde la
> propuesta construida sobre la base de principios filosóficos (andinos).
> (Amawtay Wasi, citado por Walsh 2007b:109)

Una metodología participativa para los saberes

Este era el primer principio de la metodología que salía de la misma ense-
ñanza de los mayores de las comunidades afroecuatorianas:

> Los mayores nos habían dicho que todo: lo que necesitábamos para
> aprender de nosotros estaba en nosotros mismos, la memoria individual
> de los guardianes de la tradición, es parte de la memoria colectiva, ellos
> la guardan y la recrean para que no muera, pero a todos nos pertenece.
> Es allí donde tenemos que buscar nuestros conocimientos. (Juan García,
> documento inédito, 2004)

La elección y uso de una metodología o más aun la construcción de una metodología están dentro del orden de la política de la epistemología atrave-
sada por una ética; de hecho cuando se realiza una investigación participativa y comprometida como nos hemos planteado, debe necesariamente tomar en cuenta que junto con los conocimientos y saberes de las comunidades hay formas de producción y trasmisión de estos. Además reestablecer la autoridad que los mayores tienen como guardianes de dichos conocimientos, es fundamental no perder de vista esta perspectiva. De hecho la memoria colec-
tiva es la fuente de esos saberes, la misma que tiene una dinámica propia, como está expresado en la misma memoria:

> La memoria colectiva es como una fuente que siempre tiene agua para
> beber, pero el que quiere beber de ella, tiene que traer su mate y su
> calabazo. El mate es para sacar con cuidado el agua que es buena para
> beber, las piedras que están en el fondo son parte de la fuente, pero no
> se pueden beber. Así es esto de los conocimientos, tenemos que aprender

a sacar con cuidado lo que es propio y dejar en el fondo lo que es ajeno. El calabazo (mate) es para guardar el agua y tenerla a la mano, porque no se puede ir a la fuente cada vez que se tiene sed, el agua tiene que estar adentro de la casa para beber cuando se tiene sed. (Juan García, documento inédito, 2004)

Esto lleva a mirar las distintas lógicas del saber en las comunidades y sobre todo como funcionan los mandatos ancestrales en la trasmisión de esos conocimientos y la preocupación y recomendación que tenían los mayores para que las nuevas generaciones conserven estos conocimientos. Por ello la apuesta metodológica de esta investigación es a su vez una apuesta pedagógica.

En primer lugar es necesario establecer una relación de confianza y desarrollar un interés mutuo por el trabajo. Esto significa consensuar con los miembros de la comunidad que van a participar en este proceso de investigación, los objetivos y los alcances de la investigación e inclusive los temas; es decir no es posible llegar desde afuera a determinar temas "interesantes" de investigación, sino que este debe ser consensuado con la población con la que se espera trabajar. En nuestro proceso horas de conversaciones y reflexión nos llevaron a tener un interés fundamental por la religiosidad, escenario en el que las compañeras de las comunidades se encuentran altamente involucradas y donde se percibe una distancia con las nuevas generaciones.

Se establece aquí entonces una prioridad frente a tal campo de conocimientos, en dos sentidos: por un lado desde la necesidad de recopilar, registrar y recrear tales conocimientos, y por otro lado en su revitalización y trasmisión a las nuevas generaciones, investigar aprendiendo.

Con este primer punto de partida comenzamos a realizar conversatorios donde fuimos identificando cuáles eran esos momentos fundamentales dentro del campo religioso que podía ir hilando nuestro trabajo. Estos conversatorios hacían parte de una metodología que ya había sido empleado por el Centro de Estudios Afroecuatorianos,[10] donde llamaron a este proceso entrevistas de rutina y que no era más que una lluvia de ideas que servía para ir identificando los saberes en torno a la religiosidad que circulaban en la comunidad y además quienes eran los poseedores de dichos saberes. Así la reflexión se orientó a los momentos fundamentales de encuentro con nuestra espiritualidad, los momentos de vínculo y negociación con la naturaleza, con la vida: el nacer, el morir, las prácticas curativas y la fiesta. Estos eventos marcan de una manera singular nuestra existencia; son momentos de la investigación donde la participación y el respeto por todas las voces se vuelven fundamental.

Cada uno/a de nosotros/as realizó preguntas a estos ejes de trabajo colectivo, buscando despertar inquietudes sobre escenarios para muchos/as cotidianos. Nuestro trabajo se iba reduciendo a motivadores de estos espacios. Así fuimos hilando y aprendiendo desde la experiencia de vida de todos/as las maneras como hemos practicado estos conocimientos. Ejercicio que nos permitió dar un segundo paso hacia la elaboración de mapas utilizando la cartografía social como metodología que nos permite la construcción colectiva de conocimientos.[11]

La cartografía social nos permite dibujar en el territorio las distintas relaciones que configuran estos conocimientos, sus espacios de producción, los elementos del entorno que vinculan y las personas que los reproducen. La convocatoria para la elaboración de estos mapas es a toda la comunidad. Es muy importante siempre contar con personas que estén en distintas etapas generacionales porque esto ayuda a que estos procesos se conviertan primero en espacios de aprendizaje; pues cuando se tienen a jóvenes y niños en estos conversatorios y talleres donde los mayores cuentan sobre los conocimientos y saberes, se permiten dinámicas de intercambio de conocimientos de hecho estos espacios buscan restablecer esos nexos generacionales que se han ido debilitando. En nuestra experiencia investigativa ha resultado muy enriquecedora porque los niños/as ayudaban a pintar los mapas en función de lo que escuchaban de los mayores.

Elaboramos mapas del presente y del pasado, recordando, pintando, compartiendo experiencias entre adultos, mayores y niños, cada uno desde su entusiasmo aprendió de los demás. Los talleres de jornadas intensas de todo el día fueron haciendo que la conversación se tejiera y generara consenso frente a los distintos temas. Así por ejemplo en el mapa sobre plantas medicinales, se dibujaron los lugares cerca al río, a la casa o en los caminos donde crecen sus diferentes usos y características, que las describen como plantas frías, calientes, frescas o bravas. En talleres como este se compartieron recetas y ampliaron los conocimientos que cada uno tenía sobre una u otra planta o sobre maneras de curar.

Aquí los niños escuchan de manera atenta a los mayores y mientras se va pintando y el territorio del Chota va emergiendo de una hoja de papel, como un territorio lleno de colores y saberes, que nos hacen vernos desde afuera y valorar aquello que pasa muy cerca y en muchas ocasiones no percibimos.

La elaboración de los mapas no fue más que el pretexto para generar un espacio donde los saberes y conocimientos empiezan a circular, a tejerse conocimientos desde la experiencia vital, compartirse recetas de plantas medicinales, anécdotas de partos difíciles, historias de ombligadas, remembranzas de fiestas, entre otros, esto fue hilando los conocimientos, fue generando un conocimiento colectivo, que se hacía evidente en un proceso dinámico de enseñar y aprender del otro.

Recordar, representar en un mapa estos saberes, estos conocimientos, los guardianes y las guardianas de la tradición, dibujados en el espacio, en el territorio, permitió mirar tales conocimientos en forma relacional, ubicando la plantas del monte, las plantas cultivadas, las plantas del río, ubicando los sitios sagrados a veces visitados, a veces olvidados, ubicando los caminos por dónde anda la vida, por dónde estos saberes construyen su historia y expresan su identidad.

Luego de dibujar y pintar los diferentes mapas, había que exponerlos y este ejercicio resulta también enriquecedor porque mucha de la información acerca de los saberes se va complementando y por otro lado se va socializando los trabajos de los diferentes grupos. Es muy importante no descuidar en ir recogiendo en cada uno de los pasos la información que se va generando, porque al final se juntarán todos estos aportes para la re-construcción final de los saberes.

Después de los talleres donde dibujamos y pintamos los mapas, decidimos hacer un recorrido que privilegió escenarios pintados en los mapas, aquellos lugares nodales donde ya los mapas nos indicaron que se encuentran gran parte de estos conocimientos. Esta manera de ir, caminar y conversar reafirmó, amplió y profundizó los conocimientos explorados tanto en los conversatorios, como en los talleres. Y así en este proceso se fueron identificando a los guardianes y las guardianas de la tradición, a quienes nos acercamos para aprender, con respeto, con admiración.

Fuimos entonces al río, a las huertas, al cementerio y a la casa de la partera mayor del Chota. Los recorridos al igual que los otros pasos metodológicos se convierten en espacios de aprendizaje colectivos, así el hecho de iniciar un recorrido con gente de la comunidad donde los jóvenes se mezclan con los mayores, y estos al sentir la audiencia de los jóvenes empiezan a conversar sus saberes a cada paso de este recorrido. Mientras hacíamos el recorrido a la huerta para aprender y actualizar los saberes sobre las plantas medicinales, las mayores iban mirando, cogiendo y enseñando las plantas medicinales, con sus usos y formas de preparación; además ese ejercicio permitió ver como esos saberes son complementarios: así cuando una mayor explicaba de manera particular sobre el uso de una planta, había otras compañeras que alimentaban este conocimiento, haciendo comentarios sobre otras recetas o nombres con que se conoce a esta planta, otros usos que puede tener estas plantas. De esta manera se va configurando los saberes desde los aportes colectivos.

Así también en la visita que se realizó a la casa de la partera mayor, el recorrido de igual forma sirvió para recrear estos conocimientos fue interesante que la misma gente de la comunidad tanto los y las jóvenes como las mujeres adultas empezaran a hacer preguntas a la partera, esto con el afán de profundizar sus propios conocimientos sobre la partería. En el caso de las mujeres adultas, sus preguntas relacionaban su experiencia; por ejemplo preguntaban por qué a ellas les hacían tomar bebidas calientes cuando los pujos cesaron. Por supuesto la partera con toda la generosidad explicaba las razones porque se les da bebidas calientes, y con esta dinámica los saberes fueron configurándose. Otro de los recorridos que fue muy importante en el Valle del Chota fue la visita al cementerio, guiada por el *animero mayor* quien compartió el ritual que realiza cada año para celebrar el día de los muertos. El animero entre otras funciones, es la persona encargada de realizar una caminata por las calles del pueblo con las almas que se encuentran en el cementerio. En este recorrido con el animero, a su vez participaron el grupo de mujeres vinculado a este proceso así como jóvenes de la comunidad que fueron invitados. Este fue un aprendizaje al igual que los demás espacios descritos en esta metodología que permitió tejer la experiencia y conocimiento de este "guardián de la tradición" y con los saberes de la gente de la comunidad que se había convocado para este recorrido. Llegamos hasta el cementerio donde el animero empezó hacer su explicación así como la representación del ritual, que a su vez marcaba un camino desde el cementerio hasta las primeras calles del pueblo. Al final del recorrido, en el mismo cementerio hicimos un pequeño conversatorio para ir despejando y aclarando las dudas que cada uno de nosotros teníamos.

Finalmente una vez que terminamos de realizar los diferentes recorridos propuestos por el grupo, nos convocamos nuevamente para reflexionar sobre la significación que estos aprendizajes tienen para el proceso y cuáles fueron las enseñanzas que se adquirieron en esta ruta pedagógica de la investigación. Este ejercicio del recorrido no solo generó la amplitud de los saberes que estábamos buscando, sino también generó una reflexión sobre las diversas formas que pueden existir para restablecer la conexión entre los mayores y las nuevas generaciones. Para los jóvenes implicó también darse cuenta de lo mucho que los mayores sabían y que estos conocimientos no los enseñaban en las escuelas y colegios donde ellos estaban.

Una vez terminamos este proceso pedagógico de la investigación empezamos a realizar la sistematización de todo lo trabajado en los diferentes momentos. Para ello ya se contaba con algunas transcripciones de los materiales. Con la misma gente de la comunidad validamos cada uno de los saberes estudiados. Esto es otra manera de que los resultados de esta investigación sean parte de este proceso, legitimando los saberes con la gente de la comunidad. La sistematización de esos saberes a su vez constituye el material con el cual realizamos la devolución de todo este proceso a la comunidad, en nuestro caso a partir de la elaboración de cartillas etnoeducativas, de este material se recogió por un lado la metodología de la investigación en una cartilla que busca ser una guía pedagógica para los maestros de escuelas que trabajen saberes propios con sus estudiantes, la otra es una guía etnobotánica que recogió los saberes de plantas medicinales dibujados en la cartografía social y profundizados con posterioridad. Así también este proceso de encuentro entre las comunidades del Chota y Esmeraldas se recopila en dos videos, uno sobre el encuentro mismo y el otro en relación con la Semana Santa en Esmeraldas.

La sugerencia metodológica que nosotros planteamos es que todos estos procesos se los realice con la participación de un equipo de trabajo de la comunidad, incluyendo la misma elaboración de los materiales pedagógicos. Por ello es de gran importancia contemplar la vinculación de algunos profesores y animadores comunitarios en estos procesos, resulta de gran importancia incluir sus aportes en la elaboración de los materiales y los ejercicios pedagógicos, así también pueden poner en práctica las pedagogías aprendidas con sus estudiantes. Esta es a su vez una buena forma de que se apropien y empoderen en estos procesos y que los reproduzcan en sus centros educativos.

Al final de este proceso realizamos la validación de los materiales y la evaluación de todo el proceso; nosotros decidimos hacer este ejercicio de manera conjunta con los dos equipos de trabajo, tanto del Chota como Esmeraldas. En estos espacios de evaluación del proceso se presentaron todos los materiales elaborados y se da cuenta del proceso llevado a cabo en cada una de las zonas; también se realizó la entrega de todos los materiales producidos: las fotografías, los materiales de audio, videos, cartillas y las mismas transcripciones. Es importante que en este momento también se discuta sobre el destino, el uso y conservación de este material para que no quede abandonado en algún lugar de la comunidad; no nos olvidemos que al final parte de la memoria de las comunidades se encuentran en esos registros, teniendo en cuenta que la memoria es viva, pero en algún momento esta tiene que ser registrada como una forma de conservación.

Queremos cerrar este artículo con un testimonio de un sabio de la comunidad afroecuatoriana:

> Aquí han venido muchas personas buscando estos saberes, pero quieren que uno les dicte lo que uno sabe y ellos copiarlo todo, como si fuera posible hacerlo en un solo día. Porque tienen otra vida que vivir. Pero estos saberes son aprendidos a lo largo de toda la vida. Si para aprender de los libros se necesita el tiempo que será para aprender de la memoria. El libro no se cansa de enseñar pero la memoria se cansa y tiene que regresar al pasado para enseñar en el presente. (Abuelo Zenón Salazar, documento inédito)

Notas

1. El Fondo Documental Afro-Andino es una iniciativa de la Universidad Andina Simón Bolívar (UASB), sede Ecuador y el Proceso de Comunidades Negras en colaboración con otras

organizaciones afros del país, que nace de un ejercicio dirigido al diálogo y debate sobre la realidad actual de los pueblos afroecuatorianos y sus nuevos procesos identitarios y organizativos a través de eventos del carácter académico y público, ligado a los estudios (inter)culturales; en los que se discute y debate temas como identidad, ancestralidad, el territorio, derechos colectivos, etnoeducación y cultura.

2. Juan García Salazar, intelectual-activista afroesmeraldeño, fue quien lideró la creación del Centro para los Estudios Afro-ecuatorianos creado en Quito en el año de 1978 junto con un grupo de jóvenes, en su gran mayoría estudiantes y trabajadores que estaban viviendo en Quito. Este Centro de Estudios es uno de los primeros esfuerzos para construir desde lo propios afroecuatorianos un movimiento y una organización para trabajar en la reclamación social, económica y política de los descendientes de africanos en Ecuador, pero también era un espacio para reflexionar sobre el ser negro y para pensar los distintos procesos de la construcción de las identidades de nuestros pueblos.

3. Hegel haciendo referencia a los africanos manifestaba que sus pobladores estaban al otro lado de la puerta de la historia, pues no habían logrado separarse del mundo de la naturaleza. Ver *Fenomenología del espíritu*.

4. Cuando hablamos de colonialidad del saber estamos haciendo mención a esa hegemonía eurocéntrica para lo cual se ejerció una violencia epistémica hacia todos los conocimientos que geopolíticamente no pertenecían al mundo occidental. Ver más en Quijano (1992, 2000) y Mignolo (2003).

5. Pensando desde la matriz colonial donde el sistema de jerarquización que se inauguró con la presencia de colonizadores en América establecía una escala de humanidad donde los "blancos" ocupaban la cúspide, mientras que los "indios" y "negros" estaban en la parte más baja de dicha escala, pues su humanidad no era más que un embrión.

6. De hecho la universalidad de la ciencia moderna ha "desterritorializado" el lugar de producción de conocimiento, esto es, minimizando el lugar donde se producen, el no-lugar de las ciencias que habla Arturo Escobar (2004) y Castro-Gómez (2007).

7. Sobijo se refiere cuando se hace frotaciones sobre el cuerpo con alguna medicina propia de la zona.

8. Ver: Mapa Estratégico 2006–2010. Dirección Nacional de Salud de los Pueblos Indígenas. Ministerio de Salud Pública Ecuador.

9. Para las mujeres de estas comunidades, los dedos se convierten en una forma de unidad de medida.

10. Este centro fue el primero que existió en el país y fue creado a finales de los años ochenta en Quito por un grupo de afroecuatorianos, en su mayoría jóvenes, estudiantes y trabajadores, liderado por Juan García, que fueron los que iniciaron un trabajo de reflexión política (reclamación social, económica y política de los afroecuatorianos), pero también una revitalización cultural. De hecho la gran mayoría de los materiales orales y visuales que forman parte del Fondo Documental Afro-Andino fueron recopilados por este grupo.

11. La cartografía social propuesta como metodología de investigación por Lucy Santacruz Benavides retomo el diseño metodológico de Gloria Restrepo y Álvaro Velazco de Fundaminga en Colombia, quienes han impulsado esta metodología como escenario de construcción colectiva de conocimientos.

9 Epílogo / Epilogue

R. Aída Hernández Castillo

Los textos aquí reunidos nos conducen en un recorrido por distintas regiones de América Latina a través de las búsquedas metodológicas y políticas de seis equipos de investigadores-activistas y activistas-investigadores que se dieron a la tarea de establecer diálogos de saberes que les permitieron construir conocimiento de manera colectiva. Cada uno de los equipos venía de trayectorias teóricas y políticas diversas, con distintos grados de conocimiento y cohesión interna, y sin embargo, todos son herederos de una tradición latinoamericana de investigación que ve en el conocimiento académico una herramienta para la construcción de la justicia social.

Las metodologías de educación popular utilizadas por varios de los equipos, las aproximaciones a epistemologías alternativas no etnocéntricas, los cuestionamientos a las relaciones jerárquicas en los equipos de investigación son parte de estrategias de descolonización del conocimiento que desde los años sesenta del siglo pasado han caracterizado al pensamiento crítico latinoamericano. La llamada investigación-acción o investigación co-participativa se popularizó en los setenta y es considerada por muchos como uno de los principales aportes de América Latina a las ciencias sociales del mundo. La formación a fines de los setenta de la Red de Investigación Participativa, encabezada por Orlando Fals Borda, Francisco Vio Grossi y Carlos Rodríguez Brandao, se propuso "la integración del pueblo con los investigadores, para conocer y transformar su realidad y así lograr su liberación" (Hall 1983:19). Hay, sin embargo, nuevas reflexiones y nuevos mapas cognitivos en los trabajos que aquí se presentan, que nos hablan del camino recorrido por los investigadores indígenas y afrodescendientes, y que nos plantean nuevos retos para la construcción de un conocimiento decolonial.

Una diferencia substancial que encontramos entre los productos de la investigación co-participativa de los sesentas y setentas y los textos reunidos en este libro es la preocupación permanente en estos últimos por reflexionar en torno a las rutas metodológicas que se tomaron en cada estudio de caso, los retos que se enfrentaron y las técnicas de investigación y educación popular que se utilizaron. Un problema que encontramos quienes nos acercamos a los textos sobre investigación acción del pasado es una gran brecha entre aquellos textos de carácter más metodológico que explicitan los principios y objetivos de este tipo de investigación, que generalmente se plantean en abstracto, como un ideario de principios y una reflexión epistemológica (ver Fals Borda 1970, 1973, 1979a; Rodríguez Brandao 1981; Vio Grossi y Fals Borda 1981), y por otro lado los productos académicos o de divulgación de este tipo de investigación, que casi nunca hacen referencia al proceso metodológico y dialógico que condujo a esos resultados. En el caso de la investigación-acción en México, estas metodologías se desarrollaron sobre todo en espacios independientes de investigación, que se planteaban como objetivo el desarrollo de un nuevo tipo de ciencias sociales comprometidas más en diálogo con los actores sociales, como fue el caso del Instituto de Asesoría Antropológica para la Región Maya (INAREMAC) dirigida por Andrés Aubry, Circo Maya, coordinado por Armando Bartra y del Centro de Investigación y Acción para la Mujer (CIAM), fundada por Mercedes Olivera. Estos proyectos alternativos generalmente producían de manera paralela: textos académicos y textos de divulgación dirigidos a un público amplio, algunas veces inclusive en lenguas indígenas, pero raramente incluían en estos trabajos reflexiones de corte metodológico. Quienes conocíamos de cerca su trabajo sabíamos que esos productos eran resultado de largos procesos de diálogo con los movimientos sociales y que las herramientas de la educación popular habían sido fundamentales en su elaboración. Sin embargo, las nuevas generaciones no cuentan con una sistematización de estas experiencias que les permita conocer de cerca los caminos y retos metodológicos que siguieron estos trabajos pioneros.

Ante estos vacíos, es especialmente valioso que Odilia Romero-Hernández, Centolia Maldonado Vásquez, Rufino Domínguez-Santos, Maylei Blackwell y Laura Velasco Ortiz, no solo nos compartan sus hallazgos sobre las jerarquías de género y generación que existen al interior de las organizaciones indígenas transnacionales, sino que nos describan los talleres que realizaron en Tijuana, Los Ángeles y Huajuapan de León, las tensiones que hubo en cada uno de ellos y la manera en que resolvieron estos problemas. En el mismo sentido, la descripción detallada que Jocelyn Gélida Vargas, Inés Canabal y Tania Delgado Hernández nos hacen de los Foros Comunitarios realizados en Aguadilla y Hormigueros, en los que se decidieron los temas a investigar y se seleccionaron los historiadores orales que se integrarían al equipo de investigación sobre la historia afropuertorriqueña, no solo nos permite conocer sobre la manera en que la historia oral de los afrodescendientes les permitió develar las jerarquías raciales que oculta el mito de la identidad nacional puertorriqueña, sino también aprender de las metodologías colaborativas que utilizaron. Por su parte, Edizon León Castro y Lucy Santacruz Benavides nos hablan de los saberes rituales y prácticas curativas de las ancianas afroecuatorianas de Esmeraldas y Chota, pero a la vez nos permiten aprender sobre la utilidad de las cartografías sociales, como una técnica para visualizar espacialmente los procesos descritos y de las cartillas etnoeducativas como un producto de divulgación que permite diversificar y volver más accesibles los resultados de investigación. Se trata pues no solo de historias narradas a varias voces y escritas a varias manos, sino de textos que dan cuenta de realidades complejas y de los caminos seguidos para llegar a su conocimiento.

Otro aporte novedoso de los trabajos de investigación colaborativa reunidos en este libro es la aproximación a nuevas epistemologías que se proponen romper con las perspectivas universalistas y etnocéntricas de la ciencia positivista. Si bien es cierto que bajo la influencia del trabajo pedagógico del brasileño Paulo Freire (1970) la recuperación de los conocimientos populares era central en los trabajos de los setenta y ochenta, muchos de ellos partían de perspectivas marxistas del conocimiento que seguían considerando la existencia de una "falsa conciencia" por parte de los actores sociales, que debía ser confrontada por las estrategias educativas de los "intelectuales orgánicos".

Podríamos hablar entonces de una ruptura entre los posicionamientos ante una investigación socialmente comprometida o activista que asumen varios de los capítulos de este libro y los de nuestros maestros en la década de los setenta, pues encontramos que se ha renunciado a asumir que les corresponde a ellas o ellos como académicos comprometidos con las luchas sociales el "concientizar" a los sectores populares o el asumir que tienen una "verdad histórica" que compartir. Más bien lo que caracteriza a estos trabajos es un deseo por entender y aprehender las lógicas culturales que subyacen los discursos de los pueblos indígenas y afrodescendientes.

En el caso de la investigación colaborativa entre el Proceso de Comunidades Negras (PCN) en Colombia y el grupo de investigadores académicos encabezado por Luis Carlos Castillo, Libia Grueso, Carlos Rosero, y Konty Bikila Cifuentes, vemos que esta lógica se invirtió y los investigadores más que "llegar a concientizar" tuvieron que partir de asumir un compromiso explícito con los principios políticos del PCN que incluían sus reivindicaciones del derecho a la identidad; al territorio; a la organización, participación y autonomía; a la construcción de un desarrollo propio y al fortalecimiento de la solidaridad y las alianzas locales. Probablemente el proceso de educación y concientización también se invirtió y en el camino de discutir y reflexionar sobre los censos poblacionales con las comunidades afrocolombianas los investigadores aprendieron a deconstruir su propio conocimiento sobre la identidad colombiana y la ciudadanía.

Pero la tensión sobre las diferentes lógicas culturales entre investigadores académicos e indígenas está especialmente tematizada en el capítulo de Dominique Tilkin Gallois, Lúcia Smrecsányi, Aikyry Wajãpi y Jawapuku Wajãpi, sobre los *Saberes Wajãpi* en el estado Amapá al norte de Brasil. Este trabajo aborda el privilegio epistemológico que tienen los investigadores wajãpi, no solo al conocer el idioma del pueblo con quien trabajan, sino al poder conceptualizar, reflexionar y escribir desde lógicas culturales compartidas más holísticas, que no fragmentan el conocimiento. Sus críticas y replanteamientos del concepto de cultura nos llevan a reflexionar sobre lo que está implicando para el conocimiento académico la llegada a los espacios universitarios de un número creciente de estudiantes indígenas y afrodescendientes que traen consigo experiencias de vida que les permiten entender y explicar la realidad con otras perspectivas. Las luchas y reivindicaciones políticas de los pueblos indígenas y afrodescendientes han forzado a los estados latinoamericanos a reconocer su carácter pluricultural y a promover reformas multiculturales que en alguna medida han abierto más las universidades a los pueblos indígenas y afros. Esta relativa apertura (que aún tiene muchas limitaciones) ha implicado el enriquecimiento del debate académico con *conocimientos situados* que muchas veces desestabilizan las "verdades positivistas" y cuestionan las jerarquías internas del espacio universitario.

El proyecto de Brasil en especial se proponía la formación de investigadores wajãpis que pudieran darle continuidad al proyecto de Otros Saberes y que tuvieran las capacidades y herramientas para desarrollar sus propios proyectos de investigación a partir de las necesidades más sentidas de su pueblo. En este sentido el capítulo de este libro es solo el inicio de un proceso de larga duración que promete abrir nuevas betas de reflexión sobre las epistemologías indígenas.

En los proyectos de Nicaragua, Ecuador y Puerto Rico, los investigadores académicos son también parte de los colectivos culturales con quienes se trabaja, y esto marca evidentemente las perspectivas y compromisos con los que se acercan a la investigación. El hecho de que Edwin Taylor (Miskitu) pertenezca al pueblo Miskitu hace que su preocupación por la titulación de las tierras comunales de Tuara no sea solo una curiosidad académica sino producto de un compromiso personal con las luchas autonómicas de sus pueblos. En el mismo sentido, para Jocelyn A. Gélida Vargas e Inés Canabal, los testimonios de los ancianos afropuertorriqueños sobre la manera en que vivieron el racismo y la exclusión de la sociedad blanca son parte de sus propias genealogías familiares y comunitarias, y la visibilización de ese racismo tiene que ver con la necesidad de construir una sociedad puertorriqueña más justa para sus propios hijos, hermanos y sobrinos. La recuperación de la memoria histórica es parte de un proyecto propio antirracista que apenas se empieza a vislumbrar en este libro.

En un sentido similar Edizon León Castro es parte de las redes que está construyendo entre las comunidades afrodescendientes en Ecuador. Los saberes de las ancianas de Chota y Esmeraldas se unen a su propio trabajo fotográfico para registrar la memoria histórica de los afroecuatorianos. El capítulo de este libro junto con las imágenes y textos del Fondo Documental Afro-Andino, nos hablan de una historia negada de la ciudadanía ecuatoriana que se empieza a visibilizar con la llegada de mas afroecuatorianos a los espacios académicos.

Otra ruptura que resulta evidente es aquella que se da entre el sujeto colectivo homogéneo y armónico del que nos hablaban las investigaciones del pasado y los colectivos humanos construidos en base a tensiones y marcados por jerarquías internas y desigualdades de género y generación de los que dan cuenta los trabajos aquí reunidos. En especial el capítulo dedicado a los liderazgos indígenas en México y Estados Unidos dentro del Frente Indígena de Organizaciones Binacionales (FIOB) nos recuerda que el sentido de comunidad se construye en base a procesos marcados por las relaciones de poder. "El pueblo" y "la comunidad" como espacios homogéneos caracterizados por la resistencia a los poderes coloniales y poscoloniales se ve problematizado por los testimonios de las mujeres del FIOB que nos hablan de la manera en que las relaciones de poder y las exclusiones se reproducen también al interior de sus propias comunidades y organizaciones. El valor que requiere decir esto en espacios politizados vuelve especialmente meritorio el trabajo de Odilia Romero-Hernández y Centolia Maldonado Vásquez, que como mujeres indígenas se han atrevido a llamar la atención de sus compañeros para recordarles que los procesos de democratización deben de empezar por la casa. Pero esta autocrítica al FIOB no se propone descalificar el espacio organizativo por el machismo que sigue persistiendo dentro del él, sino buscar estrategias que permitan fortalecer el trabajo colectivo a través de relaciones más equitativas, con formas de liderazgo más incluyentes. De ahí la importancia de su propuesta de crear Escuelas de Liderazgo para Mujeres Indígenas en Oaxaca, Baja California y California. Al igual que en muchos de los otros equipos, para las compañeras del FIOB el proyecto de Otros Saberes fue sólo la semilla de un proyecto más amplio que evidentemente marcara la vida de muchos hombres y mujeres indígenas en el espacio transnacional.

En este sentido, tal vez lo más valioso de la beca LASA Otro Saberes no está en los textos que lograron producir, sino en los procesos que fortalecieron o detonaron. Es evidente que el día a día del proyecto, los talleres, los foros comunitarios, las asambleas y encuentros en los que se discutieron los objetivos, se re-plantearon los problemas de investigación y se socializaron los resultados fueron tan importantes como la sistematización de los mismos. Fue a lo largo de la "vida cotidiana de la investigación" que se abonó a la construcción de un tejido social que en muchos casos va a permitir darle continuidad a las búsquedas políticas y epistemológicas que se iniciaron.

Lo paradójico, sin embargo, es que en algunos casos, este libro como producto final del proyecto no es accesible para muchos de los participantes que compartieron su conocimiento con los equipos de investigación. Evidentemente va dirigido a un público académico que está preocupado por repensar las ciencias sociales desde perspectivas descolonizadoras, pero sigue excluyendo por su formato, lenguaje y redes de distribución, a la mayoría de los integrantes de los pueblos y comunidades que participaron en el proyecto. En este sentido es fundamental apoyar y difundir la elaboración de productos paralelos como son el video documental elaborado por el FIOB o las cartillas etnoeducativas elaboradas por el equipo ecuatoriano. Esta contradicción pone en la mesa del debate la necesidad de cambiar no sólo nuestras metodologías de investigación como formas de descolonizar el conocimiento, sino también buscar lenguajes y formas más creativas para hacer los productos finales accesibles a públicos amplios. A nivel institucional, resulta prioritario el dar una lucha al interior de nuestras instituciones de investigación y educación superior porque se dedique presupuesto a la elaboración de materiales alternativos que no se limiten a la publicación de libros y para que se amplíen las redes de distribución más allá del limitado espacio de la academia.

Otra paradoja es que el financiamiento que hizo posible estos diálogos interculturales llegó nuevamente de una instancia internacional que tiene su sede en Estados Unidos, y cuyas prioridades y presupuestos dependen de quienes participen en los órganos de decisión internos de LASA. En el caso concreto de los seis equipos de investigación que participaron en esta primera etapa de Otros Saberes la continuidad de su trabajo dependerá de los financiamientos y colaboraciones que ellos mismos puedan obtener, y la elaboración y divulgación de otros productos secundarios dependerá de sus propias redes académicas, evidentemente golpeadas por las reformas neoliberales que han reducido los presupuestos para la educación y la investigación en toda América Latina.

Esperemos que la riqueza de los materiales que aquí se presentan y la importancia de los procesos detonados en Brasil, México, Estados Unidos, Nicaragua, Colombia, Puerto Rico y Ecuador, convenza a los directivos de LASA de que el proyecto de Otros Saberes es un aporte fundamental para la descolonización de los estudios latinoamericanos en Estados Unidos y en el mundo entero.

The texts collected here lead us on a tour of various regions of Latin America through the methodological and political searches of six teams of researcher-activists and activist-researchers who embarked upon the task of establishing knowledge dialogues that enabled them to collectively construct knowledge. Each team came from diverse theoretical and political paths, with varying degrees of knowledge and internal cohesion. However, all of them are heirs to a Latin American investigative tradition that sees in academic knowledge a tool with which to build social justice.

The methodologies of popular education employed by several teams; the approximations to alternative, non-ethnocentric epistemologies; and the questioning of hierarchical relationships within the research teams form part of strategies aimed at the decolonization of knowledge that has character-ized Latin American critical thought since the 1960s. So-called research-to-practice or participatory research became popular during the seventies and is considered by many to be one of Latin America's main contributions to the world's social sciences. The formation of the Red de Investigación Participativa (Participatory Research Network) in the late seventies, headed by Orlando Fals Borda, Francisco Vio Grossi, and Carlos Rodríguez Brandao, proposed "the integration of the people with researchers, to know and trans-form their reality, and thus achieve their liberation" (Hall 1983:19). There have been, however, reassessments and new cognitive maps in the works pre-sented here, which speak of the paths taken by indigenous researchers and those of African descent, and which pose new challenges for the construction of de-colonial knowledge.

A substantial difference that we encounter between the products of the participatory research of the sixties and seventies and the chapters in this book is the permanent concern in the latter to reflect on the methodologi-cal paths pursued, the challenges faced, and the investigation and popular education techniques employed in each case study. In attempting to come to terms with historical texts based on action research we face the problem of the sizeable gap between, on the one hand, texts of a more methodological bent, which provide abstract explanations, generally framed as statements of ideological and epistemological principles (see Fals Borda 1970, 1973, 1979a; Rodríguez Brandao 1981; Vio Grossi and Fals Borda 1981), and on the other hand, academic or popular publications, which seldom make ref-erence to the methodological and dialogical process that led to such results. In the case of research-to-practice in Mexico, these methodologies devel-oped, above all, in independent research spaces that posed as a goal the development of a new type of social sciences more committed to a dialogue with social actors, as was the case with Instituto de Asesoría Antropológica para la Región Maya (INAREMAC), directed by Andrés Aubry; Circo Maya, coordinated by Armando Batra; and Centro de Investigación y Acción para la Mujer (CIAM), established by Mercedes Olivera. These alternative projects generally produced, in a parallel manner, academic and popular texts aimed at a broader audience, sometimes even in native languages, but such works rarely included meditations of a methodological nature. Those of us aware of their work knew that these products were the result of lengthy dialogue processes with social movements, and that popular education tools had been essential in their creation. However, new generations lack a systematization of these experiences to allow them an insight into the methodological paths and challenges followed by these pioneering works.

Faced with these gaps, it is especially valuable that Odilia Romero-Hernández, Centolia Maldonado Vásquez, Rufino Domínguez-Santos, Maylei Blackwell, and Laura Velasco Ortiz not only share with us their findings on gender and generation hierarchy that exists within transnational indigenous organizations, but also describe the workshops they held in Tijuana, Los Angeles, and Huajuapan de León, the tensions present during each one, and the way that these problems were resolved. In a similar vein, in the detailed description given by Jocelyn Gélida Vargas, Inés Canabal, and Tania Delgado Hernández of the Community Forums held in Aguadilla and Hormigueros, where subjects for investigation were decided and oral historians were selected for integration into the research team on Afro–Puerto Rican history, we learn how the oral history of people of African descent allowed them not only to unveil the racial hierarchies that conceal the myth of Puerto Rican national identity but also to learn from the collaborative methodologies employed. Moreover Edizon León Castro and Lucy Santacruz Benavides tell us about the ritual lore and healing practices of the Afro-Ecuadorian elder women of Esmeraldas and Chota, but at the same time allow us to learn about the usefulness of social cartography as a technique for spatial visualization of the described processes, and of ethno-educational booklets as popular learning products that make research results more accessible and available in different forms. This project involves, therefore, not only stories told in several voices and written by several hands, but texts that tell us about complex realities and the paths taken to gain knowledge of them.

Another innovative contribution by the collaborative research projects collected in this book is the approximation to new epistemologies, seeking to break with the universalistic and ethnocentric perspectives of positivist science. While it is true that under the influence of the pedagogical work of Brazil's Paulo Freire (1970) the recovery of popular knowledge was key in the work of the seventies and eighties, many of them parted from Marxist perspectives of knowledge that considered the existence of a "false consciousness" by social actors, which was to be confronted by the educational strategies of "organic intellectuals."

We could then speak in terms of a break between the socially committed or activist research undertaken in several chapters of this book and the research practices of our teachers in the seventies, as we find a retreat from the assumption that "raising the consciousness" of the popular sectors is required of academics committed to social struggles, or that they have a "historic truth" to share. What characterizes these works is rather a desire to understand and comprehend the cultural logic that underlies the discourse of indigenous populations and those of African descent.

In the case of collaborative research between the Proceso de Comunidades Negras (Black Communities Process, or PCN) and the group of academic researchers headed by Luis Carlos Castillo, Libia Grueso, Carlos Rosero, and Konty Bikila Cifuentes, we see that this logic was inverted and about more than "creating awareness"; the researchers had to start by assuming an explicit commitment with the PCN's political principles, which included their claims to the right of identity, territory, organization, participation, and autonomy; the construction of their own development; and the strengthening of local solidarity and alliances. It is likely that the education and awareness-raising process was also inverted, and on the way to discussing and reflecting on population censuses with the Afro-Colombian communities, the researchers learned to deconstruct their own knowledge of Colombian identity and citizenship.

But the tension between academic and indigenous researchers on the varieties of cultural logic is more of a conscious theme in the chapter by Dominique Tilkin Gallois, Lúcia Smrecsányi, Aikyry Wajãpi, and Jawapuku Wajãpi on the *Saberes Wajãpi* in northern Brazil's Amapá State. This work addresses the epistemological privilege of Wajãpi researchers not only by knowing the language of the people with whom they work, but also by being able to conceptualize, reflect, and write from a more holistic, shared cultural logic that does not fragment knowledge. Their critiques and restatements of the concept of culture lead us to reflect on what the arrival of a growing number of native and Afro-descendant students to the university environment means to academic knowledge, as they bring with them life experiences that allow them to understand and explain reality from other perspectives. Political struggles and demands by populations of indigenous and African descent have forced Latin American states to acknowledge their pluricultural character and to promote multicultural reforms that, to a certain extent, have opened universities to indigenous and Afro-descendant peoples. This relative opening (which still has many restrictions) has implied an enrichment of academic debate with *situated knowledge* that often destabilizes "positivist truths" and calls the internal hierarchies of university space into question.

The Brazil project, in particular, proposed the training of Wajãpi researchers who could give the Otros Saberes project continuity and would have the capability and tools to develop their own research projects based on the most pressing needs of their people. In this regard, the chapter in this book is only the start of a long-term process that promises to open new seams of reflection on indigenous epistemology.

In the Nicaragua, Ecuador, and Puerto Rico projects, academic researchers also form part of the cultural collectives with which they work; this clearly marks the perspectives and commitments with which they approach their research. The fact that Edwin Taylor belongs to Miskitu people makes his concern over titles for the communal lands of Tuara not merely an academic curiosity but the product of a personal commitment with his people's struggle for autonomy. In a similar vein, for Jocelyn A. Gélida Vargas and Inés Canabal, the testimony of Afro–Puerto Rican elders about how they endured racism and exclusion from white society is part of their own family and community genealogies. Highlighting this racism has to do with the need to build a more just Puerto Rican society for their own children, brothers, and nephews. Recovery of historic memory is part of a personal anti-racist project that begins to become visible in this book.

In a similar fashion, Edizon León Castro is part of the networks being built among Ecuador's communities of African descent. The lore of the elder women of Chota and Esmeraldas is joined to his own photographic work to record Afro-Ecuadorian historic memory. The chapter of this book, with images and texts from the Fondo Documental Afro-Andino (Afro-Andean Documentary Fund), speaks of a hidden history of the Ecuadorian citizenry that begins to be highlighted with the arrival of more Afro-Ecuadorians to academic space.

Another evident break occurs between the collective and harmonic homogenous subject based on tensions and marked by internal hierarchies and gender and generational inequality reported in the works gathered here. In particular, the chapter devoted to indigenous leadership in Mexico and the United States within the Frente Indígena de Organizaciones Binacionales (FIOB) reminds us that the sense of community is built on processes marked by power relationships. "The people" and "the community" as homogenous spaces characterized by resistance to colonial and postcolonial power, are problematized by accounts from women of the FIOB who speak of the way in which power relationships and exclusions are also replicated within their own communities and organizations. The courage needed to say this in a politicized space makes the work of Odilia Romero-Hernández and Centolia Maldonado Vásquez particularly meritorious. As indigenous women, they have dared to draw the attention of their comrades to remind them that democratization processes must commence at home. But this self-criticism of the FIOB does not seek to disqualify the organizational space on account of the "machismo" that persists within it. Rather, it seeks to find strategies that enable and reinforce collective work through more equitable relationships and more inclusive leadership styles, hence the importance of their proposal to create Leadership Schools for Indigenous Women in Oaxaca, Baja California, and California. The Otros Saberes project was, to the female colleagues of FIOB as well as to many of the other groups that participated in this book, only the seed of a broader project that evidently marks the lives of many indigenous men and women in transnational space.

In this regard, perhaps the most valuable aspect of the LASA Otros Saberes scholarship does not reside in the texts they produced but rather in the processes that they strengthened or set in motion, evident in the project's everyday processes: the workshops, the community forums, and the meetings and rallies during which goals were discussed, research problems were reformulated, and results were socialized were as important as the systematization of the results themselves. Along with the everyday life of the research process, a social fabric was woven, one that in many cases will help provide continuity to the political and epistemological searches they began.

It is paradoxical, however, that in some cases this book, as the end product of the project, is not accessible to many of the participants who shared their knowledge with the research teams. It is clearly addressed to an academic audience concerned with re-thinking the social sciences from a decolonizing perspective, but it continues to exclude the majority of the members of the peoples and communities participating in the project due to its format, language, and distribution network. In this regard, it is essential to support and disseminate the creation of parallel products, such as the documentary video prepared by the FIOB or the ethno-educational readers prepared by the Ecuadorian team. This contradiction tables the debate for the need not only to change our research methodologies as a means of decolonizing knowledge, but also to seek more creative languages and ways to make end products more accessible to broader audiences. At the institutional level, it is a priority to struggle within our research and higher learning institutions to have budgets allocated to the production of alternative materials that are not restricted to the publication of books and to a widening of distribution networks beyond the limited space of academia.

Another paradox is that the financing that made these inter-cultural dialogues possible came once more from an international body headquartered in the United States whose priorities and budget depend on those who participate in the internal decision-making functions of LASA. Specifically referring to the six research teams participating in this first stage of the Otros Saberes project, the continuity of their work shall depend on financing and collaboration that they themselves may secure, and the production and dissemination of secondary products will depend on their own academic networks, evidently impacted by the neo-liberal reforms that have reduced budgets for education and research throughout Latin America.

It is to be hoped that the wealth of the materials presented herein, and the importance of the processes set in motion in Brazil, Mexico, the United States, Nicaragua, Colombia, Puerto Rico, and Ecuador will convince LASA's board of directors that the Otros Saberes project is an essential contribution toward the decolonization of Latin American studies in the United States and around the world.

About the Contributors

For more information about the Other Americas Project / Proyecto Otros Saberes, see:
http://lasa.international.pitt.edu/members/special-projects/otrossaberes1.asp

Konty Bikila Cifuentes, Colombiano es sociólogo egresado de la Universidad del Pacífico en el año 2007. Activista del Proceso de Comunidades Negras desde el año 1990, miembro actual de Equipo de Coordinación Palenque Regional el CONGAL, Proceso de Comunidades Negras, Konty tiene las siguientes publicaciones: "Una mirada a la Dinámica Organizativa del Proceso de Comunidades Negras" (Revista del Instituto de Investigaciones Ambientales del Pacifico. Buenaventura: Publicaciones Universidad del Pacífico, 2006) y "Ley 70 de 1993, 15 años después" (publicación especial sobre los 15 años de la ley 70 de 1993. Buenaventura: Universidad del Pacifico, 2008).

Maylei Blackwell is the author of *¡Chicana Power! Contested Histories of Feminism in the Chicano Movement*, published with University of Texas Press in July of 2011. Her teaching and research explore the possibilities and challenges of organizing around various axes of difference, or across what she calls geographies of difference. Her research examines how activists challenge multiple forms of exclusion by excavating histories of women of color in feminism in the United States and accompanying indigenous women's organizers in Mexico, Latin American feminist movements, and sexual rights activists, all of whom are involved in cross-border organizing and community formation. Her most recent research projects with farm worker women and indigenous migrants seek to better understand new forms of grassroots transnationalism. She is currently a faculty member in the UCLA César E. Chávez Department of Chicana and Chicano Studies and Women's Studies and affiliated faculty in the American Indian Studies and LGBT Studies programs. Dr. Blackwell received her PhD in the history of consciousness at the University of California, Santa Cruz.

Inés Canabal is an associate professor of psychology in the Social Sciences and Liberal Arts Department of the Interamerican University of Puerto Rico (San Germán Campus). She has a doctorate in counseling psychology from the University of Maryland, College Park. Her research interests focus on the development of racial, ethnic, and cultural identities in Puerto Rico and Latin America, and on racism and its relation to mental health. She is an active collaborator in various ongoing research projects on race and racism in Puerto Rico.

Luis Carlos Castillo es un sociólogo colombiano, doctor en sociología y política por la Universidad Complutense de Madrid. Es profesor titular de la Universidad del Valle, Cali-Colombia, y miembro del grupo de investigación en *Estudios étnicos raciales y del Trabajo en sus Diferentes Componentes Sociales*. Sus trabajos académicos se centran en el estudio de la nación y la etnicidad, los movimientos sociales y la acción colectiva de actores étnicos como las comunidades indígenas y negras. En la actualidad desarrolla el proyecto de investigación: *El medio ambiente y los movimientos sociales en India y América Latina*, que hace parte del Consorcio Inter-Universitario con perspectiva comparativa y transnacional sobre las Américas, coordinado por el Centro para el Estudio de América Latina, el Caribe y Latinos (CLACLS), de la Universidad de Massachusetts, Amherst (UMass).

Tania Delgado Hernández is a community activist from Aguadilla, Puerto Rico who has been involved in multiple social justice and animal rights projects at the local and national levels for more than a decade. She has collaborated with the Afro–Puerto Rican Testimonies project since its inception in 2006, contributing as a co-researcher, co-presenter, and co-writer. She works as an administrative assistant for an Aguadilla-based company.

Rufino Domínguez-Santos is currently the Director of the Instituto Oaxaqueño de Atención al Migrante. Prior to that he served as the Executive Director of the Binational Center for the Development of Oaxacan Indigenous Communities, (CBDIO) (2001 to the present), General Coordinator of the Oaxacan Indigenous Binational Front (FIOB) (2001 to 2008), community worker, California Rural Legal Assistance (CRLA) (1993 to 2001), farmworker (1985 to 1988), and turkey farm employee (1988 to 1993). He has been an editor and published articles in *El Tequio* magazine of the FIOB, in *Noticias, voz e imagen de Oaxaca*, and in the national Mexican newspaper *La Jornada*. He has also published numerous articles in academic journals and books on indigenous binational migrants, indigenous rights, indigenous migrant organizations, and labor rights. In 2001 he received the Leadership for a Changing World Award, bestowed by the Ford Foundation with the Advocacy Institute and New York University's Robert F. Wagner Graduate School of Public Service. His work with indigenous migrants has also been recognized by the California State Senate and Assembly, the US Senate, and the California Wellness Association.

Mark Everingham holds a doctorate in political science from the George Washington University in Washington, DC. He is the author of numerous books and articles on revolution and democracy in Central America. His recent work emphasizes indigenous struggles for land restitution, human rights, and community development in Nicaragua, Guatemala, Chile, South Africa, and sovereign nations of Wisconsin. He served as a consultant to the Institute for the Study and Promotion of Autonomy of the University of the Autonomous Regions of the Caribbean Coast of Nicaragua and the Sustainable Development Institute of the College of Menominee Nation in Keshena, Wisconsin. He was a visiting scholar at the Teresa Lozano Long Institute of Latin American Studies of the University of Texas at Austin, a visiting professor in political studies at the University of Cape Town in South Africa, and a research associate at the North-South Center of the University of Miami.

Jocelyn A. Géliga Vargas has a PhD in communications from the University of Massachusetts-Amherst. She is currently an associate professor in the Department of English at the University of Puerto Rico-Mayagüez, where she also teaches in the Film Studies and Comparative Literature programs. She has taught in universities in New York and Argentina and has worked as a popular educator in Massachusetts and Connecticut. Her publications focus on racial, ethnic, and gender identities and their representations; oral history; film studies; and ethnographic, participatory, and collaborative methodologies and draw from research conducted in the United States, Argentina, and Puerto Rico.

Libia Grueso es una politóloga, educadora ambiental y trabajadora social afrocolombiana, que ha acompañado el trabajo organizativo de las comunidades negras/afrocolombianas, especialmente en el Pacifico y suroccidente de Colombia, y ha contribuido con el diálogo entre comunidades negras y otros grupos étnicos en la gestión y demanda de los derechos humanos, derechos económicos sociales y culturales y del medio ambiente. Asesora a las organizaciones e instituciones en asuntos de cultura, planificación, política pública y desarrollo. Se ha desempeñado laboralmente en instituciones del sistema de Naciones Unidas, y entidades públicas del nivel nacional, regional y local relacionadas con los derechos humanos, la conservación y política pública. Fue galardonada con el premio internacional ambiental Goldman Prize 2004 por la región Centro y Sur América; ha sido conferencista en eventos internacionales en temas relacionados con los derechos humanos, la cultura, ambiente y conservación. Es Consejera voluntaria del Global Greengrants Fund para el fomento de la conservación y el desarrollo sostenible en la región andina.

Charles R. Hale is a professor in the Departments of Anthropology and African Diaspora Studies. He is the author of *Resistance and Contradiction: Miskitu Indians and the Nicaraguan State, 1894–1987* (Stanford, 1994) and of *Más que un indio: Racial Ambivalence and Neoliberal Multiculturalism in Guatemala* (SAR Press, 2006); editor of the volume *Engaging Contradictions: Theory, Politics, and Methods of Activist Scholarship* (University of California Press); and author of numerous articles on identity politics, racism, neoliberalism, and resistance among indigenous and Afro-descendant peoples of Latin America. He was president of the Latin American Studies Association, April 2006 through October 2007, and began a five-year term as director of the Teresa Lozano Long Institute of Latin American Studies in September 2009.

R. Aída Hernández Castillo es doctora en antropología por la Universidad de Stanford, actualmente es Profesora Investigadora del Centro de Investigaciones y Estudios Superiores en Antropología Social (CIESAS). Ha vivido y realizado investigación de campo en comunidades indígenas de Chiapas durante más de quince años, con refugiados guatemaltecos y campesinos Mayas. Durante diez años trabajó en una organización no gubernamental, con mujeres indígenas de los Altos de Chiapas apoyando en el área legal y educativa. Ha publicado como autora o compiladora nueve libros en español e inglés y múltiples artículos sobre religión, identidad, género, etnicidad, antropología jurídica y relaciones entre el Estado y los indígenas.

Edizon León Castro es académico, investigador y fotógrafo afroecuatoriano con formación en estudios culturales, doctorado en estudios culturales Latinoamericanos en la Universidad Andina Simón Bolívar. Tiene interés particular en los procesos políticos, identitarios y diaspóricos de los pueblos afrodescendientes e indígenas en América Latina. En la actualidad es un investigador independiente y trabaja sobre los conocimientos y saberes de poblaciones indígenas y afrodescendientes del Ecuador. Experto en temas de participación e incidencia política, derechos colectivos, conocimientos y saberes ancestrales, memoria oral y visual, interculturalidad y patrimonio cultural. Actualmente desarrolla consultorías especializadas en patrimonio cultural inmaterial en poblaciones indígenas de la sierra y de la amazonia. Ha realizado varias exposiciones fotográficas dentro y fuera de Ecuador.

Centolia Maldonado Vásquez es técnico contable administrativo, coordinadora regional de la mixteca en Oaxaca de la Unidad de Capacitación e Investigación para la educación participativa a. c. (UCIEP) y del Frente Indígena de Organizaciones Binacionales (FIOB), coordinadora del programa Tequio por el Cambio en la región de la mixteca, coordinadora de promoción del voto del actual gobernador de Oaxaca, actualmente coordinadora del modulo de desarrollo sustentable del gobierno del estado, con sede en Santiago Juxtlahuaca enfocada a la asesoría técnica a municipios, y procesos de planeación municipal y micro regional en la región mixteca baja del estado de Oaxaca.

Keisha-Khan Y. Perry is an assistant professor of Africana Studies at Brown University. Her work specializes in black women's activism, African diaspora studies, critical race and feminist theories, urban geography and politics, and race relations in Latin America and the Caribbean. Her most recent work is an ethnographic study of black women's activism in Brazilian cities, specifically an examination of black women's participation and leadership in neighborhood associations, and the re-interpretations of racial and gender identities in urban spaces. She is currently completing a book manuscript entitled *Politics Below the Asphalt: Black Women and the Search for Racial Justice* based on that research. She is also beginning the research for her next book project on black feminist thought and praxis in Latin America.

Joanne Rappaport is an anthropologist at Georgetown University in Washington, DC. Her work focuses on collaborative methodologies and on indigenous politics in southwestern Colombia, where she has collaborated since the early 1990s with the Programa de Educación Bilingue e Intercultural of the Consejo Regional Indígena del Cauca and, more recently, with the Casa del Pensamiento of the Asociación de Cabildos del Norte del Cauca, training grassroots researchers. Among her books are several that are the result of collaborative research including *Utopías interculturales: Intelectuales públicos, experimentos con la cultura y pluralismo étnico en Colombia* (Ed. Universidad del Rosario, Colombia); *Intercultural Utopias: Public Intellectuals, Cultural Experimentation, and Ethnic Dialogue in Colombia* (Duke University Press); an edited volume, *Retornando la mirada: una investigación colaborativa interétnica sobre el Cauca a la entrada del milenio* (Ed. Universidad del Cauca, Colombia); and a book co-authored with Graciela Bolaños, Abelardo Ramos, and Carlos Miñana, *¿Qué pasaría si la escuela…? Treinta años de construcción educativa* (Consejo Regional Indígena del Cauca).

Odilia Romero-Hernández is a Zapotec activist from the community of Zoogocho in the northern highlands of Oaxaca. She is currently the Binational Women's coordinator for the Binational Front of Indigenous Organizations (FIOB) serving on her second term, 2005–2011. She is also the director of *El Tequio* magazine, the binational magazine of the FIOB. She is the office coordinator in Los Angeles for the Binational Center for the Development of the Indigenous Communities (CBDIO).

Carlos Rosero es un activista afrocolombiano que estudió antropología en la Universidad Nacional de Colombia, vinculado desde 1989 al movimiento negro y co-fundador del Proceso de Comunidades Negras en Colombia (PCN), una articulación que desde 1993 trabaja por el reconocimiento y respeto los derechos al territorio, identidad, participación, desarrollo de las comunidades negras. Hizo parte de la comisión que elaboró entre 1992 y 1993 la propuesta de reglamentación del Artículo 55 Transitorio de la Constitución—actual Ley 70 de 1993. Participó en los encuentros binacionales de Comunidades Negras Ecuador-Colombia y contribuyó a la conformación de la Alianza Estratégica de Afrodescendientes participante activa de la III CMCR. Entre 2004 y 2005 impulsó la campaña de autoidentificación "Las Caras Lindas" para el Censo General 2005. Trabaja temas de desplazamiento forzado, consulta previa y consentimiento previo, libre e informado, derechos humanos y acompañando a comunidades resistentes frente al desplazamiento forzado interno y los impactos de los megaproyectos e industrias extractivas en los territorios afrocolombianos. Actualmente contribuye con otros activistas y académicos en una campaña por la defensa de la diversidad cultural, biológica y los derechos de las comunidades Afrodescendientes del Territorio Región del Pacifico colombo-ecuatoriano.

Lucy Santacruz Benavides es una antropóloga graduada en la Universidad del Cauca en Colombia, en el año 2002, actualmente es estudiante del doctorado en Estudios Culturales Latinoamericanos de la Universidad Andina Simón Bolívar en Ecuador. Trabaja como investigadora en la Facultad Latinoamericana de Ciencias Sociales FLACSO Ecuador con temas relacionados con el desplazamiento forzado y el refugio de colombianos en Ecuador, así como en el trabajo de investigación colectiva con comunidades afroecuatorianas y organizaciones de mujeres populares.

Lynn Stephen is Distinguished Professor of Anthropology at the University of Oregon and director of the Center for Latino/a and Latin American Studies (CLLAS). Her work has centered on the intersection of culture and politics. During the past fifteen years she has added the dimension of migration to her research. She has conducted research in Mexico, El Salvador, Chile, Brazil, and the United States. Her newest book is titled *We are the Face of Oaxaca: Testimony and Social Movements* (Duke University Press, 2013). Other books include *Transborder Lives: Indigenous Oaxacans in Mexico, California, and Oregon* (Duke University Press, 2007), *Dissident Women: Gender and Cultural*

Politics in Chiapas (co-edited with Shannon Speed and Aída Hérnandez Castillo, University of Texas Press, 2006) and *Zapotec Women: Gender, Class, and Ethnicity in Globalized Oaxaca* (Duke University Press, 2005).

Lúcia Szmrecsányi colaborando com Dominique Tilkin Gallois em programas de Wajãpi.

Edwin Taylor, graduado en la Universidad Nacional Agraria UNA, Managua, Nicaragua (1987) y en el año 2006, Master en antropología social en la Universidad URACCAN en Bilwi, Nicaragua. Trabajó como académico e investigador en la Universidad URACCAN en Bilwi, por más de diez años, actualmente es investigador independiente realizando estudios en los territorios indígenas de las Regiones Autónomas de Nicaragua en temas vinculados a medio ambiente y estudios socioculturales.

Dominique Tilkin Gallois es professora do Departamento de Antropologia e coordenadora do Centro de Estudos Ameríndios da Universidade de São Paulo–Brasil. Seu trabalho acadêmico em etnologia e história indígena abrange os seguintes temas: tradições orais e cosmologias ameríndias, políticas indígenas, patrimônio cultural e conhecimento tradicional. Desenvolve atividades de assessoria direta a comunidades indígenas no Amapá e norte do Pará, colaborando com órgãos públicos e organizações não governamentais em programas de formação indígena.

Laura Velasco Ortiz es psicóloga social mexicana. Doctora en ciencias sociales con especialidad en sociología por El Colegio de México. Cuenta además con un Diplomado en Análisis de la Cultura del Instituto Nacional de Antropología e Historia, México, DF. Es investigadora del Departamento de Estudios Culturales de El Colegio de la Frontera Norte, actualmente también es coordinadora del Programa de Maestría en Estudios Culturales y del Seminario Permanente sobre Migración Internacional. Sus líneas de investigación principales son: identidad y migración, metodología de investigación, la cuestión étnica en los estados nacionales modernos, identidad, etnicidad y multiculturalidad, entre otros. La Dra. Velasco cuenta con una extensa producción académica de capítulos, artículos y libros; entre los más recientes se encuentran: "Mexican Voices of the Northern Region" en coautoría con el Dr. Oscar Contreras (2011), "Migración, fronteras e identidades étnicas transnacionales" (2008) y "Mixtec Transnational Identity" (2005).

Aikyry Wajãpi colaborando com Dominique Tilkin Gallois em programas de Wajãpi.

Jawapuku Wajãpi colaborando com Dominique Tilkin Gallois em programas de Wajãpi.

Marcos Williamson es ex director del Centro de Información Socio Ambiental y actual director de Instituto de Recursos Naturales, Medio Ambiente y Desarrollo Sostenible, Recinto Bilwi, Universidad de las Regiones Autónomas de la Costa Caribe de Nicaragua.

References

Abuelo Zenón Salazar. Conversaciones con Juan García Salazar. Inédito.

Akwesasne Notes
1981   Colonialism and Revolution, Nicaraguan Sandinism and the Liberation of the Miskito, Sumu, and Rama Peoples: An Interview with Armstrong Wiggins. 13(4):4–15.

Alegría, Idsa
2005   No todo es armonía: género y raza en la serie de televisión *Mi Familia. En* Contrapunto de género y raza en Puerto Rico. I. E. Alegría Ortega y P. N. Ríos González, eds. Pp. 247–265. Río Piedras, PR: Centro de Investigaciones Sociales, Universidad de Puerto Rico.
2007   Ejes temáticos del pensamiento racial en Puerto Rico: una aproximación. Revista de Ciencias Sociales 17:154–187.

Alegría, Ricardo
1974   Cuentos folklóricos de Puerto Rico. San Juan, PR: Colección de Estudios Puertorriqueños.
1990   Juan Garrido: el conquistador negro en las Antillas, Florida, México y California. San Juan, PR: Centro de Estudios Avanzados de Puerto Rico y el Caribe.

Alvarez, Sonia, Arturo Arias, and Charles R. Hale
2011   Re-visioning Latin American Studies. Cultural Anthropology 26(2):225–246.

Anaya, S. James
2004   Indigenous Peoples in International Law. New York: Oxford University Press.

Anaya, S. James, and Claudio Grossman.
2002   The Case of Awas Tingni v. Nicaragua: A New Step in the International Law of Indigenous Peoples. Arizona Journal of International and Comparative Law. 19(1):1–15.

Andrews, George Reid
2004   Afro-Latin America, 1800–2000. Oxford: Oxford University Press.

Andrews, William L.
1988   To Tell a Free Story: The First Century of Afro-American Autobiography, 1760–1865. Urbana: University of Illinois Press.

Apina e Iepé
2006   NHII-USP—Projeto Saberes Wajãpi. Formação de pesquisadores e valorização de registros etnográficos indígenas, submetido ao LASA "Outros Saberes." São Paulo: mimeo.

Asad, Talal
1986   The Concept of Cultural Translation in British Social Anthropology. *In* Writing Culture: The Poetics and Politics of Ethnography. James Clifford and George E. Marcus, eds. Pp. 141–164. Berkeley and Los Angeles: University of California Press.

Augusto, Geri
2007   Transforming Knowledge, Changing Knowledge Relations, and Epistemic Openness in the University in Africa. Social Dynamics 33(1):199–205.

Baralt, Guillermo A.
1981   Esclavos rebeldes: conspiraciones y sublevaciones de esclavos en Puerto Rico (1795–1873). Río Piedras, PR: Ediciones Huracán.
1988   La Buena Vista, 1833–1904: Estancia de frutos menores, fábrica de harinas y hacienda cafetalera. San Juan, PR: Fideicomiso de Conservación.

Barbary, Olivier, y Fernando Urrea, eds.
2004   Gente negra en Colombia. *En* Dinámicas sociopolíticas en Cali y el Pacífico. Cali, Colombia: CIDSE-UNIVALLE, IRD-COLCIENCIAS.

Behar, Ruth, and Deborah Gordon, eds.
1995   Women Writing Culture. Berkeley and Los Angeles: University of California Press.

Bengoa, José
2000   La emergencia indígena de América Latina. Santiago: Fondo de Cultura Económica.

Benmayor, Rina
1995   Border Work: Feminist Ethnography and the Dissemination of Literacy. *In* Women Writing Culture. Ruth Behar and Deborah Gordon, eds. Pp. 373–389. Berkeley and Los Angeles: University of California Press.

Beverley, John
1992   The Margin at the Center: On *testimonio* (testimonial narrative). *In* De/Colonizing the Subject. S. Smith and J. Watson, eds. Pp. 91–114. Minneapolis: University of Minnesota Press.

Blanco, Tomás
2003[1942]   El prejuicio racial en Puerto Rico. Río Piedras, PR: Ediciones Huracán.

Bodnar, Yolanda
2000   Los grupos étnicos en los censos: el caso colombiano. Ponencia presentada en Primer Encuentro Internacional: Todos contamos: los grupos étnicos en los censo, DANE, Banco Mundial, Banco Interamericano de Desarrollo, Cartagena de Indias, Colombia, 8, 9 y 10 de noviembre.

Bogues, Anthony
2007   The University in Africa: Reflections on Epistemic Decolonization. Social Dynamics (33)1:206–211.

Bonilla, Víctor Daniel, Gonzalo Castillo, Orlando Fals Borda y Augusto Libreros
1972   Causa popular, ciencia popular: una metodología del conocimiento científico a través de la acción. Bogotá: Publicaciones de La Rosca.

Briones, Claudia
2005   (Meta)cultura del Estado-nación y estado de la (meta)cultura. Popayán, Colombia: Editorial Universidad del Cauca.

Canales, Alberto

1995   Deslinde amonjamiento y remedida. Juzgado Único del Distrito Judicial de Minas de Puerto Cabezas, 22 de febrero. Unpublished report.

Castro-Gómez, Santiago

2007   La hibris del punto cero. Ciencia, raza e ilustración en la Nueva Granada (1750–1816). Bogotá: Editorial Pontificia Universidad Javeriana.

Central American and Caribbean Research Council (CACRC)

1998   Diagnóstico General sobre la Tenencia de la tierra en las Comunidades Indígenas de la Costa Atlántica. Estudio de Casos, Secciones etnográficas analíticas y etno-mapas. Informe final, Marzo de 1998. Austin, Texas, y Bluefields y Bilwi, Nicaragua: Central American and Caribbean Research Council (CACRC).

Chalarka G., Ulianov

1985   Historia gráfica de la lucha por la tierra en la costa Atlántica. Montería, Colombia: Fundación del Sinú.

Chambers, Robert

1997   Whose Reality Counts? Putting the Last First. London: Intermediate Technology Publications.

Clifford, James

1988   The Predicament of Culture: Twentieth-Century Ethnography, Literature, and Art. Cambridge: Harvard University Press.

Collins, Patricia Hill

2000   Black Feminist Thought: Knowledge, Consciousness, and the Politics of Empowerment. Boston and London: Unwin Hyman.

Consejo Nacional de Política Económica y Social

2004   Documento Conpes 3196. Bogotá: Presidencia de la República de Colombia, Departamento Nacional de Planeación.

Cooke, Bill, and Uma Kothari, eds.

2001   Participation: The New Tyranny? London: Zed Books.

Dávila, Arlene

1997   Sponsored Identities: Cultural Politics in Puerto Rico. Philadelphia: Temple University Press.

Davis, Darién J., ed.

2007   Beyond Slavery: The Multilayered Legacy of Africans in Latin America and the Caribbean. Lanham: Rowman and Littlefield.

de Sousa Santos, Boaventura

2006   La sociología de las ausencias y La sociología de las emergencias: Para una ecología de saberes. *En* Renovar la teoría crítica y reinventar la emancipación social (encuentros en Buenos Aires). Pp. 13–41. Buenos Aires: CLACSO, Consejo Latinoamericano de Ciencias Sociales.

DeKalb, Courtenay

1893   Nicaragua: Studies on the Mosquito Shore in 1892. Journal of the American Geographical Society of New York 25:236–288.

Dennis, Philip

2004   The Miskitu People of Awastara. Austin: University of Texas Press.

Departamento Nacional de Estadística (DANE)

1998   Grupos étnicos en Colombia en el censo de 1993. Bogotá: Dirección de Censos y Demografía.

2000   Los grupos étnicos en los censos: el caso colombiano. Bogotá: Dirección de Censos y Demografía.

2006   Colombia: una nación multicultural. Su diversidad étnica. Bogotá: Dirección de Censos y Demografía.

Díaz, Luis F., y Marc Zimmerman, eds.

2001   Globalización, nación, postmodernidad: estudios culturales puertorriqueños. San Juan, PR: Ediciones La Casa.

Díaz Royo, Antonio

1986   La historia oral en Puerto Rico: reflexiones metodológicas. Secuencia 4:123–133.

Díaz Soler, Luis M.

1953   Historia de la esclavitud negra en Puerto Rico. San Juan, PR: Editorial de la Universidad de Puerto Rico.

Domínguez, Rufino

2004   La experiencia del Frente Indígena Oaxaqueño Binacional: Crisis Interna y Retos Futuros. *En* Indígenas Mexicanos Migrantes en los Estados Unidos. Jonathan Fox y Gaspar Rivera-Salgado, coords. Porrúa, México: Universidad de Zacatecas y Universidad de California.

Du Bois, W. E. B.

2001   Las almas del pueblo negro. La Habana: Fundación Fernando Ortiz.

Duany, Jorge

2002   Neither White nor Black: The Representation of Racial Identity among Puerto Ricans on the Island and in the U.S. Mainland. *In* The Puerto Rican Nation on the Move: Identities on the Island and in the United States. Pp. 236–260. Chapel Hill, NC, and London: University of North Carolina Press.

2005   The Rough Edges of Puerto Rican Identities: Race, Gender, and Transnationalism. Latin American Research Review 40(3):177–190.

Durán, T. Jesus O.

2004   La palma aceitera y la aspersión aérea en Tumaco. Proyecto Regional del Pacífico, Pastoral de Frontera Colombo-ecuatoriana, Boletin 11, año 2, Marzo 15.

Dussel, Enrique

1995   The Invention of the Americas: Eclipse of "The Other" and the Myth of Modernity. New York: Continuum.

Escobar, Arturo

1997   Cultural Politics and Biological Diversity: State, Capital, and Social Movements in the Pacific Coast of Colombia. *In* The Politics of Culture in the Shadow of Capital. L. Lowe and D. Lloyd, eds. Pp. 201–226. Durham, NC: Duke University Press.

1999   El final del salvaje. Naturaleza, cultura y política en la antropología contemporánea. Bogotá: CEREC.

2004   Beyond the Third World: Imperial Globality, Global Coloniality, and Anti-globalization Movements. Third World Quarterly 25(1):207–230.

2008   Territories of Difference: Place, Movements, Life, *Redes*. Durham, NC: Duke University Press.

Fals Borda, Orlando
1970   Ciencia propia y colonialismo intelectual. México: Nuestro Tiempo.
1973   Reflexiones sobre la aplicación del método de estudio-acción en Colombia. Asunción: Centro Paraguayo de Estudios Sociológicos.
1979a   El problema de cómo investigar la realidad para transformarla. Bogotá: Tercer Mundo. (2a. edición, 1983; 3a. edición, 1986).
1979b   Mompox y Loba: historia doble de la Costa—1. Bogotá: Carlos Valencia Editores.
1981   El Presidente Nieto: historia doble de la Costa—2. Bogotá: Carlos Valencia Editores.
1984   Resistencia en el San Jorge: historia doble de la Costa—3. Bogotá: Carlos Valencia Editores.
1986   Retorno a la tierra: historia doble de la Costa—4. Bogotá: Carlos Valencia Editores.
1991   Action and Knowledge: Breaking the Monopoly with Participatory Action Research. Bogotá: CINEP.

Fanon, Franz
1999[1963]   Los condenados de la tierra. Colombia: Fondo de Cultura Económica.

Fielding, John
1978   La diplomacia norteamericana y la reincorporación de la Mosquitia. Boletín Nicaragüense de Bibliografía y Documentación (Banco Central de Nicaragua) 26:15–24.

Figueroa, Luis A.
2005   Sugar, Slavery, and Freedom in Nineteenth Century Puerto Rico. Chapel Hill: University of North Carolina Press.

Fine, Michelle, Lois Weis, Susan Weseen, and Loonmun Wong
2005   For Whom? Qualitative Research, Representations, and Social Responsibilities. In The SAGE Handbook of Qualitative Research, 3rd Edition. Norman K. Denzin and Yvonna S. Lincoln, eds. Pp. 107–132. Thousand Oaks, CA: Sage.

Flores, Juan
1993   Divided Borders: Essays on Puerto Rican Identity. Houston: Arte Público Press.

Foley, Douglas
1999   The Fox Project: A Reappraisal. Current Anthropology 40(2):171–191.

Foucault, Michel
1996   Genealogía del racismo. La Plata, Argentina: Editorial Altamira.

Fox, Jonathan
2006   Lessons from Action-Research Partnerships. Development in Practice 16(1):27–38.

Freire, Paulo
1970   Pedagogía del oprimido. Montevideo: Tierra Nueva.

de Friedemann, Nina S.
1984   Estudio de negros en la antropología colombiana. En Un siglo de investigación social: antropología en Colombia. Jaime Arocha y Nina S. de Friedemann, eds. Pp. 507–572. Bogotá: Etno.

Frühling, Pierre, Miguel González y Hans Petter Buvollen
2007   Etnicidad y nación: El desarrollo de la autonomía de la Costa Atlántica de Nicaragua, 1987–2007. Guatemala City: F y G Editores.

Galeano, Eduardo
2001[1998]   Patas arriba: La escuela del mundo al revés. España: Siglo XXI Editores.

Gallois, Dominique Tilkin

2002   Expressão gráfica e oralidade entre os Wajãpi do Amapá. Dossiê de candidatura à Segunda Proclamação de Obras Primas do Patrimônio Oral e Imaterial da Humanidade—UNESCO. Boletim do Museu do Indio 9. Rio de Janeiro: Museu do Índio-Funai.

2005   Os Wajãpi frente à sua cultura. Revista do Patrimônio Histórico e Artístico Nacional 32, Tema Patrimônio Imaterial e biodiversidade. Manuela Carneio da Cunha, org. Brasília: IPHAN.

2006   Patrimônio cultural imaterial e povos indígenas. São Paulo: Iepé.

2007[2006] Relatórios semestrais do projeto "Saberes Wajãpi," encaminhados ao LASA. São Paulo: mimeo.

Géliga Vargas, Jocelyn

2006   The Representation of African/Black History and Identity in Puerto Rican Film. *In* Images de soi dans les sociétés postcoloniales. P. Donatien-Yssa, ed. Pp. 545–573. Paris: Editions Le Manuscrit.

Géliga Vargas, Jocelyn, Irmaris Rosas Nazario y Tania Delgado Hernández

2007–2008 *Testimonios afropuertorriqueños:* Using Oral Testimonies to (Re)write Race in Contemporary Puerto Rico. Sargasso 2007–08(I):115–130.

Ghiso, Alfredo

2000   Potenciando la Diversidad. Medellín, Colombia: mimeo.

Giusti Cordero, Juan A

1996   Afro-Puerto Rican cultural studies: Beyond *cultura negroide* and *antillanismo.* Centro 8(1–2):57–77.

Godreau, Isar P.

2002   Changing Space, Making Race: Distance, Nostalgia, and the Folklorization of Blackness in Puerto Rico. Identities 9:281–304.

2008   Slippery Semantics: Race Talk and Everyday Uses of Racial Terminology in Puerto Rico. Centro 20(2):5–33.

Godreau, Isar P., Mariolga Reyes Cruz, Mariluz Franco Ortiz, and Sherry Cuadrado

2008   The Lessons of Slavery: Discourses of Slavery, *Mestizaje,* and *Blanqueamiento* in an Elementary School in Puerto Rico. American Ethnologist 35(1):115–135.

González, José Luis

1989   El país de cuatro pisos y otros ensayos. Río Piedras, PR: Ediciones Huracán.

Goody, Jack

1997   A domesticação do pensamento selvagem. Lisboa: Edições 70.

Grosfoguel, Rámon

2008   Transmodernity, Border Thinking, and Global Coloniality. Decolonizing political economy and postcolonial studies. Eurozine. http://www.eurozine.com/pdf/2008–07–04-grosfoguel-en.pdf

Grueso, Libia

2003   Opciones y propuestas al desarrollo, en la perspectiva de las comunidades negras del Pacifico Sur. Publicación Revista Hileros, reeedición de El Colectivo, Bogotá, Colombia.

Grueso, Libia, Carlos Rosero, and Arturo Escobar

1998   The Process of Black Community Organizing in the Southern Pacific Coast Region of Colombia. *In* Culture of Politics, Politics of Culture: Re-visioning Latin American Social

Movements. S. Alvarez, S. Dagnino, and A. Escobar, eds. Pp. 196–219. Oxford: Westview Press.

Grupioni, Luis Donisete Benzi

2006   Contextualizando o campo da formação de professores indígenas no Brasil. *Em* Formação de Professores Indígenas: repensando trajetórias. Luis D. B. Grupioni, org. Coleção Educação Para Todos 8. Brasília: MEC/UNESCO.

Grupioni, Luis Donisete Benzi, Aikyry Wajãpi e Jawapuku Wajãpi

2007   Saberes Wajãpi: Formação de pesquisadores e valorização de registros etnográficos indígenas em Brasil. Ponência apresentada no XXVII International Congress of the Latina American Studies Association, Montreal, 8 de setembro.

Guerra, Lillian

1998   Popular Expression and National Identity in Puerto Rico: The Struggle for Self, Community, and Nation. Gainesville: University Press of Florida.

Gutjahr, Eva, e Joana C. Oliveira

2007   Relatório de acompanhamento dos pesquisadores wajãpi em suas aldeias. São Paulo: Parceria Iepé/Apina, mimeo.

Gwaltney, John L.

1981   Common Sense and Science: Urban Core Black Observations. *In* Anthropologists at Home in North America: Methods and Issues in the Study of One's Own Society. Donald A. Messerschmidt, ed. Pp. 46–61. Cambridge, MA: Cambridge University Press.

1993   *Drylongso: A Self Portrait of Black America.* New York: The New Press.

Hale, Charles

1994   Resistance and Contradiction: Miskitu Indians and the Nicaraguan State, 1894–1987. Stanford, CA: Stanford University Press.

2006   Activist Research vs. Cultural Critique: Indigenous Land Rights and the Contradictions of Politically Engaged Anthropology. Cultural Anthropology 21(1):96–120.

Hall, Bud L.

1983   Investigación participativa, conocimiento popular y poder: Una reflexión personal. *En* La investigación participativa en América Latina. Antología. Gilberto Vejarano, ed. Pp. 15–34. Pátzcuaro, Michoacán, México: CREFAL.

Hall, Stuart

1991a   The Local and the Global: Globalization and Ethnicity. *In* Culture, Globalization and the World-System. A. D. King, ed. Pp. 19–39. Basingstoke, UK: Macmillan Education.

1991b   Old and New Identities, Old and New Ethnicities. *In* Culture, Globalization and the World-System. A. D. King, ed. Pp. 40–68. Basingstoke, UK: Macmillan Education.

Hannum, Hurst

1996   Autonomy, Sovereignty, and Self-Determination: The Accommodation of Conflicting Rights. Philadelphia: University of Pennsylvania Press.

Hegel, Georg Wilhelm Friedrich

2001   Phenomenology of Spirit. Edited with introduction, notes, and commentary by Daniel E. Shannon. Translation by the Hegel Translation Group, Trinity College, University of Toronto. Indianapolis: Hackett.

Hernández Hiraldo, Samiri

2006   "If God Were Black and from Loíza": Managing Identities in a Puerto Rican Seaside Town. Latin American Perspectives 33(1):66–82.

Hurtado, Alberto Cheng

1993   Nicaragua indígena: información, cronología y bibliografía básica. América Indígena 53(1–2):297–313.

Hutton, J. E.

1923   A History of Moravian Missions. London: Moravian Publication Office.

Instituto de Fomento Nacional (INFONAC)

1979   Proyecto Forestal del Noreste: Informe sobre la problemática actual existente en el Noreste de Nicaragua, en relación con la pertenencia, posesión u ocupación de tierra. Puerto Cabezas, Nicaragua: Instituto de Fomento Nacional.

Instituto Nacional de Estadística y Geografía (INEGI)

2005   Conteo de Población y Vivienda. http://www.inegi.org.mx/est/contenidos/proyectos/ccpv /cpv2005/default.aspx.

2010   Censo de Población y Vivienda. http://www.censo2010.org.mx/.

Instituto Nicaragüense de Recursos Naturales y del Ambiente (IRENA)

1981   Consideraciones acerca de las tierras comunales del Atlántico. Managua: Instituto Nicaragüense de Recursos Naturales y del Ambiente.

Inter-American Court of Human Rights

2001   *Mayagna (Sumo) Awas Tingni Community v. Nicaragua,* Judgment of 31 August 2001, Ser. C No. 76.

James, Joy

1999   Shadow Boxing: Representations of Black Feminist Politics. New York: Palgrave.

Jaramillo Uribe, Jaime

2001   Mestizaje y diferenciación social en el nuevo Reino de Granada en la segunda mitad del siglo XVII. *En* Ensayos de historia social. Pp. 121–166. Bogotá, Colombia: Ceso-Ediciones Uniandes.

Jiménez Román, Miriam

1996   *Un hombre (negro) del pueblo:* José Celso Barbosa and the Puerto Rican "Race" Toward Whiteness. Centro 8(1–2):8–29.

2001   The Indians Are coming! The Indians Are coming! The Taino and Puerto Rican Identity. *In* Taíno Revival: Critical Perspectives on Puerto Rican Identity and Cultural Politics. G. Haslip-Viera, ed. Pp. 75–107. Princeton, NJ: Markus Wiener Publishers.

Jimeno, Myriam

2000   La emergencia del investigador ciudadano: estilos de antropología y crisis de modelos en la antropología colombiana. *En* La formación del Estado nación y las disciplinas sociales en Colombia. Jairo Tocancipá, ed. Pp. 157–190. Popayán, Colombia: Editorial Universidad del Cauca.

2005   La vocación crítica de la antropología en Latinoamérica. Antipodia 1:43–65. Bogotá.

Kinsbruner, Jay

1996   Not of Pure Blood: The Free People of Color and Racial Prejudice in Nineteenth Century Puerto Rico. Durham and London: Duke University Press.

Lander, Edgardo

2000   ¿Conocimiento para qué? ¿Conocimiento para quién? Reflexiones sobre la Universidad y la geopolítica de los saberes hegemónicos. *En* La reestructuración de las ciencias sociales en América Latina. Santiago Castro-Gómez, ed. Bogotá: Instituto de Estudios Sociales y Culturales.

La Prensa (Managua)
2008 ONU aplaude titulación de mayagnas. La Prensa (Managua), 26 de diciembre de 2008.
2009a Procurador General de la República: "Hacen mal el negocio." La Prensa (Managua), 14 de agosto de 2009.
2009 Pésimo arriendo de tierras indígenas. La Prensa (Managua), 2 de octubre de 2009.

Lassiter, Luke Eric
2005 The Chicago Guide to Collaborative Ethnography. Chicago: University of Chicago Press.

León Castro, Edizon
2006 Pensamiento cimarrón como proyecto epistémico y político en los procesos de la diáspora afroandina. En Modernidad y pensamiento descolonizador. Memoria Seminario Internacional. Mario Yapu, ed. La Paz: Universidad para la Investigación Estratégica en Bolivia. (U-PIEB), Instituto Francés de Estudios Andinos.

Lewis, Oscar
1965 La Vida: A Puerto Rican Family in the Culture of Poverty—San Juan and New York. New York: Random House.

Lincoln, Y. S., and E. M. González-González
2008 The search for emerging decolonizing methodologies in qualitative research. Qualitative Inquiry 14(5):784–805.

López Ruyol, Ebenecer
2005 El racismo nuestro de cada día. San Juan, PR: First Book Publishing.

Loveman, Mara
2007 The U.S. Census and the Contested Rules of Racial Classification in Early Twentieth Century Puerto Rico, 1910 and 1920. Caribbean Studies 35(2):79–114.

Maldonado Vásquez, Centolia, y Patricia Artía
2004 "Ahora ya despertamos": Participación política de las mujeres en el Frente Indígena Oaxaqueño Binacional. En Indígenas mexicanos migrantes en los Estados Unidos. Jonathan Fox y Gaspar Rivera-Salgado, coords. Porrúa, México: Universidad de Zacatecas y Universidad de California.

Maldonado-Torres, Nelson
2006 La topología del ser y la geopolítica del saber. Modernidad, imperio, colonialidad. En (Des)Colonialidad del ser y el saber. Freya Schiwy, Nelson Maldonado-Torres y Walter Mignolo. Colección El desprendimiento: pensamiento crítico y giro des-colonial. Cuadernillo No. 1. Buenos Aires: Ediciones del signo: Globalization and the Humanities Project (Duke University).

Mato, Daniel
2000 Not "Studying the Subaltern," but Studying with "Subaltern" Social Groups, or, at Least, Studying the Hegemonic Articulations of Power. Nepantla 1(3):479–502.

Merino Falú, Aixa
2004 Raza, género y clase social: El discriminación contra las mujeres afropuertorriqueñas. San Juan, PR: Oficina de la Procuradora de las Mujeres.

Mignolo, Walter
2000 Local Histories/Global Designs: Coloniality, Subaltern Knowledge, and Border Thinking. Princeton, NJ: Princeton University Press.
2003 Historias locales/diseños globales: colonialidad, conocimientos subalternos y pensamiento fronterizo. Madrid: Ediciones Akal.

Ministério da Educação (MEC)
2002   O governo brasileiro e a educação escolar indígena 1995–2002. Brasília: MEC/SEF.

Mintz, Sydney
1988   Taso: trabajador de la caña. Río Piedras, PR: Ediciones Huracán.

Mohanty, Chandra Talpade
2003   Feminism Without Borders: Decolonizing Theory, Practicing Solidarity. Durham, NC: Duke University Press.

Molieri, Jorge Jenkins
1975   Programa Forestal del Noreste: reporte de resultados, antecedentes históricos sección 1. Managua: Banco Central de Nicaragua.
1986   El Desafío Indígena en Nicaragua: el caso de los Miskitos. México: Editorial Katún.
1990   Del colonialismo a la autonomía: modernización capitalista y revolución social en la costa Atlántica. Managua: Editorial Nueva Nicaragua.

Monod-Becquelin, Aurore
2005   La tradition orale n´est plus ce qu´elle était. Dossier Sciences Humaines 159:34.

Morales Carrión, Arturo
1978   Auge y decadencia de la trata negrera en Puerto Rico (1820–1860). San Juan, PR: Centro de Estudios Avanzados de Puerto Rico y el Caribe.

Moravian Church, Reports of Individual Stations 1924–1937
1930a   Yulu Report. A. Danneberger. Bethlehem, PA: Moravian Archives.
1930b   Sandy Bay/Dakura Report. R. F. & R. W. Bishop. Bethlehem, PA: Moravian Archives.
1934   Sandy Bay/Dakura Report. R. F. & R. W. Bishop. Bethlehem, PA: Moravian Archives.
1935   Sandy Bay/Dakura Report. R. F. & R. W. Bishop. Bethlehem, PA: Moravian Archives.

Mow, June Marie
2007   Los derechos del pueblo raizal, proceso y visión de comunidades nativas de San Andrés Providencia y Santa Catalina. Bogotá: Publicación DNP.

Múnera, Alfonso
2005   Fronteras imaginadas. La construcción de las razas y de la geografía en el siglo XIX colombiano. Bogotá: Planeta.

National Geographic Society
2002   Pueblos indígenas y ecosistemas naturales en Centroamérica y el sur de México, Washington, DC (June): The Society.

Necoechea Gracia, Gerardo
2005   Después de vivir un siglo: ensayos de historia oral. México, DF: Instituto Nacional de Antropología e Historia.

Negrón Portillo, Mariano, y Raúl Mayo Santana
2007   La esclavitud menor: la esclavitud en los municipios del interior de Puerto Rico en el siglo XIX. San Juan, PR: Centro de Investigaciones Sociales, Universidad de Puerto Rico.

Ngugi wa Thiong'o
1986   Decolonising the Mind. London: James Currey.

Ng'weno, Bettina
2007   Turf Wars: Territory and Citizenship in the Contemporary State. Stanford, CA: Stanford University Press.

Nicaráuac: Revista del Ministerio de Cultura de Nicaragua
1982   Declaración de Principios de la Revolución Popular Sandinista sobre las Comunidades de la Costa Atlántica. Nicaráuac: Revista del Ministerio de Cultura de Nicaragua 3(8):3–10, 19–20.

Offen, Karl
2002   The Sambo and Tawira Miskitu: The Colonial Origins and Geography of Intra-Miskitu Differentiation in Eastern Nicaragua and Honduras. Ethnohistory 49(2):319–372.

Organização das Nações Unidas para a Educação, a Ciência e a Cultura (UNESCO)
2006   Documento base, Novas abordagens para a diversidade cultural: o papel das comunidades. Havana: UNESCO, mimeo.

Organización de las Naciones Unidas (ONU)
2007   Declaración de las Naciones Unidas sobre los derechos de los pueblos indígenas, Resolución A/RES/61/295. Nueva York: Asamblea General del ONU.

Ortiz García, Ángel L.
2006   Afropuertorriqueño(a). Río Piedras, PR: Editorial Edil.

Ortiz Lugo, Julia Cristina
1995   De arañas, conejos y tortugas: presencia africana en la cuentística de tradición oral en Puerto Rico. San Juan, PR: Centro de Estudios Avanzados de Puerto Rico y el Caribe.
2004   Saben más que las arañas: ensayos sobre narrativa afropuertorriqueña. Ponce, PR: Casa Paoli.

Palés Matos, Luis
1993   Tuntún de pasa y grifería. San Juan, PR: Instituto de Cultura Puertorriqueña/Editorial de la Universidad de Puerto Rico.

Passeron, Jean Claude
1991   Le raisonnement sociologique. Paris: Nathan.

Pesquisadores Wajãpi
2008a   Caderno de Pesquisa Wajãpi, número 4. São Paulo: Parceria Iepé/Apina.
2008b   Jane reko mokasia. Fortalecendo nossa organização social. São Paulo: Parceria Iepé/Apina.
2008c   I´ã. Para nós não existe só imagem. São Paulo: Parceria Iepé/Apina.
2008d   Janemotekokuwa. São Paulo: Parceria Iepé/Apina.

Pineda, Baron
2006   Shipwrecked Identities: Navigating Race on Nicaragua's Mosquito Coast. New Brunswick, NJ: Rutgers University Press.

Piñeiro de Rivera, Flor, ed.
1989   Arturo Schomburg, un puertorriqueño descubre el legado histórico del negro: sus escritos anotados y apéndices. San Juan, PR: Centro de Estudios Avanzados de Puerto Rico y el Caribe.

Polanco, Héctor Díaz y Consuelo Sánchez
2002   México diverso: El debate por la autonomía. México: Siglo XXI Editores.

Portelli, Alejandro
2006   What Makes Oral History Different. In The Oral History Reader. R. Perks and A. Thomson, eds. Pp. 32–42. London: Routledge.

Pratt, Mary Louise
1992   Imperial Eyes: Travel Writing and Transculturation. London and New York: Routledge.

Proceso de Comunidades Negras (PCN)

2006 "...Y el chocolate espeso." Evaluación del censo 2005 y la pregunta de autoreconocimiento étnico entre afrocolombianas. Bogotá, con el apoyo de Church World Service.

Programa de capacitación a los concejos regionales autónomas y administraciones de la Costa Atlántica

1995 Listado de propiedades de comunidades indígenas de las regiones autónomas: Indígenas de Tuara, Titulo supletorio, 900 hectáreas, 12–3-1960. Bluefields, Nicaragua: Instituto para el Desarrollo de la Democracia.

Programa de Derechos y Políticas Indígenas (Universidad de Arizona)

2007 El Caso Awas Tingni v. Nicaragua. Boletín informativo 5(febrero):1–8.

Quijano, Aníbal

1992 Colonialidad y modernidad-racionalidad. En Los Conquistados 1492 y la población indígena de las Américas. Heraclio Bonilla, ed. Bogotá: Tercer Mundo Editores.

2000 Colonialidad del poder y clasificación social. Journal of World-Systems Research 6(2):342–386. Special Issue: Festschrift for Inmanuel Wallerstein Part I.

Ramos, Alcida Rita

1990 Ethnology Brazilian Style. Cultural Anthropology 5(4):452–472.

Rappaport, Joanne

2008 Beyond Participant Observation: Collaborative Ethnography as Theoretical Innovation. Collaborative Anthropologies 1:1–31.

República de Nicaragua

1908 Decreto Ejecutivo de 20 de Febrero de 1908 sobre personería jurídica de las Comunidades Indígenas. Managua: Centro de Investigación y Documentación de la Costa Atlántica, CIDCA.

1919 Decreto Legislativo no. 61 de 4 de marzo de 1919 sobre adjudicación de terrenos a los pobladores de la Antigua Reserva Mosquitia, hoy Departamento de Zelaya. Managua: CIDCA.

2003 Ley de Régimen de Propiedad Comunal de las Tierras de los Pueblos Indígenas y Comunidades Étnicas de la Costa Atlántica de Nicaragua y de los Ríos Coco, Bocay Indio y Maíz. La Gaceta 16.

Reyes, Reynaldo, and J. K. Wilson

1992 Ráfaga: The Life Story of a Nicaraguan Miskito Comandante. Norman: University of Oklahoma Press.

Reyes Cruz, Mariolga

2006 Mis muertos están conmigo [My dead are with me]: An Autoethnographic Text on Racialization, Identity, and Memory. Qualitative Inquiry 12:589–595.

2008 What If I Just Cite Graciela? Working Toward Decolonizing Knowledge Through a Critical Ethnography. Qualitative Inquiry 14:651–658.

Rivera Hernández, Víctor

2001 Ramos Antonini: una biografía necesaria. San Juan, PR: Centro de Estudios Avanzados de Puerto Rico y el Caribe.

Rivero, Yeidy M.

2005 Tuning Out Blackness: Race and Nation in the History of Puerto Rican Television. Durham, NC and London: Duke University Press.

Rodríguez, Jorge
2007 Museo de las Américas celebra su quinceañero. El Vocero. http://www.vocero.com /noticias.asp?s=escenario&n=95111.

Rodríguez Brandao, Carlos, ed.
1981 Pesquisa Participante. Sao Paulo: Edit. Brasiliense.

Rodríguez Juliá, Edgardo
1985 El entierro de Cortijo. Río Piedras, PR: Ediciones Huracán.

Rodríguez Morazzani, Roberto P.
1996 Beyond the Rainbow: Mapping the Discourse on Puerto Ricans and "Race." Centro 8(1–2):149–169.

Rossbach, Lioba, Eleonore Von Oertzen, and Volker Wünderich, eds.
1990 The Nicaraguan Mosquitia in Historical Documents, 1844–1927. Berlin: Dietrich Reimer Verlag.

Rossbach, Lioba, y Volker Wunderich
1985 Derechos indígenas y estado nacional en Nicaragua: La Convención Mosquita de 1894. Encuentro, Managua (24–25):29–53.

Sandoval, Chela
2000 Methodology of the Oppressed. Minneapolis: University of Minnesota Press.

Santiago-Díaz, Eleuterio
2007 Escritura afropuertorriqueña y modernidad. Pittsburgh, PA: Instituto Internacional de Literatura Iberoamericana.

Smith, Linda Tuhiwai
1999 Decolonizing Methodologies: Research and Indigenous Peoples. New York: Zed Books.

Sommer, Doris
1988 "Not Just a Personal Story": Women's *Testimonios* and the Plural Self. *In* Life/Lines: Theorizing Women's Autobiography. B. Brodzki and C. Schenck, eds. Pp. 107–130. Ithaca, NY: Cornell University Press.

Speed, Shannon
2006 Indigenous Women and Gendered Resistance in the Wake of Acteal: A Feminist Activist Research. *In* Engaged Observer: Anthropology, Advocacy, and Activism. V. Sanford and A. Angel-Ajani, eds. Pp. 170–188. New Brunswick, NJ: Rutgers University Press.

Sued Badillo, Jalil y Ángel López Cantos
1986 Puerto Rico negro. Río Piedras, PR: Editorial Cultural.

Szmrecsányi, Lúcia
2006 Programa de Formação de Professores Wajãpi. São Paulo: Iepé, mimeo, 3ᵉ version.
2007 A formação de pesquisadores Wajãpi. *Em* Documento-base do Seminário "Experiências Indígenas de pesquisa e registro de conhecimentos tradicionais." Macapá: Iepé, mimeo.

Thompson, P.
2006[1988] The Voice of the Past: Oral History. *In* The Oral History Reader. R. Perks and A. Thomson, eds. Pp. 25–31. London: Routledge.

Torres, Arlene
1998 La gran familia puertorriqueña "es prieta de verdad" (The Great Puerto Rican Family is Really Really Black). *In* Blackness in Latin America and the Caribbean (Vol. II). A. Torres and N. E. Whitten, Jr., eds. Pp. 285–306. Bloomington: Indiana University Press.

Torres, Arlene, and Norman Whitten

1998   General Introduction: To Forge theFuture in the Fires of the Past. *In* Blackness in Latin America and the Caribbean (Vol. II). A. Torres and N. E. Whitten, Jr., eds. Pp. 3–33. Bloomington: Indiana University Press.

Torres-Rivera, E.

2005   Liquid Identity: A Nonlinear Approach to the Understanding of Puerto Rican Identity. Interamerican Journal of Psychology 39(1):107–116.

Touraine, Alain

1981   The Voice and the Eye: An Analysis of Social Movements. Cambridge: Cambridge University Press.

Ungerleider Kepler, David

2000   Las fiestas de Santiago Apostol en Loíza: la cultura afro-puertoriqueña ante los procesos de hibridación y globalización. San Juan, PR: Isla Negra Editores.

Urrea, Fernando

2007   La visibilidad estadística de la población afrodescendiente en Colombia, 1993–2005: entre lo étnico y lo racial. Ponencia presentada en el I Encuentro Taller Latinoamericano de Experiencias sobre Censos y Estudios de Población Afrodescendiente, Caracas, 20–22 de junio.

Vargas, Germán Romero

1995   Las Sociedades del Atlántico en Nicaragua en los siglos XVII y XVIII. Managua: Fondo de Promoción Cultural-Banic.

Vasco Uribe, Luis Guillermo

2002   Entre selva y páramo: viviendo y pensando la lucha indígena. Bogotá: Instituto Colombiano de Antropología e Historia.

Vejarano, Gilberto, ed.

1983   La investigación participativa en América Latina. Antología. Patzcuaro, México: CREFAL.

Velázquez Vargas, Y.

2008   "Marco Said I Look Like Charcoal": A Puerto Rican's Exploration of Her Ethnic Identity. Qualitative Inquiry 14:949–954.

Vilas, Carlos María

1990   Del colonialismo a la autonomía: modernización capitalista y revolución social en la Costa Atlántica. Managua, Nicaragua: Editorial Nueva Nicaragua.

Vio Grossi, Francisco, y Orlando Fals Borda et al.

1981   Investigacion participativa y praxis rural: nuevos conceptos en educacion y desarrollo comunal. Lima, Perú: Mosca Azul Editores.

Vizcarrondo, Fortunato

1942   Dinga y mandinga: poemas. San Juan, PR: Imprenta Baldrich.

Wagner, Roy

1981   The Invention of Culture. Chicago: University of Chicago Press.

Walsh, Catherine

2001   ¿Qué conocimiento(s)? Reflexiones sobre las políticas de conocimiento, el campo académico, y el movimiento indígena ecuatoriano. Publicación mensual del Instituto Científico de Culturas Indígenas. http://icci.nativeweb.org/boletin/25/walsh.html.

2007a   Shifting the Geopolitics of Critical Knowledge: Decolonial Thought and Cultural Studies "Others" in the Andes. Cultural Studies 21(2–3):224–239.

2007b   ¿Son posibles unas ciencias sociales/culturales otras? Reflexiones en torno a las epistemologías decoloniales. En Revista Nómadas 26(abril). Santiago Castro-Gómez, coord. Bogotá: Edición Colombia, Instituto de Estudios Sociales Contemporáneos-Universidad Central.

Williamson, Marcos

2006   Metodología del Etnomapeo en las Regiones Autónomas según ley 445: Aplicación de los Sistemas de Información Geográfica en la implementación del etnomapeo y diagnóstico. Bilwi: CISA-URACCAN.

Wolgemuth, J. R., and R. Donohue

2006   Toward an Inquiry of Discomfort: Guiding Transformation in "Emancipatory" Narrative Research. Qualitative Inquiry 12:1012–1021.

Zenón Cruz, Isabelo

1975   Narciso descubre su trasero: el negro en la cultura puertorriqueña, 2ª edición, 1–2. Humacao, PR: Editorial Furidi.

Zúñiga, Elena, Paula Leite y Alma Rosa Nava

2005   La nueva era de las migraciones. México: Consejo Nacional de Población.

Index

The chapters in this book are indexed in the languages in which they were written. Only the epilogue, printed in both Spanish and English, is indexed in both languages.

Nicaragua, Otros Saberes project. *See* Miskitu autonomy and land titles in Tuara, Otros Saberes project

Nicaragua, proyecto Otros Saberes. *Véase* Miskitu de Tuara (Nicaragua), proyecto Otros Saberes

Núcleo de História Indígena e do Indigenismo (NHII), 52–54, 55

Olivera, Mercedes, 205, 211

ombligar: como intercambio de poderes, 191–192; curación, 192

Open Society Institute, 3

oral histories, 9–10, 16

organic intellectuals, 212

organização indígena brasileira, 51, 52

Organización de las Naciones Unidas (ONU), 104

otredad epistémica, 184–185

Otros Saberes (Initiativa LASA): autonomía y la comunidad indígena Miskitu de Tuara (Nicaragua), 101–126; género y generación en organizaciones indígenas mexicanos, 75–99, 208–209; implicaciones del apoyo LASA, 209; invisiblidad estadística de afrocolombianos, 127–153; metodologías colaborativas, 205–206; paradojas, 214–215; procesos, 208–209; producción de fuentes primarias, 157; saberes médico-religiosos de afroecuatorianas, 180–203; saberes wajãpi, 49–74; testimonios afro-puertorriqueños, 154–179

Otros Saberes research projects (LASA), 4, 33–34; Afro-Ecuadorian women's knowledge (Ecuador), 38–40; Afro-Puerto Rican history project, 44–45; collaborative methods, 19–23; comparative findings, 15–19; conceptual empowerment, 26–27; gender and generational dynamics in indigenous organizations (Mexico), 42–44; horizontal collaborations, 2, 3; implications of LASA funding, 214–215; knowledge validation, 23–25; Miskitu autonomy and land titles (Nicaragua), 34–35; paradox of accessibility, 214; political impact, 5, 26–27; Proceso de Comunidades Negras (PCN) (Colombia), 35–37; reformulations of Latin American Studies, 4, 214–215;

scholarly contributions, 5; support for social processes, 214; topics identified by local organizations, 4; visibility of research methods, 210–211; Wajãpi knowledge (Brazil), 40–42, 103

Pabón, Iván, 37

participatory research, 36–37, 46, 210; and grassroots organizations, 33; Miskitu de Tuara–URACCAN, 34–35

partería afroecuatoriana: conocimientos sim-bólicos, 189–190; cosmovisión, 190; enseñanza-aprendizaje, 188–189. *Véase además* ombligar; afroecuatorianas, proyecto Otros Saberes

Participatory Research Network, 210

pedagogy, Otros Saberes projects, 40

pensamiento cimarrón, 184

Pereya-Rojas, Milagros, 3

Perry, Keisha-Khan Y., 4, 39–40, 41–42

pesquisa coletiva (saberes wajãpi), 53; difusão na língua wajãpi, 59; distribuição das responsabilidades, 57–60; práticas culturais tradicionais e, 60; privilégio das categorias próprias, 70; reencontro entre gerações, 56

pesquisadores acadêmicos, papel de, 56–58, 60, 70

pesquisadores wajãpi: inventando cultura, 69–73; jovens letrados, 53–54, 56; respon-sabilidades de equipe, 58–60

pesquisa por fora, 55–56

Plan de Desarrollo para la Población Afrocolombiano, 145

political action: and collaborative research, 35–36; and participatory research, 33, 34–35; using research results, 36

political engagement in research, 46–47

prácticas curativas afroecuatorianas, 192–195: conocimientos de farmacopea natural, 192; rezo, 189, 193. *Véase además* afroecuatori-anas, proyecto Otros Saberes

Primera Asamblea Nacional de Comunidades Negras (Colombia), 139

Proceso de Comunidades Negras (PCN): obligaciones de investigadores académicos, 128, 131, 206; princípios políticos, 128, 131; respuesta estratégica al censo de 2005, 151–152; titulación de territorios

Rodríguez Brandao, Carlos, 204, 210
Romero-Hernández, Odilia, 42, 43, 205, 208, 211, 213–214
Rosero, Carlos, 206, 212

saberes: colectivos, 133, 157, 187, 195, 199; colonialidad de, 180; diálogo político-académico, 130–131; ecología de, 185; hegemónicos, 171, 183; monocultura, 183; pluralidad, 184; populares, 171; y poder, 183, 185. *Véase además* descolonización de saberes; producción de saberes; saberes locales; saberes propios
saberes coletivos, conceito de, 69–70
saberes locales, 181–183; cosmovisión, 116, 183, 191–194; transmisión, 192, 196, 199, 202; Universidad Amawtay Wasi (Ecuador), 196–197. *Véase además* saberes propios
saberes propios: diferencia cultural, 181–187; ética de investigación, 197; producción, 182–183; reconstrucción, 197–200. *Véase además* saberes locales
saberes wajãpi, proyecto Otros Saberes, 207
Sandinistas: alianza sandinista–YATAMA, 123; conflicto con los MIskitu, 114; principios sobre las comunidades indígenas, 114; titulación de tierras Miskitu, 113
Santacruz Benavides, Lucy, 206, 211
School for Advanced Research (New Mexico), 4
self-critique: FIOB collaborative research team, 43–44; within indigenous organizations, 213–214; of the PCN Afro-Colombian project, 35–36
silencio, 155
simbolismo médico-religioso afroecuatoriano: lo abierto y cerrado, 193–194; ombligar, 191–192; prácticas curativas, 192–195
síndicos Miskitu: creación por el estado, 106; de Tuara, 112, 115, 118, 119; relaciones con el estado, 112–113; titulación territorial Miskitu, 111; y las compañías madereras, 108, 109, 119; y titulación territorial Miskitu, 120–122. *Véase además* Miskitu de Tuara (Nicaragua), proyecto Otros Saberes
Sistemas de Información Geográfica (GIS), 116
sistematização dos registros, 53
situated knowledge, 212
Smith, Linda Tuhiwai, 32–33

social action, research as, 30–33
social mapping, 11–12, 211
social sciences, 4, 210–211
subaltern studies, 3–4
subject, collective vs. individual, 213
sujeitividade, 52
sujetividad, 181; del investigado, 175–176, 181, 195–196; del investigador, 173–175; investigaciones colaborativas, 170–171, 176–177, 195–196; negación, 195; y colonialismo, 183–184; y producción de saberes, 132–133, 184
sujetos locales, 171–172
Szmrecsányi, Lúcia, 49, 51, 53, 207, 212
Stephen, Lynn, 1, 221

talleres como metodología, 205–206; afroecuatorianos, 199–200; foros comunitarios en Puerto Rico, 165–166, 167; Miskitu de Tuara–URACCAN, 115; PCN en Colombia, 129–130
Taylor, Edwin, 34–35, 207–208, 213
territorio cultural afroecuatoriano, 196
territorios afrocolombianos, 138; y migración interna, 150–151
territorios comunales Miskitu: Comisión Tituladora de Tierras de la Mosquitia, 106, 111; reclamos de tierra, 105–106; titulación histórica, 106
testimonio como metodología: etnología participatoria, 156–157; narración mediada, 158, 162–163; praxis antihegemónico, 154, 175; registro como legitimación, 157; trasdisciplinaridad, 175–176; y sujetividad, 157–159, 169, 175–176. *Véase además* historia oral
Theidon, Kimberly, 3
tierras comunales, 101
Tilkin Gallois, Dominique, 207, 212
titulación colectiva de territorios afrocolombianos, 138, 139, 151
titulación de tierras (Ecuador), 196
transformação social, 60
transformation through collaborative research, 18–19
transmissão de conhecimentos: formais e informais, 71–72; na língua wajãpi, 58–59; oral, 55, 69, 71, 73